혐오이론 II

숙명여자대학교 인문학연구소
HK+사업단 학술연구총서 06

혐오이론 II

II

학제적 접근

박인찬·하홍규 기획

강미영·권오용·김형주·박승억·박인찬·
심재웅·양선이·이재준·최준식·하상응 지음

Theories of Disgust II

Interdisciplinary Approach

한울
아카데미

차례

서문

박인찬·하홍규

『혐오이론 II: 학제적 접근』은 숙명여자대학교 인문학연구소 HK+사업단의 학술연구총서 시리즈 여섯 번째 책이다. 우리 사업단은 현재 인문한국사업의 일환으로 '혐오시대, 인문학의 대응'이라는 어젠다 연구를 진행하고 있다. 혐오시대 대응을 위한 첫걸음으로서 혐오에 관한 다양한 이론과 관점을 제공하는『혐오이론 I: 학제적 접근』[1]을 펴냈고, 이어서 소설, 희곡, 연극, TV 드라마, 영화의 다양한 종류의 텍스트들을 네 가지 감정에 기초하여 분석한『반영과 굴절 사이: 혐오 정동과 문화 재현』[2] 그리고 번역서로서 혐오 연구의 기초가 되는『혐오의 해부』[3]를 출간했다. 여기에 1권인『혐오이론 I: 학제적 접근』를 내면서 예고했던『혐오 이론 II: 학제적 접근』을 펴낸다.

---

1 박인찬 외,『혐오이론 I: 학제적 접근』(파주: 한울아카데미, 2022).
2 김경옥 외,『반영과 굴절 사이: 혐오 정동과 문화 재현』(파주: 한울아카데미, 2022).
3 윌리엄 이언 밀러,『혐오의 해부』, 하홍규 옮김(파주: 한울아카데미, 2022).

우리는 이 어젠다 연구를 수행하면서 혐오 현상의 복잡성에 부응하는 다학제적 접근의 필요성을 절실하게 느꼈고, 이를 발전시키기 위한 노력을 기울여 왔다. 혐오는 오늘날 우리 사회의 현실이 우리 모두에게 던지고 있는 심각한 문제다. 우리의 삶 속에 너무나 적나라하게 표현되고 있는 ㅡ 사람들이 이제는 자신의 부정적인 감정을 감추어야 할 필요를 더 이상 느끼지 못하는 듯하다 ㅡ 혐오는 우리 사회의 감추어진 문제를 드러내는 징후요, 증상이다. 우리는 혐오와 관련된 사건들이 급증하고 있는 것을 사회공동체의 파괴요, 언제라도 실체화될 수 있는 상존하는 위험의 증거로 받아들이고 있다. 우리는 인문학이 오늘날 혐오 사회의 현실에 공명할 수 있는 것이 되어야 한다는 데 공감하면서, 철학, 문학, 역사학 등 인문학의 여러 분야뿐만 아니라 과학기술학, 예술 등을 가로지르는 횡단적인 혐오학의 발전을 추구하고 있다.

횡단적인 혐오학 발전을 위한 첫 번째 시도로서 펴낸『혐오이론 I: 학제적 접근』에서는 혐오에 접근하는 여성학, 정동학, 정치철학, 심리학, 역사학, 진화론, 법학, 미학, 사회학의 이론들을 담았다. 우리는 이 책에 참여한 10명의 학자들이 혐오에 관한 다양한 이론과 관점을 제공함으로써, 혐오 시대에 심층적이고 다각적인 대응의 초석을 마련했다고 자부한다. 그러나『혐오이론 I: 학제적 접근』이 매우 다양한 학문의 혐오이론을 담았음에도 불구하고, 우리는 이것으로 충분하지 않다고 여겼다. 그래서 더 다양한 학문의 이론들을 담아야겠다는 생각을 가지고『혐오이론 II: 학제적 접근』을 기획했다.『혐오이론 II』에는 문학, 도덕철학, 현상학, 인공지능, 정신분석학, 신경과학, 비판이론, 정치학, 미디어학의 혐오이론을 담았다. 각 전공 분야에서 '혐오' 주제에 깊이 관심을 갖고 있는 학자들이 참여하여, 우리가 혐오 현상에 접근하는 데 매우 유용한 시각과 관점을 제공한다.

횡단적인 혐오학을 추구하는 우리는 결코 하나의 완결된 체계로서 어떠한 이론을 구성하는 것을 목표로 하지는 않는다. 언뜻 보아도 이 책이 그러한 목적을 갖고 있지 않다는 것은 독자들이 책의 구성을 통해 금방 알 수 있을 것이다. 책의 목차는 일관된 체계를 구성하고 있지 않을 뿐만 아니라 각 장이 어떠한 중요성의 순서나 의미를 갖고 배열된 것도 아니다. 겉으로 보면, 이 책은 단지 여러 학문 분야의 혐오이론을 그저 모아놓기만 한 브리콜라주(bricolage)로 보일 수도 있다. 그러나 우리가 의도한 것은 단순한 브리콜라주도 아니다. 이 책의 기획자들은 혐오학이 여러 학문 사이를 가로지르는 교차(intersectional) 학문이 되기를 의도했다. 애초의 기획 의도가 잘 반영될 수 있도록 필진이 애쓴바, 독자들은 서로 상관없어 보이는 장들 곳곳에서 혐오 주제에 대한 기술(記述)이 교차하고 있음을 발견할 수 있을 것이다.

먼저 1장 「포스트트루스와 혐오정치: 워드 켄들의 『오늘을 견뎌라』」에서 박인찬은 포스트트루스(post-truth) 시대라 일컬을 만한 현재 미국 정치에서의 감정, 특히 혐오 정치를 백인우월주의 문학 중에 과학소설인 워드 켄들의 『오늘을 견뎌라』에 대한 분석을 통해 세밀하게 다루고 있다. 이 글은 인간 감정을 정치적으로 이용하여 갈등을 극대화시키고 이로부터 정치권력의 열매를 따먹는 혐오 정치의 부당함과 폭력성을 비판적으로 검토한다. 저급한 묵시록적 혐오 문학과 허술한 포스트트루스 정치가 오히려 면밀히 검토되어야 할 이유 ― 비이성적이고 맹목적인 신앙의 서사에 역으로 대응되는 감정적 에너지의 충만함 ― 가 설득력 있게 제시되고 있다.

2장 「혐오에 대한 도덕철학적 고찰」은 데이비드 흄과 애덤 스미스의 도덕철학적 관점에서 혐오 감정을 살핀다. 글쓴이 양선이는 도덕철학의 전문가답게 특별히 현대의 흄주의자인 제시 프린츠(J. Prinz)의 사회 구성주의와 조너선 하이트(J. Haidt)의 사회적 직관주의에 내재한 문제점을 지적하고, 흄의 공감이론과 스미스의 공감이론을 그 대안으로 제시한다. 프린츠의 경우 "만일 도덕 감정이 기본 감정의 복합으로 구성된 것이고 이러한 감정이 내적으로(인간의 본성과 관련하여) 도덕과 연결되는 것이 아니라면 무엇이 어떤 감정을 도덕적으로 만드는가"의 질문에 답을 제시하지 못하며, 하이트의 경우 직관들이 결함이 있거나 틀릴 수 있다면 특정 직관의 선함이나 나쁨을 어떻게 판단하는가의 문제에 답하지 않는다. 흄은 혐오의 근거를 다수의 불승인에 대한 반응으로 보고, 스미스는 혐오의 근거를 공정한 관찰자의 불승인으로 본다는 점에서 차이를 보이고 있지만, 글쓴이는 이들의 공감이론이 프린츠와 하이트가 분명하게 답을 제시하지 못하는 문제들에 대한 해답으로 가능하다고 판단한다.

3장 「혐오의 이중성에 대한 현상학적 분석」은 현상학자 박승억의 작품이다. 글쓴이는 혐오가 사회적으로 투사되는 과정에서 드러나는 혐오 감정의 이중성으로 인해 혐오 문제 해결이 어렵다고 지적하면서, 혐오 문제가 가지는 복잡성을 현상학적 관점에서 분석한다. 글쓴이는 현상학의 방법적 특징으로 "어떤 대상이나 문제가 특정 문제 연관 속에서 의미 부여되기 이전에 그 근원적인 현상으로 되돌아가는 것"이라고 지적하면서, 특별히 혐오에 대해 가장 선구적으로 철학적 논의를 펼쳤던 아우렐 콜나이(Aurel Kolnai)의 연구를 다층적 의미를 지닌 혐오 현상에 접근하는 지침으로 삼는다. 혐오가 이중적이라고 하는 것은 혐오가 역기능과 함께 순기능도 가질 수 있다는 데 있다. 글쓴이가 기대고 있는 콜나이는 바로 이렇듯 이중적 감정으로서의 혐오뿐만 아니라 혐오가 불안, 두려움, 증오 등과 같은 유사 감정들과 복합적으로 얽혀 있음을 보여주는 데 매우 탁월하다.

4장에서 강미영은 「혐오와 문학: 혐오와 문학의 공진화와 전망」이라는 제목으로 미국 문학사의 흐름 속에서 혐오와 문학이 상호작용하고 공진화해 온 양상을 추적한다. 문학이 혐오를 조장하는 기제로 작동하기도 했지만, 문학의 역사에서 대항 담론을 생산하는 문학도 찾아볼 수 있다. 글쓴이는 문학을 통한 대항 담론의 형성이 인지적 차원에서만 이루어지는 것이 아니라 반혐오의 미학이 가지는 감성적이고 정치적인 가치를 함께 고려할 수 있어야 한다고 주장한다. 글쓴이는 글의 마지막에 특별히 디지털 문학과 반혐오적 사유의 가능성을 검토하고 있는데, 디지털 테크놀로지의 발전으로 인해 수용자의 참여적 창조가 가능한 스토리텔링을 기반으로 하는 문화의 도래가 대중의 능동적 향유를 확장하고 유동적 사유를 가능하게 한다고 주장한 점은 특별히 흥미로웠다.

5장의 「혐오와 화해하기: 인공지능 그리고 칸트」는 그동안 혐오에 관한 여러 연구들 가운데서 가장 독특한 주제일 것이다. 칸트 철학을 통해 인공지능 혐오와 화해하기를 시도하는 김형주는 원래 칸트 철학 전공자로서 인공지능 철학이라는 새로운 분야를 선도하고 있는 학자이다. 칸트는 인간을 도덕적 존재자로 보면서 비인간 존재자들과는 다른 고양된 지위를 부여하기 때문에 인공지능 혐오의 원흉은 바로 칸트 자신이라 할 수 있다. 하지만 글쓴이는 "예지계의 존재자로서의 인간은 자신의 감성적 본성을 끌어안은 채 자신의 존재 지평을 도덕의 세계로 고양"시킬 수 있기 때문에 오히려 "비인간존재자 차별의 선봉처럼 여겨졌던 칸트의 철학에는 인간과 비인간존재자의 화해 가능성이 보석처럼 빛나는 채 숨겨져 있다"라고 결론 내린다.

미학 연구자 이재준은 6장의 「혐오와 정신분석: 줄리아 크리스테바의 아브젝트 이론을 중심으로」에서 정신분석학 시각으로 혐오에 접근한다. 크리스테바는 이질성의 잠재적 힘을 강조하는 조르주 바타유의 아브젝트와 아브젝시옹을 가져와서 작동하고 있는 혐오 장치의 근원적인 특성을 분석한다. "아브젝트는 '아무것도 아닌 것', 즉 '이것/저것은 무엇이다'라고 규정할 수 없는 '비대상'이며, 그것은 상징계 논리의 바깥"이고, "아브젝시옹은 밀어내어 이질적인 타자가 된 근원적인 '나', '나' 아닌 '나'의 잠재성이 주체에게 거듭 귀환하여 실현되는 과정, 그리고 그것에 대한 혐오 느낌이라는 불안한 감성적인 의식"이다. 글쓴이는 특별히 혐오스러운 존재인 아브젝트가 사회적 존재로 거듭 회귀하면서 오히려 억압적인 질서와 규범을 위협하는 이질성의 전복적인 힘이 있음을 발견하는데, 이는 혐오의 미학 정치를 예견한다.

7장의 「혐오의 학습과 확장: 미각 혐오 학습을 중심으로」는 심리학자 최준식의 과학적인 실험의 결과를 담은 글이다. 글쓴이는 대부분의 동물들에 존재하는 학습 메커니즘으로서의 미각 혐오 및 그 확장된 형태들을 개관하면서, 다양해 보이는 혐오 현상이 이러한 기본 학습 메커니즘에 의존한다는 가정을 실험을 통해 증명한다. "즉 미각 혐오 학습에 관련된 학습 메커니즘과 이를 처리하는 뇌신경 회로가 인간의 문명화와 맞물려 복잡한 양상으로 표현된 것으로 해석할 수 있다"는 것이다. 이러한 관점에서 보면, 인간에게만 존재한다고 여겨지는 도덕적 혐오도 진화 생물이 제안하는 일종의 '전적응(preadaptation)' 과정으로 설명될 수 있다.

8장 「혐오와 비판이론: 편견을 통한 사회적 증오 행위의 정당화와 그에 대한 대응」에서 권오용은 혐오와 관련된 감정으로서 어쩌면 혐오보다 더 강렬한 감정이라고 할 수 있는 '증오'를 비판이론의 시각에서 다루고 있다. 비판이론의 전문가인 글쓴이는 에리히 프롬, 테오도어 아도르노 등의 비판이론 1세대 학자들의 논의를 통해 근대적 개인에게 내면화된 증오, 표출되는 증오의 정당화로서 편견의 역할, 편견의 기능과 그 작동 방식, 편견의 사회적 동원 수단으로서 선전 선동의 문제들을 면밀하게 살펴보면서, 그 대응 방안까지 모색하고 있다. 그 대응 방안은 현실적 결과를 통한 설득과 지성적 대항 수단의 개발이다.

정치학자 하상응은 9장 「혐오와 비인간화: 코로나19 맥락에서 본 차별과 배제의 정치」에서 우리 사회가 코로나19를 겪으면서 경험하고 있는 차별과 배제의 논리가 정치의 장에서 어떻게 강화되는지 살피고 있다. 글쓴이는 경험 연구의 대가답게 (물론 이론적으로도 뛰어나다) 구체적인 역사적·경험적 사실들과 실험 결과들에 매우 민감하다. 정치의 장에서 차별과 배제의 문제를 민감한 시선으로 면밀하게 검토한 결론에서 "코로나19를 겪으면서 외집단 절멸을 목적으로 한 차별 행위가 확산될 가능성이 상존하고 있음을 확인했다"라고 한 부분은 참으로 뼈아팠다. 이러한 위험의 가능성을 인지했다면 우리는 무언가 해야 하지 않겠는가? 글쓴이는 정치학자이지만 코로나19와 같은 과학 영역의 주제는 오히려 탈정치화해야 한다고 본다.

마지막으로 10장 「미디어 혐오 표현에 대한 인식과 규제의 필요성에 대한 이론적 고찰」은 미디어학자 심재웅의 글로서, 9장의 글쓴이도 지적한 바 있는 미디어의 역할 문제를 본격적으로 다룬다. 글쓴이는 미디어 혐오 표현의 현황과 미디어 혐오 표현에 대한 인식을 통계적으로 보여주면서, 혐오 표현 규제의 필요성을 역설한다. 혐오 표현을 규제하는 법적·제도적 시도는 혐오 표현이 낳을 수 있는 부정적 효과에 대한 염려를 불식시키는 방향으로 추진되어야 하겠지만, 법적·제도적인 규제와 함께 시민 각자가 혐오 표현을 스스로 걸러내고 방어할 수 있는 역량, 혐오 표현을 공유하지 않는 사회적 소통 역량, 즉 혐오 리터러시(literacy)의 강화에 힘써야 한다고 강조한다.

　『혐오의 해부』를 쓴 윌리엄 이언 밀러가 말하듯이, 궁극적으로 모든 혐오의 기초는 우리 자신이다. 그의 말대로 "우리는 살아가고 죽으며, 그 과정은 우리 자신을 의심하게 하고 우리 이웃을 두려워하게 하는 물질과 냄새를 내뿜는 지저분한 것이다"(밀러, 2022: 17). 어쩌면 혐오는 우리 인간의 삶에 필수적인 요소인지도 모르겠다. 그만큼 혐오는 결코 우리의 삶에서 사라지지는 않을 것이다. 문제는 이 시대를 '혐오 시대'라고 부를 만큼 그 냄새가 견딜 수 없이 심하게 고약하다는 것이다. 우리 사업단은 바로 이러한 삶의 문제와 씨름하고 있다. 우리는 혐오 시대에 대응하기 위해 혐오 주제에 천착하여 연구를 계속하겠지만, 결코 혐오의 늪에 빠져 허우적대지는 않을 것이다. 우리는 혐오를 넘어 공감의 길로 나아가고자 한다. 이 길에 우리가 펴내는 책들의 독자들이 함께 동행해 주기를 간절히 소망한다. 마지막으로 우리 스스로 의무를 부과하기 위해 '공감'에 대한 다학제적 이론들을 담은 책을 기획하고 있음을 미리 밝혀둔다.

참고문헌

밀러, 윌리엄 이언(William Ian Miller). 2022. 『혐오의 해부』. 하홍규 옮김. 파주: 한울아카
　　데미.

1장

포스트트루스와 혐오정치*
워드 켄들의 『오늘을 견뎌라』

박인찬

1. 시작하며

도널드 트럼프 전 미국 대통령은 미국을 포스트트루스(post-truth)로 '다시 위대하게' 만든 대통령으로 오래 기억될 것이다. 미국의 영광을 되찾겠다는 명분과 달리 오히려 트럼프의 각종 증오 발언과 가짜 뉴스들이 타인에 대한 배려나 진실 따위는 무시해도 좋은 이기적 야만의 상태로 미국을 돌려놓았음은 주지의 사실이다. 물론 이 모든 게 "우리의 포스트트루스 대통령" 트럼프 탓이라고 말할 수는 없다(Snyder, 2021.1.9). 그의 뒤에는 영웅을 기다리는 성난 백인들과 백인우월주의자인 정치인들이 있었고, 임의로 가공된 가

---

* 이 글은 박인찬, 「포스트트루스 시대의 혐오정치: 워드 켄델의 『오늘을 견뎌라』를 중심으로」, ≪현대영미소설≫, 28권 3호(2021)에 게재된 논문을 수정·보완한 것이다.

짜 뉴스로 진실을 호도하여 사람들의 감정을 부추기는 데 익숙한 최근의 정치문화와 그것을 빠르게 퍼트린 다양한 소셜미디어가 있었다.

이 글에서는 가히 포스트트루스 시대라고 불러도 좋을 최근 미국에서의 감정정치를 혐오를 중심으로 살펴보고자 한다. 잠시 후 설명하겠지만, 혐오는 어떤 대상을 역겨워하고 싫어하고 두려워하는 일련의 감정 복합체를 일컫는다. 혐오가 포스트트루스 정치와 만나 어떻게 작동하는지 살펴보기 위해 이 글이 특히 관심을 기울이는 것은 트럼프 대통령의 측근들이 열심히 탐독했을 뿐 아니라 후견인 역할까지 한 백인우월주의 문학 중 백인의 미래를 알라모(Alamo) 전투에 빗댄 워드 켄들(Ward Kendall)의 과학소설『오늘을 견뎌라(Hold Back This Day)』다.[1] 극작가 겸 비평가인 이언 앨런(Ian Allen)에 따르면, 2016년 대통령 선거 당시에 선거본부장 겸 수석 전략가이자 극우매체의 후원자였던 스티브 배넌(Steve Bannon)은 백인우월주의 문학의 고전으로 꼽히는 장 라스파이(Jean Raspail)의 『성자들의 진지(The Camp of the Saints)』를 비롯해 그 계통의 문학의 광팬임을 자주 내세웠다.[2] 그리고 반(反)이민 운동가 출신으로 트럼프 정권에서 관세국경보호청의 행정 감찰관에 임명된 줄리 키르히너(Julie Kirchner)는 미국이민개혁연맹의 최고책임자를 10년 동안 맡았는데, 이 단체는『성자들의 진지』출판사의 창립자가 세운 반이민 단체로서 남부빈곤법률센터 같은 시민단체들이 증오 집단으로 분류할 정도였다(Allen, 2018.7.30).

---

1   켄들은 한 인터뷰에서 백인의 다가올 종말을 다룬 자신의 소설이 백인 수비대가 싸움에서는 전멸하지만 다른 백인 병사들에게 용기를 심어주었던 〈알라모〉와 다르지 않다고 설명한다(Kurtagic, 2011.6.8).
2   배넌은 2021년 1월 6일의 의회 폭동 사태에 관한 조사를 거부해 기소되었다. 그는 조 바이든 대통령의 대선 인증을 막기 위한 트럼프 지지자들의 준비 모임에 참석했고 그들과 수차례 연락을 나눈 것으로 알려져 있다(Benner and Broadwater, 2021.11.12).

이러한 백인우월주의 문학이 인종주의적인 색깔을 조금도 숨기지 않는 트럼프와 그의 측근들에게 포스트트루스 정치의 지침이자 참고서처럼 쓰였을 가능성은 매우 크다. 특히 다문화 미국의 미래를 디스토피아적으로 투사한 켄들의 『오늘을 견뎌라』는 백인우월주의 과학소설 중에서도 가장 인기 있는 작품의 하나로 여러 출판사에서 번갈아 출판되었다.3 흥미로운 점은 켄들의 작품이 인종주의적 위정자들에게 요긴한 감정정치의 모델이 될 뿐 아니라 작품 속 이야기 자체가 포스트트루스적인 특징을 주요하게 내장하고 있다는 점이다. 이 글은 이러한 점들에 착안하여 먼저 포스트트루스와 혐오에 대해 각각 개괄적으로 살펴본 뒤에, 혐오를 주요 매개로 하는 혐오의 감정정치가 켄들의 인종주의 디스토피아에서는 어떻게 드러나는지 분석해 보고자 한다. 전파력이 강한 포스트트루스에 대응하는 방법은 그것에 대해 부단히 따지고 알리는 것이다. 이 글에서의 비평적 행위 또한 그러한 노력의 일환이다.

2. 포스트트루스란 무엇인가

2016년의 미국 대통령 선거와 영국 브렉시트 사태의 여파로 그해 11월 옥스퍼드 영어사전에서 '올해의 단어'로 선정된 '포스트트루스'는 "객관적인 사실이 여론 형성에서 감정과 개인적인 신념에 호소하는 것보다 영향력이

---

3 이 소설은 2001년 퍼블리시 아메리카(Publish America)에서 처음 출판된 뒤 2004년 (Nordiska Förlaget Publishing, 스웨덴), 2010년(Counter-Currents Publishing, 미국), 2016년(Alternate Future Publishing, 미국)에 몇 차례 더 출판되었다. 이 중에 카운터 커런츠는 온라인 잡지를 운영하는 대표적인 극우 출판사이며, 다른 곳들도 비슷한 성향의 독립출판사들이다. 이 글에서의 인용은 2016년 텍스트를 따른다.

더 적은 상황을 나타내거나 그와 관련이 있는 것"으로 정의된다. 여기서 접두사 '포스트'(post)는 "'전후'(postwar)에서처럼 시간 순서상 진실 '이후'라는 뜻이 아니라, 말도 안 되게 진실이 퇴조했다는 의미"다(McIntyre, 2018: 5). 즉 진실이 존재하지 않는다기보다는 진실이 개인의 정치적 입장에 종속된다는 게 포스트트루스의 요지다.[4] 역사가 랠프 키스(Ralph Keyes)는 『포스트트루스 시대: 동시대 삶에서의 부정직과 기만(The Post-truth Era: Dishonesty and Deception in Contemporary Life)』에서 윤리의 퇴락이 낳은 포스트트루스를 다음과 같이 설명한다.

> 거짓말쟁이는 늘 있었지만, 대개는 망설임, 약간의 불안감, 일말의 죄책감, 수치심, 적어도 겁먹은 마음으로 거짓말을 했다. 이제 우리는 너무 영리한 나머지, 진실을 지어내기 위한 근거를 찾아내어 조금의 죄책감 없이 꾸며댄다. 나는 그것을 포스트트루스라고 부른다. 우리는 포스트트루스 시대에 살고 있다. 포스트트루스는 윤리의 황혼 지대에 존재한다. 그 안에서 우리는 자신이 부정직하다고 여기지 않고도 속일 수 있다. 우리의 행동이 우리의 가치와 충돌할 때, 대부분 우리의 가치를 다시 생각하기 마련이다. 우리 가운데 자신이 비윤리적이라고 다른 사람들에게 인정하기는커녕 스스로 그렇게 생각하고 싶어 하는 사람은 거의 없다. 그래서 우리는 도덕에 대한 다른 접근법들을 고안해 낸다(Keyes, 2004: 15~16).

키스가 말하는 "도덕에 대한 다른 접근법들"은 "조금의 죄책감 없이 꾸며[대는]" 거짓말, 즉 "속일 의도를 가지고, 알고서 하는 거짓 진술"을 의미한다(Keyes, 2004: 13). 같은 맥락에서 포스트트루스 시대를 상징하는 가짜 뉴

---

4   진실이 죽었거나 존재하지 않는다는 어감이 강한 '탈진실'보다는 접두사 'post'의 중의적인 의미를 살려 'post-truth'를 '포스트트루스'로 옮긴다.

스는 "특정한 목적을 가지고" 꾸며낸 "의도적으로 거짓인 뉴스"를 가리킨다 (McIntyre, 2018: 105). 포스트트루스라는 표현을 처음 사용한 극작가 스티브 테시흐(Steve Tesich)가 1992년의 ≪더 네이션(The Nation)≫ 기고문에서 걸 프 전쟁을 주도한 조지 H. W. 부시 정권에 대해 "포스트트루스 세계"에 살 게 한 "거짓말 정부"라고 비판한 것은 그러한 취지에서다(Tesich, 1992. 1.6). 쿠웨이트 영토를 침범하지 말라는 경고를 어긴 대가로서 걸프전을 하게 되 었다는 부시 정부의 주장이 기밀문서 해제 결과 거짓임이 드러나자 테시흐 는 정부가 미국의 자존심을 지키기 위해 국민을 속였다고 규탄한다.

최근으로 올수록 이러한 윤리의 퇴조는 비밀스럽지도 희귀하지도 않게 된다. 1997년 르윈스키 스캔들을 둘러싼 진실 공방에 이어 존재하지도 않 는 대량살상무기를 이유로 2013년 이라크 전쟁을 일으킨 조지 W. 부시 정 권은 부정직함이 정상처럼 여겨지는 포스트트루스의 일상성을 보여주기에 충분했다. 그리고 극우적인 사회 분위기에 기대어 온갖 가짜 뉴스와 차별 이상의 모욕적인 증오 발언을 무차별적으로 일삼고, 진보 진영의 포스트모 더니즘을 보수 진영의 대안적 진실의 근거처럼 전유하는 트럼프 정권에서 포스트트루스는 그 극에 이른다.[5]

---

5 포스트모더니즘이 포스트트루스의 직접적인 원인이라고 주장하는 것은 무리다. 보수 진 영이 좌파 진영의 포스트모더니즘적 시각을 그들의 입맛에 맞게 임의로 이용했을 수는 있지만, 그렇다고 포스트모더니즘으로 인해 포스트트루스가 비롯되었다고 보기는 어렵 다. 매킨타이어는 포스트모더니즘이 포스트트루스의 원인은 아니더라도 이야깃거리는 주었다고 논평한 반면, 미국의 저명한 문학비평가 미치코 가쿠타니(Michiko Kakutani) 는 『진실의 죽음: 트럼프 시대의 거짓말에 대한 고찰(The Death of Truth: Notes on Falsehood in the Age of Trump)』에서 포스트모더니즘을 '진실의 죽음'으로서의 포스 트트루스의 원인으로 지목한다(가쿠타니, 2019). 이에 대해 정희진은 우리말 해제에서 서로 다른 타자들의 관점을 옹호하는 포스트모더니즘이 "대안 없는 상대주의나 해체주 의"이거나 가짜 뉴스를 정당화하는 것은 아니라고 주장한다(정희진, 2019: 200).

2016년과 2020년의 미국 대통령 선거에서 보듯이 포스트트루스는 정치 세력이 정치적 우위를 점하기 위해 진실을 교란할 때 주로 나타나는 현상이다. 이때 가짜 뉴스는 그들이 진실보다 중요하게 여기는 무언가를 퍼트리기 위한 프로파간다적인 성격을 띤다. 포스트트루스에 의존하는 정치는 기본적인 사실에 대한 동의나 법에 의한 통치 대신에 허구나 신화에 의한 통치를 부추기는 "파시즘의 이전 단계(pre-fascism)"라고 할 수 있다(Snyder, 2021. 1.9). 그런데 이러한 파시즘적인 정치가 작동하려면 트럼프 같은 지도자를 따르는 성난 백인 군중과 같은 추종자들이 필요하다. 또한 가짜 뉴스와 같은 거짓 정보가 효과적으로 작동하려면 그것에 쉽게 부응하는 사람들의 심리가 전제되어야 한다.

이와 관련하여 매킨타이어는 포스트트루스 현상의 중요한 근원 중 하나로 인간의 세 가지 인지 편향을 꼽는다. 첫 번째는 인지부조화(cognitive disso-nance)에 따른 편향이다. 인간은 보통 "신념, 태도, 행동 사이의 조화를 좇는데 그 균형이 깨지면 심리적 불안을 느껴], 자신의 자존감을 지키는 것을 최우선 목표로 여긴다"(McIntyre, 2018: 37). 인지부조화의 고전적인 예는 높은 나뭇가지의 포도가 먹고 싶은데 닿을 수 없어 보이자 덜 익거나 시어서 먹을 가치가 없다고 결론 내린 여우의 우화다. 이와 비슷한 비합리적 합리화는 프로 여자골프처럼 백인이 독차지하던 운동경기에서 유색인 선수들이 석권하자 저들은 비상식적인 훈련법을 써서 그런 거라고 폄하하는 식의 반응이나 자동차 부품 공장 폐쇄에 대한 책임 전가로 자행된 2016년 독일 클라우스니츠에서의 난민 차량 테러 사건에서도 엿볼 수 있다.[6]

---

6 작센주 클라우스니츠 인근의 되블른에 위치한 자동차 부품 공장 오토리브가 2014년 가동을 멈추고 다른 지역으로 생산지를 옮긴 뒤에 텅 빈 공장 건물은 난민 숙소로 용도 변경이 되었다. 그러자 되블른 주민 일부는 공장 폐쇄와는 전혀 무관한 난민들에게 그 책임을 전가해 방화를 저지르고, 클라우스니츠에 난민을 태운 버스가 도착하자 그들에게도

그런데 이러한 비합리적인 성향은 같은 생각을 지닌 사람들이 많이 모여 있을수록 강화된다. 즉 두 번째 인지 편향에 해당하는 '집단 압력(peer pressure)' 또는 집단 동조 편향이 인지부조화에 놓인 사람들을 하나로 결속시킨다. 신념과 행동의 불일치를 겪는 사람들은 같은 신념을 가진 집단에 속함으로써 상처가 난 자존감과 안정감을 되찾으려 한다. 이러한 집단 편향성은 전체주의 체제에서 자주 나타나는 현상이다. 하지만 반드시 전체주의 체제가 아니더라도, 현재 우리나라처럼 누군가를 혐오하는 행위가 혐오하는 자들끼리의 일체감 또는 소속감을 강화시켜 주는 일종의 사회적 접착제로서 작용하는 경우에도 자주 나타난다.

세 번째는 포스트트루스에 대해 말할 때 가장 많이 거론되는 "확증 편향(confirmation bias)"이다(McIntyre, 2018: 40). 이것은 평소에 자신이 갖고 있던 생각이나 신념을 확인하려는 방향으로 치우치는 인지 편향을 말한다. 최근의 단적인 예로, 트럼프 전 대통령이 코로나19를 "'차이나 바이러스'로 호명하며 중국 탓을 하[자]", 미디어가 여기에 동조하여 코로나19와는 무관한 차이나타운이나 아시아계 미국인들의 사진을 싣고, 지나가던 행인들이 아시아계 사람들에게 폭력과 폭언을 퍼부은 일련의 사태를 들 수 있다.[7] 특정 대상을 겨냥한 편 가르기식의 가짜 뉴스가 유포되자 확증 편향이 더해져 아시아계 증오로 확산된 것이다. 또한 제니퍼 호(Jennifer Ho)와의 좌담 기사에서처럼 이러한 편향은 아시아계 의료진에 대한 편견을 수반한다. 기사에 따르면, 2021년 현재 미국 의대생의 22% 이상과 미국에서 개업한 외과 의사의 17% 이상이 아시아계인데, 이들 중 상당수가 진료받기를 원치 않는

폭력을 행사하는 사건이 발생했다(엠케, 2017: 63~68).

7　정가영에 따르면 "2020년 3월 19일부터 2021년 2월 28일 사이에 총 3795건의 아시아인들을 대상으로 한 혐오범죄가 보고되었고, 피해자가 여성인 사례가 남성인 사례에 비해 2.3배 높게 나타났다"(정가영. 2021.3.25).

환자들을 만난 경험이 있다. 그 이유는 환자들이 그들로부터 코로나19에 감염될까 두려워해서다(Ho, 2020.6.25). 아시아계 의료 인력이 '차이나 바이러스'를 옮길 거라는 강한 의심이 감염병처럼 그들에게 전파된 것이다.

확증 편향은 가짜 뉴스가 거짓으로 판명된 뒤에도 쉽게 사라지지 않고 더 강해지는 경우가 많다. 이것을 흔히 "역화(逆火) 효과(backfire effect)"라고 부른다(McIntyre, 2018: 68). 가령, 이라크에 대량살상무기가 존재하지 않았다는 사실을 인정한다는 부시 대통령의 연설 기사를 접한 보수주의 강경파들은 자신들의 주장을 오히려 더 확신했다. 잘못된 정보를 교정하라는 무언의 압력이 역으로 불을 지핀 결과 그들이 처음부터 갖고 있던 생각, 즉 이라크는 테러의 온상이었고 계속해서 그럴 것이라는 믿음이 더욱 확고해진 것이다. 게다가 이들의 기호에 맞는 기사들만을 선별해서 제공하는 유튜브, 블로그, 대안 매체 같은 소셜미디어는 어두운 터널 안을 운전할 때처럼 이미 좁아진 그들의 시야를 더욱 좁게 만든다.

3. 혐오의 감정정치

포스트트루스에 의한 정치는 감정이 사실보다 중요할 수 있다고 생각한다는 점에서 일종의 감정정치라고 할 수 있다. 포스트트루스 현상은 사람들이 진실 자체보다 더 중요한 무언가를 확고히 하고 싶을 때 일어난다. 앞서 살펴본 세 가지의 편향은 그럴 때 인간 감정에 주로 나타나는 경향들이다. 일반적으로 정치에서 이성과 논리가 우선시된다면, 포스트트루스에 의존하는 감정정치에서는 이성보다 감정이, 개인보다 집단이 앞선다. 감정정치에서 진실은 사실에 근거하거나 저절로 당연하게 주어지기보다는 여러 유형의 거짓 정보와 편향적 진술을 통해 수행된다. 즉 가짜 뉴스, 소문, 증오 발언 같은 발화의 수행 효과로서 진실이 계속해서 유발되고 만들어진다. 그런데 이러한 감정정치는 감정의 내재적 편향성이 외부의 대상을 겨냥한 특정 감정과 만나면 더 큰 위력을 발휘한다. 가령, 나치의 반(反)유대주의나 일본 극우파의 반한(反韓) 감정처럼 감정정치를 작동시키는 내재적 편향성은 특정 대상에 대한 반감을 통해 더욱 극대화된다.

이 장에서 백인우월주의 과학소설을 통해 살펴보려는 트럼프 정권의 혐오정치가 대표적인 경우다. 혐오정치는 기본적으로 사람들의 내재적 편향성에 충실하면서, 동시에 외재적으로는 특정 대상에 대한 혐오의 감정을 정치적으로 최대한 이용하는 감정정치의 하나다. 혐오정치를 논하려면 먼저 혐오에 관해 살펴볼 필요가 있다. 혐오는 흔히 공포, 놀람, 분노, 슬픔, 행복과 함께 인간의 기본 감정 중 하나로 분류된다.[8] '기본' 감정이라는 용어에서 짐작할 수 있듯이 그것은 쉽게 사라지거나 제거할 수 있는 것이 아니다. 인간이 진화의 오랜 과정을 거치면서 자연에 적응하기 위해 습득하게 된 감정 중 하나가 혐오다. 그러나 진화의 산물이라고 해서 혐오를 인간 본능에 속한 것으로 단정하는 것은 곤란하다. 왜냐하면 혐오는 인간이 태어날 때, 혹은 그 이전부터 자연적으로 주어진 본성(nature)이라기보다는 사회적으로 매개되고 형성된 감정이기 때문이다. 혐오스러운 것의 범위와 내용을 정하는 것은 "문화와 훈육(nurture)"이지 본성이 아니다(Miller, 1997: 12).

우리말에서 혐오의 정의는 단일하지 않다. 대개는 '싫어하고 미워함'[嫌惡]의 뜻으로 정의하지만, 그것은 혐오의 절반일 뿐이다. 국립국어원과 네이버 사전에 따르면 혐오에는 그것 외에 '미워하고 꺼림'[嫌忌]의 뜻도 있다. 각각의 뜻에 부합하는 한자도 다르다. 전자가 공격적인 감정이라면, 후자는 방어적인 감정이다. 그래서 어떤 평자는 둘을 합쳐서 혐오를 "역겨울 정도로

---

8 이것은 찰스 다윈의 『인간과 동물의 감정 표현』을 따른 것이다. 다윈의 분류법을 이어받은 스튜어트 월튼은 『인간다움의 조건』에서 여섯 가지 기본 감정에 질투, 경멸, 수치, 당황을 덧붙여 10가지 인간 감정의 역사를 상세히 기술한다.

싫어하고 미워하는 감정"으로 정의한다(김태형, 2019: 25). 반면 영어나 독일어에서는 그 뜻을 구분하여 각각 다른 단어를 사용한다. '역겨움'에 좀 더 가까운 '미워하고 꺼림'으로서의 혐오가 영어에서 흔히 '혐오'의 뜻으로 쓰이는 'disgust'(독일어 'Ekel')라면, '증오'에 좀 더 가까운 '싫어하고 미워함'으로서의 혐오는 'hate' 또는 'hatred'(독일어 'Hass')라고 한다. '헤이트스피치'처럼 일본어에서도 증오를 뜻하는 경우 대부분 '헤이트'라고 적는다.

유독 우리나라에서 혐오라는 어휘가 과잉이다 싶을 만큼 혼란스럽게 쓰인 이유는 여성 혐오 관련 사건들에 의해 촉발된 우리나라 출판업계의 마케팅 전략, 관련 사건들을 보도하는 언론매체의 선정주의, 증오 표현과 차별 금지를 추진하는 과정에서 법적 규제의 대상인 증오를 더 큰 범주인 혐오로 대신한 법조계의 성급함 때문이다. 하지만 문제는 그런 눈에 보이는 것들에 있지 않다. 그보다는 혐오 감정 자체의 복합성과 어째서 다른 감정이 아닌 혐오가 특별한 의미를 부여받을 만큼 심각하게 대두되고 있는지에 문제의 핵심이 있다.

따라서 무엇이 개념상 옳고 그른가를 따지는 것에서 벗어나 혐오를 포괄적으로 바라볼 필요가 있다. 혐오는 역겨움(혐오, disgust)과 증오(hatred), 두려움(혐오증, phobia) 등의 서로 관련된 감정들을 포괄하는 복합체다.[9] 이러한 혐오의 복합성은 초기 혐오이론에서도 발견된다. 대표적인 예로, 현상학적 관점에서 혐오를 고찰하는 아우렐 콜나이(Aurel Kolnai)는 감정은 그것이 실재하는 대상이건 상상의 대상이건 어떤 대상을 '향해 있다'라는 점에서 지

---

9   원래는 정신병적 증상으로서의 혐오증을 가리키는 '-포비아(-phobia)'가 여성 혐오를 둘러싼 열띤 논의 속에서 혐오와 구분 없이 쓰인 것이 사실이다(손희정, 2018: 37). 그러나 두 단어의 혼용은 병적인 두려움이나 공포를 뜻하는 '포비아'가 일상에서의 혐오의 기저에 이미 녹아들어 있다는 방증이기도 하다. 그런 점에서 혐오증은 오히려 혐오의 세부 지류로 함께 다루는 게 적절해 보인다.

향성(intentionality)을 지닌 심리 현상으로 간주한다. 기본 감정 중에 혐오는 대상 지향성이 특히 두드러진 감정이다. 이것을 자세히 밝히기 위해 콜나이는 역겨움, 증오, 두려움의 세 감정을 "방어반응(defense reactions)" 또는 "회피(aversion)의 양식"에 속하는 감정, 즉 어떤 대상으로부터의 방어와 회피의 감정으로 묶어서 설명한다(Kolnai, 2004: 30). 그의 사후에 발표된 논문에 따르면, 역겨움으로서의 혐오와 증오 모두 어떤 대상에 의해 직접 특징지어지는 감정으로서 서로 비슷하면서 다르다. 혐오가 혐오스럽게 여겨지는 대상을 뱉어내거나 그로부터 움츠림으로써 피하려 한다면, 증오는 그것을 파괴하여 없애버림으로써 자유로워지려 한다. 반면에 공포는 혐오나 증오처럼 대상을 의식하지만 두려움을 느끼게 하는 것은 대상 자체가 아니라 그것이 언젠가 나타날지 모르는 위협이다. 즉 대상의 잠재성이 공포의 원천이 된다.[10]

혐오, 증오, 두려움이 유사 감정들로서 혐오의 복합체를 형성한다면, 혐오는 또한 특정 시대에 따라 다른 감정들과 서로 절합하거나 중첩된다. 대표적인 혐오이론가이자 감정 철학자인 마사 누스바움(Martha Nussbaum)은 이것을 혐오의 "중첩된 집합"이라 부른다. 고대 로마의 '파스티디움(fastidium)'에서 보듯이, "혐오[는] 단일한 것이 아니라" 시대와 장소에 따라 다른 감정(들)과 집합을 이루어 나타난다.[11] 이와 비슷한 맥락에서 손희정 역시 우리

---

10 콜나이의 혐오론은 1929년에 발표된 것이다. 그로부터 약 40년 뒤 동료들의 요청으로 콜나이는 1929년 논문을 줄여서 「회피의 표준 양식: 두려움, 증오, 그리고 혐오(The Standard Modes of Aversion: Fear, Hatred, and Disgust)」를 썼으나, 이 논문이 출판된 것은 그가 죽은 뒤인 1998년이다.

11 현대 영어로 '꼼꼼하거나 까다롭다'는 뜻의 이 말은 고대 로마에서는 원초적 대상에 대한 회피를 비롯해 천하게 인식된 것에 대해 귀족이 보였던 거만하고 모욕적인 태도를 가리킨다. 위계적인 사회에서 혐오와 모욕이 중첩되는 감정으로 쓰인 예라고 할 수 있다(누스바움, 2015: 184).

나라의 여성 혐오 담론을 비평적으로 되짚어 보는 글에서 "혐오를 다양한 감정들의 계열 안에서 파악할 필요"가 있다고 역설한다(손희정, 2018: 48). 혐오는 특정 시공간으로부터 파생되는 여러 감정과 서로 뭉쳤다 분리되었다 하는 과정들 속에서 특정한 발화와 효과로 연결된다. 이것은 앞서 논의했듯이 소셜미디어를 통해 일련의 거짓 정보, 음모, 가짜 뉴스들이 진실을 수행하는 것과 흡사하다. 혐오에 의한 감정정치, 즉 혐오정치가 위력적인 것은 바로 이 수행성 때문이다. 수행성은 혐오 감정의 정동적인 측면을 잘 드러낸다. 원래부터 혐오스럽거나 증오스러운 대상은 세상에 존재하지 않는다. 무엇을 혐오의 대상으로 느끼는 것은 어떤 집단이나 그것이 길러낸 어떤 사람의 인지 때문이다. 그런데 혐오의 원인과 대상은 항상 일치하지 않는다. 불일치가 생길 때 혐오는 그것이 닿으려는 대상이나 위치를 바꾼다. 즉 다른 대상, 다른 위치로 옮겨가는 차이와 전위의 과정을 거치는 것이다. 그리고 이 과정에서 혐오는 다른 감정들과 함께 짝을 지어 다니며 '물건값'처럼 가치를 가지게 되고 사회적인 효과를 수행한다. 혐오의 감정정치에서 발생하는 '혐오값'은 '정치값'에 해당한다. 흥미롭게도, 감정의 정치경제에서 혐오는 유통될수록 더 많은 잉여가치, 더 많은 부수 효과를 낳는다.[12] 이렇게 차이와 전위를 통해 순환하는 과정에서 혐오 감정은 "자본의 한 형식으로 작동"하는 상품처럼 "정동 경제"의 중요한 축이 된다.[13]

---

12 이 점과 관련해서는 박인찬(2022) 참고.

13 사라 아메드(Sara Ahmed)는 마르크스의 상품론에 기대어 감정의 '정동 경제(affective economies)'를 설명한다(Ahmed: 2004: 45). 그에 따르면, 어원상으로 '움직임'의 의미가 담긴 감정('e-motion')은 정동의 특성을 이미 내재하고 있다. 이 논문 역시 아메드와 견해가 같다. 기본적으로 감정은 사회적이고 관계적이고 정동적이다. 굳이 나누자면, 감정이 대상과의 관계에서 표상되고 개인의 주체화에 직접 관여한다면, 정동은 대상들 사이, 개체들 사이에서의 움직임, 순환, 변용과 그 효과를 말한다. 엄밀히 말해, 정동은 특정 정동(혐오 정동, 공포 정동 등등)으로 구분하는 것 자체가 불가능하다. 좁혀 말하면

감정 복합체로서의 혐오가 특정 시공간의 맥락에서 작용하는 좋은 예는 곧이어 논의할 켄들의 작품과도 관련이 있는 최근 미국에서 찾아볼 수 있다. 누스바움은 최근 저서 『공포의 군주국(The Monarchy of Fear)』에서 트럼프 재임 기간에 더욱 극심해진 당대 미국의 위기를 "공포가 제왕"으로 군림하는 나라에 비유한다(Nussbaum, 2018: 60). 누스바움이 진단하는 공포는 미국인들이 사회의 여러 방면에서 느끼는 무력감, 자식 세대를 위한 아메리칸 드림의 희망은 이제 끝났다는 두려움에서 기인한다. 이 두려움은 분노로 자라나 시기심을 부추기고 혐오를 추동한다. 일종의 방어기제로서 타인에게 혐오의 원인을 전가하여 그를 공격 대상으로 삼는 "투사적(projective) 혐오"로까지 발전하는 것이다(Nussbaum, 2018: 116). 그런데 상황을 더욱 심각하게 만드는 것은 그러한 공포심을 이용하는 정치 지도자와 인터넷 매체들에 의한 정보 과잉과 편향이다. 폭포처럼 쏟아지는 정보는 공포를 확산시키고 편견과 혐오에 힘을 실어준다.

누스바움이 제시하는 당대 미국의 마음, 즉 공포에서 시작해 분노, 시기심, 혐오, 증오에 이르는 감정정치의 지형도는 트럼프 재임기의 극단주의에 노골적으로 맞서는 크리스천 피치올리니(Christian Picciolini)의 『증오 깨부수기(Breaking Hate)』에서 "'증오'[가] 무기"가 된 극단주의 미국의 실상으로 바뀐다(Picciolini, 2020: xxiii). 트럼프 대통령의 강력한 지지 세력인 소위 '대안 우파(alt-right)'¹⁴ 같은 백인 민족주의자들에게 이 증오의 무기는 정의를

감정의 움직임이 정동이고, 넓혀 말하면 감정을 비롯한 여타의 물리적 힘 혹은 에너지들의 움직임이 정동이다. 그래서 최근의 정동 연구는 정동과 감정을 별개의 것으로 간주하거나(마수미, 2018: 62), 감정뿐 아니라 거의 모든 것을 포괄하는, 그래서 감정과 관련이 적은, 정동의 신유물론적인 그물망에 초점을 맞춘다. 이 글에서는 정동이라는 표현이 문맥상 꼭 필요한 경우를 제외하고 감정으로 통일한다.

14 미국 보수주의의 대안으로 제시된 극보수주의 집단 alternative-right의 줄임말. 트럼프는 2016년 대통령 선거운동 당시 아프리카계 미국인의 범죄율을 근거로 백인이 말살될

바로잡고 자존심을 되찾기 위한 정당한 수단으로 호도된다. 책의 저자가 극단주의에 가담했던 사람들을 직접 상담하면서 알게 되듯이, 증오의 이면에 감추어져 있던 "고통, 수치, 공포"가 포스트트루스 정치에 의해 파괴적인 감정으로 전유된 것이다(Picciolini, 2020: xxiii).

4. 워드 켄들의 백인우월주의 과학소설 『오늘을 견뎌라』

트럼프의 측근들이 애독하던 백인우월주의 문학의 대표작 켄들의 『오늘을 견뎌라』는 '백인 남자의 『1984』'로 불릴 만큼 폭발력을 지닌 작품이다(Londen, 2014.10.20). 이 작품이 처음 나온 것은 트럼프가 대통령에 당선되기 15년 전인 2001년이지만 그 후로 2016년까지 세 차례나 더 출판되었을 정도로 관심을 끌었다. 그 이유는 켄들의 소설이 문제시하는 20세기 후반의 미국 사회에서 백인들이 겪는 불안감과 관련이 있다. 이 점은 마이클 키멀(Michael Kimmel)이 『성난 백인 남성들: 시대의 끝에 선 미국의 남성성(Angry White Men: American Masculinity at the End of an Era)』의 2017년 증보판 서문에서 트럼프 당선의 직접적인 배경으로 지적한 백인 남성들의 분노와도 상통한다. 그에 따르면, "백인 남성들의 분노는 두 정서, 즉 권리와 피해자 의식의 강력한 혼합"에서 비롯된다. 즉 "자신들이 부여받았다고 믿어 온 혜택들을 눈에 안 보이는 더 크고 더 막강한 힘들에 빼앗겼다는 의식"이 분노에 찬 "반(反)워싱턴 포퓰리즘"을 촉발했다는 것이다(Kimmel, 2017: x).

이러한 지적은 기득권의 중심에 있던 미국의 백인 남성들이 느낄 만한 것

거라는 백인민족주의자들의 해시태그(#WhiteGenocide)를 트위터로 재전송할 만큼 그들과 가까웠으며, 그의 선거본부장 배넌은 극우 성향의 뉴스 플랫폼 브레이트바트 뉴스(Breitbart News)의 후원자였다. 미국 내 극우 조직에 대해서는 무데(2021: 3장) 참고.

들이다. 그러나 키멀의 예리한 지적대로, "그(성난 백인 남성)들의 감정은 실재(real)"이기는 해도 "진실(true)은 아닐 수 있다"(Kimmel, 2017: x, 강조는 원저자). 그것이 그들의 상황에 대한 정확한 평가에 근거한 것은 아닐 수 있기 때문이다. 켄들의 소설이 노리는 것은 이 지점이다. 성난 백인들이 실제 느끼는 분노의 감정을 이용해 그들이 처한 상황이 참인 것처럼 믿게끔 하고, 그럼으로써 그들을 포스트트루스적인 감정정치의 영역으로 몰아넣는 것이다.

켄들의 『오늘을 견뎌라』는 다문화주의가 종국에는 백인의 멸종을 가져올 것이라는 디스토피아적 전망에 따른다. 이야기는 소위 대통합(the Unification) 후 85년이 지난 22세기 지구를 배경으로 한다. 모든 인류는 무력과 선전으로 세계를 통합한 단일한 세계 정부(World Government)의 지배를 받게 되고, 정부의 인종 통합 목표에 따라 서로 다른 인종과 결혼해서 섞여야 한다. 그 결과 많이 섞일수록 인정을 받는 사회가 되고 그 사회에서 가장 이상적인 등급은 총 10단계의 피부색 스펙트럼(Skintone Spectrum)에서 5, 6단계의 갈색 피부다. 반면 타 인종과 섞이지 않은 스펙트럼의 양 끝은 멸시를 받는다. 피부색 1에 해당하는 주인공 제프(Jeff Huxton)는 성공한 교육행정관으로 지내면서도 백인 소수자로서 불안한 나날을 보낸다. 그러던 차에 학교에서 놀림을 당하던 아들 애덤(Adam)이 칼(Karl Ramstrom)이 이끄는 백인저항 세력 나이라(Nayra)의 일원으로 활동하다 붙잡혀 수용소에서 죽는다. 환멸을 느낀 제프는 백인들이 거주하는 화성의 아발론(Avalon) 식민지로 향하는 우주 작전에 참여하게 되는데 세계 정부군과의 격전 중에 최후를 맞는다.

작품 곳곳에서 드러나듯이 켄들의 소설은 디스토피아 과학소설의 두 고전, 올더스 헉슬리(Aldous Huxley)의 『멋진 신세계(Brave New World)』와 조지 오웰(George Orwell)의 『1984』의 흔적이 매우 강하다. 켄들의 세계 정부는 헉슬리의 세계 국가(World State)와 오웰의 오세아니아(Oceana)를 합쳐놓은 듯하다. 그러나 켄들의 소설이 공격하려는 대상은 예상을 빗나간다. 헉슬리 소설의 유럽 파시즘과 오웰 소설의 스탈린주의는 인종 화합의 "멋진 신세계"를 강요하는 다문화주의 미국의 전체주의적 세계 정부로 바뀐다(Kendall, 2016: 82). 게다가 전체주의의 대명사인 나치 독일에서 비(非)유대계 백인을 가리키던 아리아인(Aryan)은 알파벳이 거꾸로 된 채 백인민족주의를 표방하는 백인저항단체 '나이라(Nayra)'로 환생한다. 작가가 소설의 첫 번째 제사(題詞)로서 미국 남부의 백인우월주의를 옹호한 토머스 딕슨(Thomas Dixon)의 『클랜즈맨: KKK의 역사 이야기(The Clansman: a Historical Romance of KKK)』의 한 장면을 제시한 것도 이와 무관하지 않다.

이처럼 켄들의 디스토피아는 동시대 미국에 대한 가짜 뉴스 이상의 위험한 상상에 근거한다. 앞서 잠시 언급했듯이 그것에 힘을 실어주는 것은 이 작품이 지닌 포스트트루스적인 특징이다. 켄들은 2011년 한 인터뷰에서 캘리포니아가 가까운 미래에 히스패닉계가 압도하는 주로 바뀔 수 있다는 뉴스를 들었을 때 받은 충격이 이 소설을 쓰게 된 계기라고 밝혔다(Kurtagic, 2011.6.8). 그러면서 1950, 1960년대에 미국 인구의 10%에 불과하던 비(非)백인이 인종 간 결혼과 이민자 유입으로 인해 2011년에 크게 늘어난 것에 개탄하며 '백인국가' 미국을 항변했다(Kurtagic, 2011.6.8).

다문화주의를 관철하기 위한 세계 정부의 대통합이 백인의 "대량 학살(genocide)"로 이어졌다는 설정은 그러한 위기의식에서 기인한다(Kendall, 2016: 195). 일견 그런 설정은 일리가 있어 보이기도 한다. 미국 인구조사국에 따르면, 1990년경 미국 가족은 "백인의 1/7, 흑인의 1/3, 아시아계의 4/5, 미국 원주민의 19/20가 다른 인종집단의 사람과 가까운 친척관계일 정도로 상당히 이질적이었[고]", 켄들의 소설이 나오기 직전인 "2000년에 라틴계 미국인은 전체 인구의 13%를 차지해 처음으로 아프리카계 미국인을 제치고 최다수의 인종 소수자가 되었다"(Painter, 2010: 385~384). 그리고 켄들이 인터뷰를 한 다음 해인 "2012년에 처음으로 비백인의 출산이 백인의 출산을 앞질렀고, 2013년에 백인 사망자 수는 백인 출생자 수보다 증가하기 시작했[으며]", "2044년경에는 비히스패닉계 백인이 소수자가 될 것으로

[인구조사국은] 내다보았다"(Alba, 2015.6.11). 그리고 또 다른 예측에 따르면, "2050년쯤에는 백인과 흑인의 10%와 라틴계, 아시아계, 미국 원주민계의 50% 이상이 자신이 속하지 않은 인종집단의 사람과 결혼할 것으로 예상이 [되었]다"(Painter, 2010: 385).

간추린 자료들에서 보듯이 분명 미국은 점점 더 다인종 국가로 바뀌고 있다. 보기에 따라서는 백인의 수가 상대적으로 줄어드는 데 대한 우려도 이해할 만하다. 그러나 켄들의 『오늘을 견뎌라』가 제시하는 미래는 단순한 우려의 수준을 넘는다. 미래를 과학적으로 예측하기 위해 동원된 외삽법은 현재의 있을 수 있는 불안감을 왜곡되고 편향된 집단의식으로 발전시킨다. 그 논리는 무서울 정도로 단순하다. 지금의 다문화 현상을 미국 정부가 허용할 뿐 아니라 강요하고 있고, 그 결과 백인의 씨가 말라간다는 것이다. 이것은 제프가 "어두운 진실(the dark truth)"을 깨달았다고 하면서 "문화적 다원성은 백인종을 쓸어내기 위해 의도된 설탕 발린 자살 약일 뿐"이라고 외치는 이유다(Kendall, 2016: 192). 이 외침은 트럼프와 주변 극우 세력들이 흑인의 범죄율 통계를 다가올 백인 학살의 경고 메시지로서 재전송하는 가짜 뉴스 전파와 다를 게 없다. 그 자체가 확증 편향에 편승해서 사람들에게 집단 압력을 가하는 '어두운' 포스트트루스인 것이다.

그런데 여기에는 심각한 문제가 있다. 우선, 지금의 다문화주의가 인종 간 결혼을 강제하여 백인을 멸종시킬 가능성은 현실적으로 거의 없다. 그런데도 켄들이 그 가능성에 집착하는 것은 '섞이지 않은' 백인이라는 순혈주의 때문이다. 위에 인용된 기고문 「백인 소수자의 신화(The Myth of a White Minority)」에서 저자가 '비히스패닉계 백인'이라는 표현에 내포된 인종적 함의에 대해 거세게 비판하는 것처럼, 켄들의 백인 의식에는 '순수' 백인에 대한 이데올로기적 환상이 깊이 배어 있다. 그것은 흑인 피가 한 방울만 섞여도 흑인으로 간주하던 '한 방울 원칙(one drop rule)'의 백인 버전에 지나지 않는다(Alba, 2015.6.11). 즉 백인이 아닌 피가 한 방울만 섞여도 백인이 아니라는 것이다.

그렇다면 문제는 과연 섞이지 않은 백인이란 무엇인가다. 수많은 역사가와 인구통계학자들이 지적해 왔듯이 미국에 이민 온 백인의 역사는 결코 단일하거나 자연 발생적이지 않다. 식민지 미국 초기의 북서유럽 이민자에서 시작해 온갖 멸시를 당한 19세기 말의 아일랜드 이민자들을 거쳐 동유럽과 남유럽 이민자들, 그리고 다양한 경로의 유대인들에 이르기까지 유럽 이민자들을 수없이 배척하고 받아들인 '차별과 혼합'의 과정이 바로 백인의 역사였다. 또한 유럽계 백인이라 할지라도 민족적(ethnic) 배경이 천차만별이어서 같은 범주로서 묶는 것 자체가 무리다. 게다가 최근에는 라틴계 미국인이나 아시아계 미국인 중에서도 자신을 백인으로 생각하고 또한 그렇게 인정하는 경우가 점점 더 늘고 있다. 그래서 백인의 개념과 범위를 정할 때 인종 외에 민족적 요소도 함께 고려해야 한다는 주장이 설득력을 얻고 있다. 그렇게 보면 백인은 소수자가 아니라 오히려 확장 중인 다수자인 셈이다.

이에 반해 "백인의 인종적 순수성을 맹목적으로 숭배"하는 것은 "오직 백인우월주의자와 나치들뿐이다"(Painter, 2010: 389). 오염되지 않는 백인종을 위해 세계 정부의 다문화 군사들과 맞서 싸우는 제프의 백인민족주의도 마찬가지다. 가령, 다문화주의자를 가리키는 'Multiculturalist'를 'Mult'로 줄여 발음함으로써 '잡종' 혹은 '바보'라는 뜻의 'mutt'처럼 들리게 하거나, 인종 간의 결혼을 '이종교배(interbreeding)'로 칭하면서 그로 인해 "지구 전체의 평균 지능지수가 가장 낮은 수준으로 떨어지고 … 과학기술에서 훨씬 월등한 서구를 평범하고 어중간하며, 무엇보다도, 피부색이 거무스름한 자들의 뜻에 복종하게" 되었다는 제프의 주장은 우생학적 인종 편향에 지나지 않는다 (Kendall, 2016: 241, 181~182). 설상가상으로, 갑자기 나타나 위험에 빠진 제프를 도와준 일본인 주임 군의관 미주구치 박사(Dr. Hiroyuki Mizuguchi)가 백인저항단체 나이라처럼 자기도 세계 정부에 맞서 "일본 선조들의 인종적 순수성을 되찾고 싶다"라고 말하는 대목은 제2차 세계대전을 일으킨 나치 독일과 일본 제국의 위험천만한 동지애를 상기시킨다(Kendall, 2016: 226).

순혈주의에 입각한 켄들의 백인 멸종 뉴스는 위험한 가상 이외에 역사 은폐와 조작이라는 또 다른 왜곡된 설정을 통해 강화된다. 85년 전 대통합에 저항한 수많은 백인이 목숨을 잃었다는 사실을 알게 된 제프는 대학살의 역사가 세계 정부의 공식 역사에서 완전히 빠지고 다른 위조된 기록들로 대체된 것에 분개한다. 대학살을 은폐한 것도 모자라, "지구상에서 가장 부유하고, 가장 위대하며, 가장 막강한 국가"였던 미국의 "백인들은 인류 진보의 진정한 기여자인 **아프리카인들**로부터 세계의 가장 위대한 사상과 발명의 업적을 **빼앗은** 야만적이고, 무지하며, 인종주의적인 억압자들"로 기록된다(Painter, 2010: 214, 130, 강조는 원저자). 그리고 그에 따라 달나라에 최초로 착륙한 사람은 아프리카계 미국 여성 닐라 암스트롱(Neela Armstrong)으로, 1903년에 우주선을 처음 발명한 사람은 중국 광저우의 웡 형제들(Wong Brothers)로 바뀐다(Painter, 2010: 152). 또한 대통합 과정에서 "아프리카계와 아시아계의 연합이 라틴계 문화를 흡수"하면서, "과학적 진보, 예술, 문화 등 거의 모든 분야에서 인류를 이끌었던 유럽과 미국"의 문화는 역사에서 사실상 사라진다(Painter, 2010: 59, 134).

이러한 일련의 역사 은폐와 조작은 백인 저항군의 지도자 칼과 제프가 죽음을 각오하며 전하고자 하는 '진실'이다. 이 진실의 핵심은 다문화 치하에서 백인은 인종적으로뿐 아니라 역사적으로도 '사멸당하고' 있다는 것이다. 그 밑바탕에 유럽 문화를 세계의 머리이자 중심으로 보려는 신념이 깔려 있음은 자명하다. 그래서인지 칼이 제프에게 "당신과 내가 대학살 전쟁의 마지막 생존자라는 '진실'을 받아들이라"라고 외칠 때, 그것은 단지 둘만의 대화로 읽히지 않는다(Painter, 2010: 99). 아마도 그것은 켄들의 소설이 여러 차례 출판되면서 트럼프 측근과 극우 세력들에게 전파되고 또 전파된 '함께 믿고 싶은' 포스트트루스였을 것이다.

그런데 흥미로운 점은 잠시 후에 혐오정치의 맥락에서도 살펴보겠지만 켄들 자신의 역사 조작 운운이 아이러니하게도 백인들이 그동안 자행해 온 수많은 역사 은폐와 조작을 연상시킨다는 점이다. 켄들은 첫 장(章)의 제사로 『1984』에서 주인공 윈스턴 스미스(Winston Smith)가 혼자 되뇌는 오세아니아 독재정권의 핵심 강령인 "과거를 다스리는 자가 미래를 다스리고, 현재를 다스리는 자가 과거를 다스린다"라는 문장을 앞에 내건다(Painter, 2010: 12). 말하자면 포스트트루스의 핵심이라 할 수 있는 역사 조작을 통한 진실의 가공에 대해 오웰이 경고한 것을 자신의 디스토피아 소설의 주제로서 표방하는 셈인데, 켄들이 작품 내에서 외삽법을 가장하여 실행하는 것이 바로 그런 진실의 가공이다. 그리고 아이러니하게도 세계 정부의 역사 은폐는 미국, 캐나다, 호주 등의 백인 정권이 원주민 학살의 수많은 역사를 숨겨왔던 사실들을 상기시킨다. 또한 이 글의 2절 「포스트트루스란 무엇인가」에서 인용한 『증오 깨부수기』가 생생하게 전해주듯이, 유대인 학살의 역사도 극우 세력에 의해 조작되어 왔다. 나치 성향의 극우단체에 가담했던 10대 소녀 카산드라(Kassandra)의 증언에 따르면, 그녀는 "유대인 대학살을 유대인들이 동정심을 유도하고 나치들을 '악당들'로 꾸미기 위해 저지른 대규모 사기극"으로 믿고 있었다(Picciolini, 2020: 94). 말하자면, 포스트트루스의 위험에 대한 오웰의 경고가 결코 틀린 게 아님을 이러한 예들이 증거하고 있는 것이다.

『오늘을 견뎌라』의 포스트트루스 정치는 결국에는 감정과 만남으로써 힘을 얻는다. 이 소설에서 그러한 감정정치는 백인 멸종의 포스트트루스가 정치적으로 전유해서 이용하려는 혐오 감정의 복합체, 그리고 그것이 전략적으로 향해 있는 대상들로 이루어진다. 반복해서 언급되었듯이 켄들의 소설은 다문화주의에 대한 두려움과 적개심에 근거한다. 다문화주의의 "유일하고 중대한 피해자는 유럽계 문화"라는 대목이 이 점을 재차 확인시킨다(Kendall, 2016: 59). 이렇게 백인과 그 문화를 피해자로 만든 책임은 세계 정부에 있지만, 그 원인을 제공한 것은 비백인, 즉 유색인종들이다. 따라서 이 작품의 혐오정치에는 인종 혐오가 뿌리가 깊이 박혀 있다. 과거에는 모든 인종의 우두머리가 백인이었으나 다문화의 여파로 더는 그렇지 못하게 되자, 그것이 한편으로는 유색인에 대한 끊이지 않는 멸시와 증오로, 다른 한 편으로는 백인을 위협하는 두려움으로 발전하게 된 것이다. 이런 점에서 켄들이 작품 첫머리에 내건 딕슨의 1905년 소설 『클랜즈맨』의 한 장면, "반은 아이, 반은 동물"과 다름없는데 "한번 화를 내면 호랑이처럼 분노하는 이 [검둥이라는] 것이 남부인들 위에 군림하게" 해서는 안 된다는 장면은 그로 부터 100여 년이 지난 21세기 미국을 향해 던지는 묵시록적 경고처럼 읽힌다(Picciolini, 2020: 5).[15]

켄들은 백인이 소수자가 된 미래의 모습을 통해 이러한 묵시록적 경고를 구체화한다. 혼혈이 지배하는 세계에서 제프 같은 백인은 주류의 권좌로부터 내려와 조롱과 멸시의 대상으로 전락한다. 그리고 서로를 바라보는 주객의 위치가 뒤바뀌어, 다른 인종들을 유럽 중심적인 시각에서 타자화하여 바라보던 백인은 역으로 그들에 의해 타자화된다. 이것은 새로 부임한 제프를 바라보는 예후디트(Ahmad Yehudit) 고문관의 다음 장면에서 잘 드러난다.

마침내, 예후디트는 제프에게 시선을 돌리고, 조금의 혐오감도 드러내지 않으려고 애쓰면서 아주 조심스럽게 쳐다보았다. 어쨌든, 이곳은 편견 없는 사회였다. 그래서 모든 시민은 정부 명령에 따라 동등하게 대우받았다. 그럼에도 불구하고, 그는 [예후디트가 새로 온 학교 행정관의 연갈색 머리카락, 하얀 피부, 곧고 끝이 날카로운 코, 고풍스러운 앵글로색슨인의 턱 — 요즘처럼 인종적으로 동질화된 세계에서는 극히 드물며 세련되지 못하다고까지 여겨지는 모든 특징을 주의해서 보는

---

15 켄들은 인터뷰에서 1950, 1960년대에 흑백분리 정책을 폐지하고 인종 간 결혼을 허용한 것은 미국사의 치명적인 패착이라고 비난한다(Kurtagic, 2011.6.8).

동안 찌르는 듯한 반감을 느끼지 않을 수 없었다(Kendall, 2016: 20).

　중심과 주변이 서로 뒤바뀐 위의 장면이 특히 흥미로운 점은 제프가 주먹에 맞은 듯 따갑게 의식하는 예후디트의 인종차별적 시선이 실은 백인이 유색인들을 향해 던졌던 '혐오감(distaste)'과 '반감(repugnance)'의 시선이었다는 사실이다. 작가는 백인이 소수자로서 당하게 될 차별을 재현하는 과정에서 백인의 인종주의 역사를 자기도 모르게 무의식적으로 드러낸다. 역전된 위치에서도 시선은 부메랑처럼 되돌아와 백인 주체를 다시 호출한다.

　『오늘을 견뎌라』의 혐오정치는 인종에 그치지 않고 젠더까지 겨냥한다. 인종 혐오의 시선이 우회적으로 투사되는 위의 장면과 달리, 동성애에 대해서는 노골적인 거부감이 드러난다. 소설에서 세계 정부는 동성애를 공식적인 젠더로 장려하고 학교에서 의무적으로 실습하게 한다. 누가 봐도 과도한 설정인 것에서 금세 짐작할 수 있듯이, 여기에는 동성애를 허용하는 미국 다문화주의에 대한 강한 반발과 비아냥거림이 담겨 있다. 가령, 제프는 예후디트의 안내에 따라 동성애 성행위 실습 현장을 지켜보다가 다른 데로 눈을 돌리고는, 혹시라도 "자신의 싫어하는 모습이 증오 범죄로 보일까 두려워한다"(Kendall, 2016: 31). 이 장면에서 증오 범죄를 꼬집어 말한 것은 다문화주의의 '정치적 올바름'을 염두에 둔 것으로, 표현의 자유라는 명분을 내걸고 여성, 성소수자, 소수인종, 난민에게 저질렀던 증오 범죄와 증오 표현을 또한 연상시킨다.

　감정정치에서는 감정의 서사적 특성도 매우 중요하다. 인간의 감정은 우발적이고 임의적이기도 하지만, 특정 감정이 지속될 때 이야기의 구조 같은 반복성 혹은 규칙성을 띠는 경향이 있다. 『오늘을 견뎌라』의 혐오정치가 지닌 혐오의 서사성이 특히 그렇다. 이 글의 2절 「포스트트루스란 무엇인가」에서 설명한 회피 감정으로서의 혐오 복합체(즉 역겨움-증오-두려움)가 특정 대상과 맺는 관계는 플롯의 내적 논리처럼 작용한다. 즉 혐오를 일으키는 대상과 혐오를 느끼는 주체 사이의 상호 관계에 따라 감정은 상대적으로 단순하거나 복잡한 하나의 이야기 구조물처럼 전개된다.

켄들의 『오늘을 견뎌라』에서는 두 개의 감정 서사, 즉 역겨움과 증오가 주축이 되는 증오 서사와 두려움이 주축이 되는 공포 서사가 주요하게 쓰인다. 이 두 서사는 기본적으로 피해자-가해자의 구도를 따른다. 피해자가 이야기에서의 선한 주인공(protagonist)이라면, 가해자는 그 주인공을 괴롭히는 악한 상대역(antagonist)에 해당한다. 이야기에는 두 역할만 있는 게 아니어서, 그들을 지켜보는 구경꾼이나 증인들과 그들을 돕거나 방해하는 들러리들이 있게 마련이다. 이것을 감정과 연관 지어보면, 피해자는 역겨움, 증오, 두려움을 느끼는 자이고, 가해자는 그것을 느끼게 하는 상대방이나 대상이 된다. 이러한 피해자-가해자 이야기는 어느 서사에서나 똑같을 것 같지만 주축이 되는 감정에 따라 다르게 전개된다. 그 이유는 피해를 주거나 피해를 준다고 여겨지는 대상이 분명하게 고정되어 있을 수도 있고, 그렇지 않을 수도 있어서다. 역겨움과 증오가 어떤 확실한 대상으로부터 몸을 피하거나 그 대상을 파괴하여 없애버리려는, 그래서 대상과의 관계가 상대적으로 명확해 보일 수 있는 감정이라면, 두려움은 불확실성에 뿌리를 두고 있어서 도망치기가 상대적으로 어렵고 대상과의 관계도 불명확할 수 있는 감정이다.

『오늘을 견뎌라』에서 표면상 주도적인 역할을 하는 것은 증오 서사다. 몰살 위기의 백인이 피해자, 다문화 정부와 유색인이 가해자에 각각 해당하고, 부차적으로 칼 같은 조력자와 예후디트 같은 방해자들이 그 뒤를 따른다. 이 이분법적인 편 가르기는 지극히 추상적이고 편향적이다. 오직 피부색이라는 매우 임의적이고 폭력적인 기준으로만 사람들을 일반화하여 피아(彼我)로 나눈다. 그럼으로써 증오의 대상을 만들고 고정하는 것이다. (피부색으로 사람을 나눈 게 다문화를 강요하는 세계 정부의 만행이라고 작품은 제시하지만 정확하게 말해 그것은 주류 미국의 실제 역사다). 피해자인 백인이 느끼는 분노와 불만의 진정한 원인이 가해자로 지목된 유색인 때문인지도 분명하지 않다. 반면 이렇게 증오 대상이 명확할수록 포스트트루스 감정정치에 이롭다. 증오 서사에서 증오의 감정은 실제 무기 못지않은 무기가 된다. 증오를 품은 피해자 자신이 무기가 되어 그것으로 눈앞의 증오 대상을 맹목적으로 공격하면 된다.

또한 증오 서사는 많은 경우 피해자를 위기에서 구하고 가해자를 대신 응징해 줄 영웅을 필요로 한다. 영웅은 대개 제프처럼 작품 속 피해자 중에서 부상하거나, 작품 바깥의 트럼프 같은 구세주 역할자를 통해 등장한다. 이렇게 증오 서사는 응징과 구원이 실현될 것 같은 환상을 심어준다는 점에서 한편으로는 자기 완결적이고 자기 봉합적이다. 증오 서사가 문제의 지점을 명료하게 각인시켜 놓으면, 영웅에 의한 구원 서사가 그것을 해결해 주는 식이다. 그런데 다른 한편으로 이 소설의 구원 서사는 제프의 순교적인 이야기를 접할 독자들에게서 미루어진다. 백인 식민지 아발론을 구하기 위해 적들과 함께 자폭하는 제프의 마지막 장면은 작품 밖 현실에서의 또 다른 영웅들의 등장을 끈질기게 재촉한다.

『오늘을 견뎌라』의 혐오정치에서 증오 서사는 단순한 만큼 강력하다. 하지만 그것에만 의존했다면 이 작품이 그렇게 자주 출판되지는 않았을 것이다. 따라서 증오 서사와 영웅에 의한 구원 서사 이면에서 작동하고 있는 다른 서사, 즉 공포 서사에 주목할 필요가 있다. 증오 서사의 또 다른 추동력은 증오 감정 외에 대상에 대한 두려움에서 나온다. 증오 서사와 공포 서사가 만날 때 혐오정치의 효과와 위력은 더욱 배가된다. 공포 서사의 원동력은 공포 대상이 가하는 위험이다. 가해자로 지목되는 대상 자체가 무섭다기보다는 그것이 미래의 어느 순간 불시에 나타날지 모른다는 위협감이 더 무섭게 느껴진다. 서사적으로 볼 때, 증오가 특정 대상과 만나서 실현되고 해소되어야 하는 서사라면, 두려움은 그렇게 실현될 수도 없고, 되어서도 안되는 서사다. 위협으로서의 두려움은 미래의 어느 시점까지 계속 유보되는

'미래형'으로서 자기 스스로 대상을 만들어간다. 9·11 직후에 부시 정권이 이라크의 대량살상무기 보유에 관한 가짜 뉴스로 공포정치를 펼친 것에 대해 마수미가 날카롭게 분석하듯이, "위협의 느껴진 실재(the felt reality of threat)"는 실제로 무기를 보유하고 있는지의 '실제 사실' 여부보다 더 위력적이다(마수미, 2018: 55). 감정이 우선시되는 포스트트루스 정치의 원리가 작동하는 것이다. 그 결과 선제 조처로서 이라크 침공을 허용할 수밖에 없게 만든다. 하지만 그렇다고 그 위협이 제거되기를 부시 정권이 과연 바랐을지는 미지수다. 감정정치가 필요로 하는 위협은 미래형일 때라야만 위협적이기 때문이다. 마찬가지로, 『오늘을 견뎌라』에서 유색인들이 백인들을 멸종시킬지 모른다는 위협은 언제 그렇게 될지 모르는 잠재적 가능성이기에 더 무섭다. 또한 그 가능성이 미래 어느 순간까지 계속 미루어지는 동안 백인민족주의의 명분과 위력은 더욱 커진다. 이런 점에서 공포 서사는 증오 서사의 조급함을 지속적인 긴급함으로 지연시킨다. 여기서도 중요한 점은 그 '열린' 서사의 효과가 작품 내에서 끝나는 것이 아니라 그것을 읽는 작품 밖의 세계에서 유령처럼 계속해서 출몰한다는 사실이다. 미국의 미래에 대한 묵시록적 경고의 제사로 시작한 이 소설의 포스트트루스적인 선동정치가 그 조야하고 거친 서사에도 불구하고 비평적인 분석을 통해 면밀히 비판되어야 하는 이유다.

5. 마치며

하라리(Yuval Noah Harari)는 최근에 발표한 글에서 인간은 '포스트트루스 종(a post-truth species)'이라고 천명했다. 『사피엔스』의 저자답게 그는 석기시대 이후로 "인간은 항상 포스트트루스 시대에 살았다"라고 말한다(Harari, 2018.8.5). 네안데르탈인을 이긴 결정적인 이유의 하나가 호모 사피엔스의 허구 제작 능력이라면, 포스트트루스는 곧 그러한 허구의 산물이다. "인간은 수많은 이방인과 협력할 수 있는 유일한 포유류"인데, 그것이 가능한 것은 오직 "허구적인 이야기들을 만들어서, 주위에 전파하고, 수백만의 사람들이 그것들을 믿도록 할 수 있기 때문이다"(Harari, 2018.8.5). 하라리의 말대로 포스트트루스가 허구의 산물임은 부인할 수 없다. 또한 그것이 어느 정도는 경쟁력 있는 생존의 도구일 수 있다. 하지만 하라리 자신이 잘 짚고 있듯이, 호모 사피엔스의 허구 제작 능력이 진화에 유의미했던 것은 "이방인과 협력할 수 있[었기]" 때문이다. 포스트트루스 시대를 연구한 키스의 예리한 지적대로, 적자생존에 따른 진화가 어느 한 개체나 집단만의 배타적 생존을 뜻하는 것은 아니다. 결국 "중요한 것은 같이 사는 무리 내에서의 신뢰의 필요[인바,] 신뢰는 서로 거짓말을 하는 무리 사이에서는 유지되기가 어렵다"(Keyes, 2004: 23). 공존을 통한 생존이 진화에 부합하는 것이라면, 혼자만 살기 위한 포스트트루스는 진화에 오히려 역행하는 행위일 것이다. 사실 하라리도 인간은 언제나 포스트트루스 시대에 살았으니 가짜 뉴스를 "당연한 것(norm)"으로 받아들이자는 게 아니라, 완벽하지는 않더라도 "훨씬 더 열심히 진실과 허구를 구별"해야 한다고 강조한다(Harari, 2018.8.5).

지금까지 살펴본 켄들의 『오늘을 견뎌라』에 관한 분석도 그와 다르지 않다. 포스트트루스 정치에 호소하는 단순하고 뻔해 보이는 가짜 뉴스일수록 더 적극적으로 개입하여 분별할 필요가 있다. 특히 인간의 감정을 정치적으로 이용해 사회적 갈등을 오히려 부추기고 권력의 이득을 챙기는 감정정치는 그 부당함과 폭력성 때문에라도 더 비판적으로 검토되어야 한다. 켄들의 작품에 나타난 혐오정치는 최근의 미국 사회가 처한 위기를 인종적으로 편향되고 위험한 방법으로 이용한다. 그것은 서로를 반목하게 만드는 방법이기에 더욱 위험해 보인다. 이와 관련해서 수전 콜린스(Susan Collins)의 소설 『헝거 게임(The Hunger Games)』이 참고가 될 만하다. 남들을 죽여야 내가 사는 잔혹한 생존 게임에 지역 대표로 출전한 주인공 캣니스(Katniss Everdeen)

는 동생처럼 지내던 루(Rue)를 죽인 제1구역의 남자아이를 쳐다보며 정작 증오하고 싸워야 할 대상은 그가 아니라 다른 곳, 구역 간의 반목과 경쟁을 이용해 권력을 유지하는 캐피털이라는 것을 깨닫는다. 그러고는 게임의 전략과 목표를 달리하게 된다. 게임을 주관하는 파넴(Panem) 정권의 혐오와 반목의 정치를 구역 간의 연대와 분노의 정치로 바꾼 것이다. 이러한 작업은 결코 쉽지도, 간단하지도 않겠지만, 적어도 켄들의 소설처럼 사람들의 감정을 눈멀게 하는 혐오정치와 그것에 능숙한 포스트트루스 정치에 대항하는 방법으로서는 의미가 있을 것이다.

참고문헌

가쿠타니, 미치코. 2019.『진실 따위는 중요하지 않다: 거짓과 혐오는 어떻게 일상이 되었나』. 김영선 옮김. 파주: 돌베개.

김태형. 2019.『혐오시대 헤쳐가기: 심리학으로 본 북한 혐오』. 파주: 열린책들.

누스바움, 마샤너스바움, 마샤(Martha C. Nussbaum)]. 2015.『혐오와 수치심: 인간다움을 파괴하는 감정들』. 조계원 옮김. 서울: 민음사.

마수미, 브라이언(Brian Massumi). 2018.『정동정치』. 조성훈 옮김. 서울: 갈무리.

무데, 카스(Cas Mudde). 2021.『혐오와 차별은 어떻게 정치가 되는가: 열 가지 키워드로 읽는 21세기 극우의 현장』. 권은하 옮김. 일산: 위즈덤하우스,

박인찬. 2022.「혐오의 정치경제」.《포스트-혐오》, 8호. http://www.srihwebzine.kr/news/view.php?g=&bIdx=2666(검색일: 2021.10.29)

손희정. 2018.「혐오 담론 7년」.《문화과학》, 3호, 20~49쪽.

엠케, 카롤린(Carolin Emcke). 2017.『혐오사회: 증오는 어떻게 전염되고 확산되는가』. 정지인 옮김. 파주: 다산지식하우스.

정가영. 2021.3.25. "[창비주간논평] 혐오의 거울: 애틀랜타 총기 사건과 우리가 불러야 할 이름들".《프레시안》. https://www.pressian.com/pages/articles/2021032415273196414#0DKU(검색일: 2021.9.17)

정희진. 2019.「포스트트루스 시대의 인간의 조건」. 미치코 가쿠타니.『진실 따위는 중요하지 않다: 거짓과 혐오는 어떻게 일상이 되었나』. 김영선 옮김. 파주: 돌베개.

Ahmed, Sara. 2014. *The Cultural Politics of Emotion*. 2nd edition. Edinburgh: Edinburgh University Press.

Alba, Richard. 2015.6.11. "The Myth of a White Minority." *The New York Times*. https://www.nytimes.com/2015/06/11/opinion/the-myth-of-a-white-minority.html(검색일: 2021.10.10)

Allen, Ian. 2018.7.30. "Inside the World of Racist Science Fiction." *The New York Times*. https://www.nytimes.com/2018/07/30/opinion/inside-the-world-of-racist-science-fiction.html(검색일: 2021.10.10)

Benner, Katie and Luke Broadwater. 2021.11.12. "Bannon Indicted on Congress Charges over House's Capitol Riot Inquiry." *The New York Times*. https://www.

nytimes.com/2021/11/12/us/politics/bannon-indicted.html(검색일: 2021.12.7).

Harari, Yuval Noah. 2018.8.5. "Yuval Noah Harari Extract: 'Humans are a Post-truth Species.'" *The Guardian.* https://www.theguardian.com/culture/2018/aug/05/yuv al-noah-harari-extract-fake-news-sapiens-homo-deus(검색일: 2021.10.10)

Ho, Jennifer. 2020.6.25. "Episode: Ethics Talk Videocast Transcript — Spread of Anti- Asian Racism and Xenophobia During COVID-19 Pandemic." Host: Tim Hoff, Audiey Kao. *AMA Journal of Ethics.* https://journalofethics.ama-assn.org/sites/journalofethics. ama-assn.org/files/2021-02/videocast2-transcript-Ho-2006_0.pdf.(검색일: 2021.9.17)

Kendall, Ward. 2016. *Hold Back This Day.* Alternate Future Publishing.

Keyes, Ralph. 2004. *The Post-Truth Era: Dishonesty and Deception in Contemporary Life.* New York: St. Martin's Press.

Kimmel, Michael. 2017. *Angry White Men: American Masculinity at the End of an Era,* Revised Edition. New York: Nation Books.

Kolnai, Aurel. 2004. *On Disgust.* Barry Smith and Carolyn Korsmeyer(eds.). Peru, Illinois: Carus Publishing Company.

Kurtagic, Alex. 2011.6.8. "Interview with Ward Kendall." https://counter-currents.com/ 2011/06/interview-with-ward-kendall/(검색일: 2021.9.7)

Londen, John. 2014.10.20. "'The White Man's 1984': a Review of Ward Kendall's 'Hold Back This Day.'" https://johnlonden.wordpress.com/tag/ward-kendall/(검색일: 2021.9.7)

McIntyre, Lee. C. 2018. *Post-Truth.* Massachusetts: MIT Press.

Miller, William Ian. 1997. *Anatomy of Disgust.* Massachusetts: Harvard University Press.

Nussbaum, Martha C. 2018. *The Monarchy of Fear: a Philosopher Looks at Our Political Crisis.* New York: Simon & Schuster.

Painter, Nell Irvin. 2010. *The History of White People.* New York: Norton.

Picciolini, Christian. 2020. *Breaking Hate: Confronting the New Culture of Extremism.* New York: Hachette.

Snyder, Timothy. 2021.1.9. "American Abyss." *The New York Times.* https://www.nyt imes.com/2021/01/09/magazine/trump-coup.html(검색일: 2021.1.9)

Tesich, Steve. 1992.1.6. "A Government of Lies." *The Nation.* https://www.thefreelibrar y.com/A+government+of+lies.-a011665982(검색일: 2021.9.12)

2장

혐오에 대한 도덕철학적 고찰

양선이

1. 서론

월리엄 이언 밀러는 『혐오의 해부』에서 혐오가 학문적 담론의 주제로서 적게나마 받아들여질 수 있었던 이유를 두 가지로 꼽는다. "그 하나는 사회적이고 문화적 발전이고, 다른 하나는 좀 더 좁게 지적인 발전으로 ① 신체적 기능과 섹슈얼리티에 대해 한때 금기였던 부제들을 둘러싼 규범이 일반적으로 완화되고, ② 많은 분야에 걸쳐 감정에 대한 관심이 부활한 것"(밀러, 2022: 32)이라고 본다. 그러면서 혐오를 감정이라고 보고 메스꺼움과 같은 단순한 느낌뿐만 아니라 그런 느낌에 대해 말하는 방식과 관련된다고 주장한다. 즉 "그 느낌이 언제 적절하게 느껴지고 적절하게 표현되는지 알 수 있는 근거를 우리에게 제공함으로써 그 느낌을 이해하게 해주는 사회적, 문화적 패러다임과 연결된 느낌이다"라고 주장한다(밀러, 2022: 33). 그에 따르면 감정은 기능을 가지고 있으며, 종종 행위의 동기가 되며, 우리 세계에 독특하게 활기찬 특질을 제공해 준다. 그는 이와 같은 감정에 대한 긍정적 평가는 흄의 철학에서 비롯된다고 주장한다(밀러, 2022: 33). 이 글에서 나는 밀러의 평가의 연장선상에서 감정에 관한 흄의 철학을 통해 '혐오'에 대해 분석하고 나아가 혐오가 어떻게 도덕 판단에 영향을 미칠 수 있는지를 논해 보고자 한다. 이를 위해 현대 흄주의자로 평가되는 프린츠와 하이트의 혐오 이론의 문제점을 보인 후 이들의 난점을 극복하기 위한 방안으로 흄의 공감이론과 애덤 스미스의 공감이론을 제안하고자 한다.

2. 부정적 감정과 도덕: 죄책감, 분노, 수치심

최근에 많은 학자들은 감정이 도덕적 평가에 영향을 줄 수 있다고 주장한다. 기버드에 따르면, 죄책감의 기능은 여러 종에 걸쳐 존속해 왔으며, 다른 사람들의 분노에 민감함으로써 느끼게 되는 감정이라고 말할 수 있다. 도덕적 평가 속에 우리의 느낌(feeling)을 포함시킬 수 있다면 기버드의 이론은 죄책(guilt)을 죄책감(guilt feeling)으로 말할 수 있을 것이다. 그렇게 되면 죄책감이라는 그 느낌의 정당성을 어떻게 말할 수 있는가? 여기서 두 가지 질문이 가능하다. 즉 ① 죄책의 느낌과 ② 그것의 승인(endorsement)의 문제에 관한 질문이 그것이다. 느낌이 승인된다는 것은 그와 같은 느낌을 가지는 것을 허용하는 규범을 받아들인다는 것이라고 기버드는 제안한다.1 그렇다면 이러한 입장에서 '규범'이란 어떤 것인가? 이 질문에 답하기 위해 기버드는 옳고 그름이라는 개념이 어느 정도 문화적인 특수성을 갖는다고 본다.

---

1 도덕적 평가에 관한 진화론적 입장을 옹호하는 데 있어 기버드는 규범적 판단이 명제적이라는 견해를 거부한다. 그 이유는 우리의 감정을 표현하는 데 있어, 그와 같은 평가적 판단으로서의 감정은 참 또는 거짓과 무관하기 때문이다.

어떤 사람이 도덕적으로 그르다는 것은 그가 어떤 행위를 한 것에 대해 죄책감을 느끼고, 다른 사람들이 그에게 분노를 느끼는 것이 정당할 때, 오직 그때다 (Gibbard, 1990: 42).

여기서 기버드는 합리적이다(정당하다)는 것과 타당하다(make sense)를 동의어로 사용하고 있다. 기버드가 사용하는 "합리적"이란 의미는 다음과 같다. 즉 죄책은 죄책과 관련된 규범의 승인의 문제다. 여기서 기버드는 규범이 다음과 같은 물음을 통해서 이해되어야 한다고 주장한다. 즉 "행위자가 그가 행위를 한 것에 대해 죄책감을 느끼고, 타인들이 그에게 분노를 느끼는 것이 타당한 그러한 상황이 있는가?"(Gibbard, 1990: 53).

기버드의 입장을 이렇게 이해했을 때, 죄책은 역사적으로 분노에 대한 적응반응이었던 기제를 말한다. 그것은 갈등보다는 사회집단 간의 상호 조정을 가져와서 화해하게 만든다. 적대적 반응을 하는 동물들과 달리 인간은 화해라는 결과를 가져오기 위해 타인의 분노를 달래고자 한다. 죄책감은 이와 같은 방식으로 진화해 왔다. 이와 같은 설명이 갖는 문제점은 왜 죄책감과 분노라는 감정이 꼭 대응적이어야만 하는지가 분명치 않다는 점이다. 기버드는 죄책감을 느끼는 데 있어 옳고 그름의 기준은 반응 의존적이어야 한다고 제안한다. 왜냐하면 우리는 타인이 우리에게 화를 내는 것이 정당화되는 많은 상황에서 죄책감을 느끼기 때문이다. 기버드에 따르면, "죄책감은 분노 달래기를 목표로 하며 그것은 분노를 통제하는 규범과 동일한 규범을 통해 지배된다는 점"(Gibbard, 1990: 139)에서 죄책감과 분노를 대응적인 감정으로 가정해야만 했던 것 같다. 따라서 어떤 행위가 그르다고 판단하는 것은 죄책감과 분노가 승인된다고 생각하는 것이다. 이와 같은 상호성을 포기하면 기버드의 적응반응 이론은 어려움에 봉착하게 된다.

프린츠는 부정적 감정이 도덕 판단에 영향을 준다는 점을 받아들이면서도 기버드의 문제점인 죄책감과 분노라는 감정이 꼭 대응적이어야만 하는

지를 극복할 수 있는 대안을 제시하고자 한다. 이를 위해 그는 기본 감정을 토대로 하면서도 사회 구성주의를 제안한다. 프린츠에 따르면, 도덕이란 것은 보편적 능력으로부터 구성되는데, 그와 같은 보편적 능력으로서 기본 감정이 있기 때문이다. 그리고 이러한 기본 감정을 통해 문화에 맞는 복합 감정을 구성할 수 있고, 문화에 맞는 도덕 규칙에 따라 복합 감정으로서 도덕 감정이 구성될 수 있다. 프린츠에 따르면 우리가 갖는 보편적 능력 중 어떤 감정은 도덕 감정이고 어떤 감정은 그렇지 않다. 이를 보여주기 위해 프린츠는 우선 '화(anger)'를 예로 든다(Prinz, 2009: 535). 어떤 이들은 '화'라는 감정은 도덕적인 것을 어긴 어떤 일에 대한 판단과 관련된다고 주장한다. 그러나 프린츠에 따르면 '화'는 도덕과 무관한 것들과 관련되기도 한다. 어떤 것들은 도덕적으로 그른 것과 무관하면서도 우리를 거슬리게 한다. 내가 길을 지나가다 돌부리에 발가락을 채였을 때 나는 화가 날 수 있다. 이와 같은 것은 분명 도덕과 무관한 화이다. 이에 반해 도덕적 분노는 어떤 도덕적 규범, 특별히 해를 입히는 것과 관련된 규범을 어겼을 때 일어나는 공격성의 화라고 말할 수 있을 것이다. 그러나 감정의 차원에서 보면 도덕과 무관한 화와 도덕적 분노와 관련된 우리의 신경생리학적 상태는 유사할 것이다.

도덕이 기본 감정과 같은 보편적 능력으로부터 구성된다고 해서 본유적으로 존재하는 도덕 감정에서 비롯되는 것은 아니고 도덕과 무관한 기본 감정의 복합물인 도덕 감정에서 비롯된다고 프린츠는 주장한다(Prinz, 2009: 67). 예컨대, 경멸은 노여움에 역겨움을 더한 것이고, 전율감은 기쁨에다 공포를 더한 것이다. 죄책감은 나의 죄나 범법 행위에 관한 생각에다 슬픔이란 감정을 보탠 것이라 볼 수 있다.[2]

죄책감과 수치심은 도덕 감정으로 보인다. 왜냐하면 우리가 그것들을 도

---

2 프린츠의 구성적 감성주의에 관해서는 양선이(2011: 161~165)를 참고하시오.

덕적 영역 바깥에서 잘 말하지는 않기 때문이다. 그러나 프린츠는 이 두 감정조차도 도덕과 무관한 감정에서 유래했다고 주장한다. 그에 따르면 수치심은 당혹감을 꺼리는 형태라 말할 수 있다. 프린츠는 죄책감은 슬픔과 관련된다고 주장한다. "우리는 우리가 속한 집단의 어떤 사람이 당한 해에 관해 슬퍼한다. 왜냐하면 그러한 사실은 결속감을 저해하기 때문이다. 죄책감은 우리가 야기한 해를 통해 일어나게 되는 슬픔을 우려하는 것이기도 하다." 프린츠는 죄책감과 수치심이 비도덕적인 원천에서 오는 것이라면 그것은 때때로 비도덕적 맥락에서 일어나는 것이라고 생각해도 된다고 주장한다(Prinz, 2009: 535). 만일 프린츠의 이와 같은 주장이 옳다면 우리는 다음과 같이 질문할 수 있다. 즉 만일 도덕 감정이 기본 감정의 복합으로 구성된 것이고 이러한 감정이 내적으로(인간의 본성과 관련하여) 도덕과 연결된 것이 아니라면 무엇이 어떤 감정을 도덕적으로 만드는가? 프린츠는 이에 대해 분명한 답을 제시하지 못하고 있다. 나는 이후에 흄과 스미스의 공감이론을 통해 이에 대한 답을 제시해 보겠다.

3. 도덕적 혐오와 CAD 모델

또 다른 부정적 감정의 하나로서 '혐오'도 도덕 판단에 영향을 미친다고 말할 수 있다. 도덕적 혐오는 기본적인 감정이 아니다. 그것은 일상적인 혐오감의 산물이다. 일상적인 혐오감은 물리적 오염과 관련이 있다. 폴 로진(Paul Rozin)은 일반적으로 세균과 같은 숨겨진 위험으로 인한 피해가 생길 수 있는 상황에서 혐오가 발생함을 보여주는 경험적 연구를 광범위하게 수행했다(Rozin, Haidt and Mccauley et al., 1993). 원시적으로 혐오를 유발하는 것에는 체액(눈물을 제외한 모든 것), 물, 죽은 것, 쓰레기, 이러한 것들과 접촉한 물건 등이 포함된다. 접촉 원칙이 중요한데, 세균은 그런 개념을 우리가 갖기 전에 먼저 우리를 위협했다. 혐오는 소화기적인 감정이다. 그것의 신체 기반은 입, 코, 내장에서의 소화 거부와 관련된 패턴을 포함한다. 우리는 우리가 도덕적으로 역겹다고 생각하는 사람을 접촉한 것들과 물리적인 접촉을 하는 것을 꺼린다. 예를 들어, 사형 선고를 받은 소아성애자가 살던 집에서 살기를 원하지 않는다.

성적인 관습은 도덕적 혐오의 명백한 후보다. 왜냐하면 섹스는 체액의 이동을 현저하게 포함하는 성욕이기 때문이다. 이러한 것들이 그 자체로 혐오를 이끌어낼 수 있기 때문에, 성 규칙 위반이 혐오로 간주되는 것은 놀라운 일이 아니다. 대량 학살의 경우도 도덕적 혐오의 대상인데, 왜냐하면 이는 원초적으로 혐오를 불러일으키는 신체 절단 및 죽음과 관련되기 때문이다. 로진과 하이트, 매콜리(Rozin, Haidt and Mccauley, 1993)는 실험을 통해 피험자들이 히틀러의 것이라고 말한 스웨터를 입어보기를 꺼려한다는 사실을 발견했다. 로진에 따르면 피험자들은 스웨터 입기를 계속해서 거부했는데, 금전적인 제안을 받은 후에도 그들은 혐오감을 표시했다고 한다. 또한, 로진과 싱(Rozin and Singh, 1999)은 혐오가 흡연에 대한 도덕적 금기와 관련이 있음을 발견했다. 연기는 오염 물질이므로 쉽게 혐오감을 유발할 수 있다.

오염은 종종 도덕적 영역에서 은유적으로 확장된다. 예를 들어, 특정 종교 전통은 당신이 신의 법칙을 어기는 방식으로 행동하면 영혼이 더러워질 것으로 생각한다. 슈더와 동료들(Shweder et al., 1997)이 실시한 광범위한 현장 조사에 따르면 종교에서 순결은 도덕 체계의 핵심이다. 예를 들어 어떤 종교에는 당신은 무엇을 먹을 수 있는지, 누구와 이야기할 수 있는지, 사원에서 무엇을 입을 수 있는지, 월경 중인 여성이라면 어디로 갈 수 있는지, 어떤 심리적 상태를 가질 수 있는지에 관한 도덕적 규칙이 있다. 이 모든 경우에 위반자는 불결하거나 오염된 것으로 간주된다. 또한 당신이 마음속에 혐오 감정을 느끼게 되는 것도 부도덕의 한 형태로 간주된다. 이러한 경우 중 일부는 신체적 혐오감을 유발하는 요인과 직접적인 관련이 있지만 대부분의 불순성은 은유적이다. 육체적 순결이 영적 순결로 변하는 것이다. 슈더와 동료들(Shweder et al., 1997)은 순결을 강조하는 도덕 체계를 '신성의 윤리'라고 지칭하며, 그들은 종종 비세속적 사회에서 중심적인 역할을 하는 순결은 일반적으로 초자연적인 방식으로 개념화된다고 주장한다. 즉 부도덕한 행위가 영혼을 오염시켰다는 식으로. 당신의 영혼이 오염되었을 때 당신은 육체적(적어도 이 세상에서는)으로 위험하지는 않지만, 당신은 신이 보기에 또는 신들이 보기에 부패했다. 하지만 세속 사회에서 강조점은 다른 곳에 있는 경향이 있다. 즉 정의와 옳음에 강조점이 있다. 슈더와 동료들은 이것을 '자율의 윤리'라고 부른다(Shweder et al., 1997). 정의와 권리에 대한 관심은 개인이 특정 사물에 대해 자격이 있다는 관점에서 비롯된다. 그리고 부도덕한 행위는 사람에 대한 범죄로 해석된다. 자율성의 윤리학 내에서 핵심 도덕 개념은 '순수성'보다는 '해로움'이다. 예를 들어 합의된 성행위의 경우 순수성의 측면에서는 불결, 오염으로 볼 수 있지만, 해로움의 측면에서 보자면, 즉 자율성의 윤리가 있는 사회에서는 더욱 덜 도덕화되는 경향이 있다.

슈더와 동료들(Shweder et al., 1997)은 또한 세 번째 종류의 윤리 시스템을 확인했는데, 이는 극소수의 문화권의 중심에 해당된다. 그들은 그것을 '공동체의 윤리'라고 부르며 그 규칙은 사회집단과의 개인적인 관계를 지배한다. 순위, 가족의 존중을 관장하는 규칙, 공동 자원의 처리가 이 범주에 속한다. 집단주의 사회는 이런 종류의 규칙을 강조하는 경향이 있다. 그들은 사회에서 각 개인의 위치에 특별한 가치를 부여하며 그 위치와 관련된 역할을 수행하지 않는 것은 도덕적으로 금지된다. 사람들이 선에서 벗어나면 사회 질서가 어지럽혀진다. 그러한 사회에서 무례함은 기본적인 범죄이며, 종종 불순과 해로움보다 더 강조된다. 슈더와 동료들(Shweder et al., 1997)은 사회가 단일 도덕 체계 아래에서 운영된다고 생각하지 않는 것 같다. 그들은 사회가 신성, 자율성 또는 공동체 중시의 도덕 체계에 의해 움직인다고 본다. 오히려 모든 공동체에는 각각의 카테고리에 따라 규범이 있는 경향이 있다. 어떤 범주가 강조되는 정도에 따라 그리고 어떤 경우에는 매우 동일한 형태의 행위가 다른 범주로 해석됨으로써 문화 간 차이가 드러난다. 예를 들어, 우리 사회에서 우리는 근친상간을 '해로운 것'으로 생각하는 반면, 비세속 사회에서는 근친상간을 '불순한 것'으로 간주할 가능성이 크며, 집단주의 사회에서는 가족 구조에 대한 '위협'으로 해석될 수 있다. 물론 대부분의 사회에서 세 가지 개념화 모두 어느 정도 역할을 한다. 합의에 의한 근친상간 사례를 접할 때 그것을 일종의 '오염'으로 생각한다.

매우 중요한 연구에서 로진과 동료들(Rozin et al., 1999)은 이 세 가지 종류의 규칙이 서로 다른 감정과 관련되어 있음을 보여준다. 그들은 일본인과 미국인 피험자들에게 일련의 삽화를 제시하고 적절한 감정적 반응을 확인했다. 그들은 다음과 같은 예를 고안했다. 명백한 피해(예: 살인), 명백한 무례(예: 다른 사람들이 저녁 식사를 하기 전에 10대가 먼저 식사를 시작함), 또는 우리가 신체의 오염으로 간주하는 경향이 있는 명확한 사례(예: 10대 소녀가 70세 남성과 섹스를 하는 경우). 로진과 동료들(Rozin et al., 1999)은 자율성 위반은 '분노', 순결 위반은 '혐오', 공동체 위반은 '경멸'과 관련되는 경향이 있음을 발견했다. 그들은 이것을 'CAD 모델'이라고 부른다. 이것은 '경멸(contempt)', '분노(anger)', '혐오(disgust)'의 약자를 따서 만든 모델이다. 그들은 우연히도 CAD가 '공동체(community)', '자율성(autonomy)', '신성(divinity)'으로부터 형성된 약어라는 점에 주목했다.

프린츠는 CAD 모델을 지지하지만 슈더의 범주를 좀 더 넓혀 도덕적 혐오를 영적 순결의 영역뿐만 아니라 '자연 질서'의 위반까지도 포함해야 한다고 주장한다. 그에 따르면 종교적 우주론에서 자연은 신에 의해 포섭되고 자연 질서는 신들에 의해 확립된 질서다. 신성한 본성을 위반하면 혐오감을 불러일으킨다. 왜냐하면 그것들은 자연에 대한 위반이지, 그 반대가 아니다. 신성한 본성의 위반은 무엇보다 부자연스러운 행동이다. 그러므로 프린츠는 도덕적 분노는 자율성에 대한 위반을 향하고 도덕적 혐오는 지각된 자연적 질서의 위반을 향한다고 본다(Prinz, 2007: 72).

로진과 동료들(Rozin et al., 1999)은 '경멸'이 커뮤니티 규범 위반에 대한 지배적인 감정적 반응이라는 것을 발견했다. 사람들은 다른 사람들이 식사를 하기 전에 먼저 식사를 하는 10대에게 경멸감을 느낀다. 사람들은 또한 노인을 무시하거나 공공 재산을 파괴하거나 사회에서 규정된 장소에 따라 적합한 행동을 하지 않는 사람들을 경멸한다. 경멸과 계급 사이에는 밀접한 관계가 있다. 부자는 가난한 사람을 업신여기고 가난한 사람은 부자를 업신여긴다. 프린츠는 도덕적 분노와 도덕적 혐오에 대해 논의하면서 둘 다 비도덕적 감정의 확장이라고 주장한다. 그렇다면 경멸은 기본 감정 또는 처음에 도덕과 연결되지 않은 감정에서 나오는가? 이에 대해 프린츠는 경멸이 분노와 혐오가 혼합된 것이라고 제안한다. 얼핏 보기에는 경멸은 분노와 혐오와 근본적으로 다른 종류의 도덕적 위반 때문에 유발된다는 로진과 동료들(Rozin et al., 1999)의 발견과 양립하기 어려워 보인다. 그러나 프린츠는 자세히 분석하면 혼합 감정 이론은 실제로 로진과 동료들(Rozin et al., 1999)의 모델에서도 발견할 수 있다고 주장한다. 분노는 범법 행위에 대한 것이다. 역겨움은 자연을 거스르는 범죄에 대한 것이다. 그리고 경멸은 자기가 속한 사회에 대한 위반과 관련된다. 커뮤니티는 개인의 조직적이고 역동적인 시스템으로 생각할 수 있다. 커뮤니티 내에서 각 사람은 특정 위치를 가지고 있으며 유기체 전체에 특정 종류의 기여를 한다. 그런 점에서 공동체는 자연과 같다. 공동체 질서는 인간 집단의 자연 질서다. 이 해석을 받아들인다면 지역 사회에 대한 반대는 사람에 대한 위반이기 때문에 혐오를 일으켜야 한다. 그리고 그것은 자연 질서에 대한 위반이기 때문에 혐오감을 느껴야 한다. 따라서 프린츠는 경멸은 분노-혐오가 섞인 것이라는 가설은 왜 경멸이 커뮤니티 위반에 대해 유발되는 것인지의 이유를 설명한다고 주장한다(Prinz, 2007: 73).

CAD 모델은 최근 도덕 심리학에서 가장 뛰어난 업적 중 하나다. 그러나 완전히 새로운 것은 아니다. CAD 모델은 다른 종류의 범법에 따라 다른 감정이 유발될 수 있다는 생각 이전에 제안되었다. 흄(Hume, 740: III.iii.iv)은 분명히 서로 다른 행동의 종류는 서로 다른 도덕적 감정을 불러일으킨다고 주장한다. 그리고 또 다른 선견지명에서 그는 다음과 같이 말한다.

> 도덕적 숙고에서 우리는 모든 대상과 그 대상들의 서로에 대한 모든 관계를 사전에 숙지해야 하며, 전체를 비교함으로써 선택하고 승인해야 한다. 그다음에 뒤따르는 승인이나 비난은 판단의 작용이 아니라 가슴의 작용이다. 그것은 사변적 명제나 주장이 아니라 생기 있는 느낌이나 감정이다…. 마음은 전체에 대한 관조로부터 애정이나 혐오감, 존경이나 경멸, 인정이나 비난에 대한 새로운 인상을 느낀다 (Hume, 1751: 부록 I, ii).

여기서 프린츠는 흄이 CAD 모델의 특정 기능을 예상하는 것 같다고 하면서, '비난'이라는 단어를 '분노'로 바꾸면 분노, 경멸, 혐오는 기본적인 도덕적 감정이며, 각각은 고려 중인 위반의 성격에 대해 숙고 후에 발생한다고 주장한다(Prinz, 2007: 73).

필자는 CAD 모델에는 동의하지만 프린츠의 구성적 감성주의에는 반대한다. 왜냐하면 앞서 필자가 지적했듯이 프린츠는 도덕 감정이 기본 감정의 복합으로 구성된 것이고 이러한 감정이 내적으로(인간의 본성과 관련하여) 도덕과 연결된 것은 아니라고 보는데 이렇게 되면 무엇이 어떤 감정을 도덕적으로 만드는지를 설명할 수 없기 때문이다. 이하 나는 흄과 스미스의 공감이론을 통해 이에 대한 답을 제시해 보겠다. 그 전에 프린츠와 달리 흄의 공감이론을 진화론적 맥락에서 발전시킨 하이트의 이론을 통해 '혐오'와 도덕판단이 어떻게 연결되는지 살펴보기로 하자.

4. 하이트의 사회적 직관주의와 흄의 정념론을 통해서 본 '혐오' 감정[3]

「정서적 개와 이성적 꼬리(The Emotional Dog and Its Rational Tail)」(2001)에서 하이트는 무해한 금기 위반 사례에 대한 도덕 판단 인터뷰를 소개하면서, 도덕 판단에 있어 직관이 우선하며 추론은 상대적으로 무능하고 직관과 감정이 긴밀한 관계를 맺고 있다고 주장한다.[4] 하이트는 무해한 금기 사례들을 소개하고 학생들에게 어떻게 생각하는지 물으면 대부분의 학생들은 '즉각적'으로 그러한 것은 잘못이라고 말한다고 보고한다. 그리고 그에 따르면 그렇게 말한 다음에 학생들은 그 이유를 찾기 시작한다는 것이다. 하이트는 학생들에게 그들이 잘못이라고 생각하는 근거를 물으면 대부분의 학생들은 다음과 같이 말했다고 한다. "모르겠어요. 왜 잘못되었는지 설명을 못 하겠어요. 다만 그것이 잘못되었다는 것만은 알아요!"(Haidt, 2001: 1024).

하이트는 이러한 현상을 '도덕적 말문 막힘(moral dumbfounding)'이라고 부르면서 이런 반응은 사람들이 도덕적으로 잘못된 이유를 얼른 떠올리지 못하면서도 잘못된 사실만은 곧바로 판단할 수 있는 능력을 갖고 있음을 보여주는 증거라고 주장한다. 즉 우리가 도덕적 평가를 할 때 '직관'이 우선적이고 '추론'은 상대적으로 무능하다는 사실을 보여주는 증거라고 주장한다.

---

3   하이트의 사회적 직관주의와 흄의 공감이론의 비교에 관해서 필자는 필자의 선행연구 (2018)를 재구성했다. 이에 관해 상세한 논의는 양선이(2018)를 참고하시오.

4   그가 소개한 무해한 금기 위반 사례란 가령 어떤 남매가 합의하에 재미로 성교를 한 경우, 그리고 한 주부가 옷장을 청소하다가 낡은 성조기를 발견하고 더 이상 그 국기가 필요하지 않다고 생각하여 그것을 찢어 욕조를 청소하는 경우와 같은 것이다. 이에 관해서는 하이트(Haidt, 2001: 1024)를 참고하시오.

하이트의 사례를 우리는 '도덕적 혐오(moral disgust)'라고 볼 수 있다.

현대 흄주의자인 하이트는 우리가 도덕적 판단을 할 때 중심이 되는 도덕적 직관의 근원이 있다고 하면서 그러한 것으로 그는 범문화적인 5가지 기초적 직관을 제시한다. 5가지 기초적 직관은 다음과 같다(Haidt and Bjorklund, 2008: 201~203).

① 위해(危害)/배려의 직관: 아이들과 연약한 사람들이 표현하는 고통이나 괴로움에 대한 민감성.

② 공정/호혜의 직관: 호의에 보답하지 못한 이들에게 부정적으로 응답하는 것처럼 맞대응과 관련된 일련의 감정적 반응.

③ 권위/존경의 직관: 적절한 존중과 존경으로 표현하지 못한 이들에 대해 분노를 표현하는 것처럼 지위와 계급을 탐색하는 것에 관한 관심.

④ 순수/신성의 직관: 혐오의 감정과 관련. 많은 도덕적 규칙들이 왜 음식이나 성(性), 월경, 시체 처리와 관련되는지 설명하는 데 필요.

⑤ 내집단/충성의 직관: 내집단의 구성원에 대한 인정, 신뢰, 협력 등의 강한 사회적 감정에 의해 뒷받침되는 특별한 사회적 인지능력.

이상의 하이트의 5가지 기초적 직관은 기본 정서라고 할 수 있다. 흄에게서 이와 같은 기본 감정은 '자연적 성향'으로서 주어진 '원초적 정념들'이라 말할 수 있다. 흄에 따르면 정념들은 단순 인상이나 관념이 아니라 '반성 인상'이다. 감각 인상에는 "감각이 갖는 모든 인상들과 육체적 쾌락과 고통들이 포함될 수 있고"(Hume, 1978: 275), 반성 인상은 이러한 쾌락과 고통에 대한 반성에서 일어난다고 흄은 말한다. 그리고 이러한 반성 인상이 바로 정념들과 그들과 유사한 나머지 감정들이 포함될 수 있다고 하면서, 흄은 반성 인상들을 그 일어나는 방식에 따라 1차적으로 차분한(calm) 정념과 격렬한(violent) 정념으로 구분한다. 다음으로 정념들은 직접적(direct)이거나 간접적인(indirect) 것으로 구분된다. 직접적 정념들은 선, 악, 쾌락, 고통으로부터 직접 일어난다. 예를 들면, "욕망, 혐오, 슬픔, 기쁨, 희망, 공포, 절망, 안심" 등이 그것이다(Hume, 1978: 277). 흄은 우리의 주제인 '혐오'를 '직접 정념'으로 분류했는데, 흄이 혐오를 직접 정념이라고 보는 이유는 혐오는 어떤 대상에 대해 '고통'이 주어질 것이라는 '전망' 때문에 즉각적으로 일어나기 때문[5]이다. 이 직접 정념은 흄에게서 가장 원초적 감정으로서 행위의 동기가 되는 '쾌락'과 '고통'에서 비롯되는데, 혐오는 고통에 대한 회피에서 비롯된다(Hume, 1978: 275). 흄이 직접 정념으로 분류한 '혐오'를 하이트는 '순수/신성의 직관'과 연결시켰다.

또한, 흄은 '사랑'이라는 감정을 느낌적 요소 외에 나 자신이든 타자이든 '자아'라는 매개가 필요하다는 의미에서 간접 정념으로 분류하면서 간접 감정을 타인의 자아에 대한 존중과 자신의 명예에 대한 추구(Hume, 1978: 277)와 관련된다고 보았다. 흄의 이러한 정념은 하이트가 말한 기초적 직관으로서 '권위/존경의 직관'에 상응한다고 볼 수 있다(Hume, 1978: 575, 602). 끝으로 흄은 인간을 도덕적으로 이끄는 심리적 기제로서 '공감'(Hume, 1978: 386~387)이 일차적으로는 가까운 사람들에게 끌리게끔 작동한다고 보았는데,[6]

---

5 간접 정념들에는 "다른 성질들의 결합"이 또한 요구된다. 여기서 다른 성질들의 결합이란 정념을 일으키는 주체로서의 원인과 그 정념의 대상과의 관계를 말한다. 간접 정념들의 예로는 "자부심, 수치심, 야망, 허영심, 사랑, 증오, 부러움, 동정심, 교만, 관대함과 이러한 것들에 의존하는 것들"을 들 수 있다(Hume, 1978: 276). 흄이 말한 원초적 정념으로서 '모성애'와 부모의 아이들에 대한 사랑은 하이트의 첫 번째 직관인 '위해/배려의 직관'에 해당된다고 볼 수 있다. 그리고 흄이 원초적 정념이라고 본 '호혜(benevolence)'는 하이트의 '공정/호혜의 직관'에 해당된다고 할 수 있다.

6 흄은 이와 같은 공감을 '제한된 공감(limited sympathy)'이라고 보고 이와 같은 공감의 편파성을 극복하기 위해 '확장된 공감(extensive sympathy)'이 필요하다고 보았다(Hume, 1978: 575~576). 제한된 공감과 확장된 공감에 관한 자세한 논의는 양선이(2014)를 참고

이는 하이트가 5번째 기초적 직관이라고 보는 '내집단/충성의 직관'에 해당한다고 할 수 있다.

하이트에 따르면 이상의 5가지의 선천적인 도덕적 모듈이 사회적으로 구성된 특정 덕들과 만나는 과정에서 도덕 발달이 이루어진다(Haidt and Bjorklund, 2008: 208~209). 흄에게 있어서도 자연적 성향으로서의 주어진 원초적 정념들이 사회에서 덕으로 일컬어지는 덕목들에 따라 지속적으로 발현되면 그 사람에게 성격적 특성으로 뿌리를 내리게 된다.[7] 이와 같은 기초적 직관들이 어떻게 도덕적 판단에 연결될 수 있는가? 이 질문은 곧 기초적 직관으로서 '혐오'가 어떻게 도덕적 판단에 영향을 미치는가? 라는 질문과 연관된다.

하이트는 이 문제를 기초적 직관이 도덕적 직관과 연결되는 문제로 본 반면, 흄은 정념이 도덕감과 연결되는 문제로 본다. 그렇다면 하이트는 왜 도덕적 판단을 도덕적 직관으로 보았는가? 어떤 사람들은 하이트가 흄의 도덕감 이론에 영향을 받았기 때문이라고 말한다.[8] 이를 이해하기 위해 흄의 도덕감 이론에 대해 잠시 살펴보기로 하자.

흄에 따르면 도덕은 느낌의 문제다. 흄은 도덕적 판단은 증명을 허용하지 않으며, 추론적 사실도 아니라고 주장하며 도덕이성주의자들을 비판했다). 흄은 도덕적 판단이 이성의 증명이나 추론을 통해 가능한 것이 아님을 증명한 후,[9] 악덕이란 어떤 행위에 대해 당신의 '내부'를 들여다볼 때 '당신 속'에서 일어나는 '불승인의 감정'이라고 주장한다. 여기도 사실의 문제는 존재한다. 그러나 그와 같은 사실이란 이성의 대상이 아니라 감정의 대상이

하시오.

7 흄에게서 정념과 덕의 관계에 관한 상세한 논의는 양선이(2011)를 참고하시오.
8 예를 들어 현대의 흄주의자인 프린츠(Prinz, 2007: 87~88)를 참고하시오.
9 흄의 도덕이성주의자에 대한 반대 논변은 흄(Hume, 1978: 455~470)을 참고하시오.

다. 흄에 따르면 그와 같은 사실은 대상 속에 있는 것이 아니라 당신 자신 속에 있다(Hume, 1978: 468~469).

도덕적 사실을 우리 마음속에 있는 것으로 보면서 흄은 도덕 판단이란 도덕감이라 본다. 즉 흄에 따르면 도덕감이란 타인에게서 보이는 특정 종류의 행위나 품성들에 대해 마음의 받아들임을 느끼거나 물리침을 느끼는 것이라고 할 수 있다. 우리는 어떤 행위자의 성격에 대해 유덕하거나 부덕하다고 도덕적 평가를 내리는데, 이는 그 행위자의 성격이 우리에게 쾌락이나 고통을 주고 그에 따라 우리가 승인이나 불승인의 감정을 느낀다는 것을 의미한다. 따라서 행위자로부터 느끼게 되는 모든 쾌락과 고통의 감정 가운데, 특히 이 행위자의 성격에 대해 우리가 느끼는 쾌락과 고통의 감정이 곧 도덕감인 것이다.

이상의 흄의 생각은 하이트의 도덕적 직관 개념에 영향을 미쳤다고 볼 수 있다. 하이트에 따르면 도덕적 직관이란 도덕적 판단 과정에서 추론에 선행하는 선천적 능력이자 정서와 밀접하게 연관된 개념이다. 예를 들어 흄이 말하는 옳고 그름에 즉각적으로 반응하는 쾌, 불쾌의 느낌으로서의 '혐오감'과 '분노'를 포함한 다양한 도덕적 감정은 인간을 도덕적으로 행동하게 하는 중요한 역할을 한다. 도덕이성주의자들은 이러한 사실을 간과하고 실제 행동이 추론을 통해 발생한다고 보았다는 점을 하이트는 비판한다(Haidt and Bjorklund, 2008: 182~186).

하이트에 따르면 도덕이성주의자들은 도덕적 판단에서 추론을 중요시하지만 자신의 직관주의에 따르면 우리의 실제 행위는 신속한 직관과 직감, 그리고 도덕적 감정을 통해 발생한다. 그리고 이와 같은 행위는 뿌리가 되는 5가지 기초를 통해 일어난다고 그는 주장한다.[10]

---

10 5가지 기초적 직관에 관해서는 이 절의 앞에서 자세히 다루었다.

하이트가 말하는 직관은 '어떤 행위에 관해 보거나 들을 때 경험하는 평가의 즉각적 번쩍임(flash)으로, 정서적 반응'이다. 직관의 주체도 그것을 설명하기 어렵다. 그것은 '신속하고 노력이 필요 없으며, 과정은 비의도적이고 자동적·총체적 맥락에 의존적'인 특징을 갖는다. 이에 반해, '추리는 느리고 노력이 필요하며, 과정은 의도적·통제적·분석적이고 맥락에 독립적'이다.

이러한 생각을 도덕 판단에 적용해 보면 도덕 판단은 감정적으로 활성화된 직관에 의한 것이다.[11] 이에 반해 도덕 추론은 대체로 다른 사람들과의 의사소통을 위해 직관적 판단을 사후에 합리화하는 것이라 할 수 있다. 이와 같이 우리의 행위에는 즉각적인 반응으로서의 직관이 일차적이고, 추론은 이러한 직관을 뒷받침하기 위해 이차적으로 이루어지는 경우가 대부분이라고 하이트는 주장한다. 즉 그에 따르면 추론이 정서에 종속된다. 그의 논문 제목 「정서적 개와 이성적 꼬리」는 이러한 의미를 잘 반영하고 있다.

이상에서 말한 하이트의 5가지 기초적 직관은 문화적 다양성을 초월해 모든 사회를 가로지르는 것이라고 하이트는 주장한다(Haidt and Bjorklund, 2008: 201~203). 여기서 하이트가 말하는 '선천적'이란 '진화의 산물로서의 준비됨'을 의미한다. 즉 진화의 산물인 '준비'를 통해 인간 정신에 부호화되었다는 것이다. 이와 같이 진화의 산물인 준비로 인해 아이들은 쉽게 위해, 공정, 내집단, 권위, 순수와 같은 기본 정서들을 학습할 수 있었다. 즉 이와 같은 기본 정서들은 진화에 의해 우리에게 주어진 것들로서 도덕적 직관의 형성 과정에서 맹아의 역할을 한다는 것이다. 따라서 여기서 '선천적'이라는 의미는 아이들이 타고난 도덕적 지식을 가진다는 것이 아니라 단지 도덕

---

11 직관이 정서보다 더 넓은 개념이지만 직관과 정서는 서로 관련되고 정서가 직관으로 작용한다.

적 지식을 얻을 수 있도록 준비가 되어 있음을 의미한다.

이상의 직관의 목록 중에서 ① '위해/배려'와 ② '공정/호혜'는 '개별화하는 기초'이며 개인의 권리와 복지와 관련된다고 말한다. 그러나 덕이 개인을 보호하는 것에만 제한되지 않기 때문에 하이트는 나머지 ③ 권위/존경의 직관, ④ 순수/신성의 직관, ⑤ 내집단/충성의 직관과 관련된 윤리를 강조한다. 그는 ③ 권위/존경의 직관과 ⑤ 내집단/충성의 직관은 공동체 윤리와 관련되며, ④ 순수/신성의 직관은 '신성의 윤리'와 관련된다고 말한다. 순수/신성의 직관은 '결속'의 기초라고 말한다. 이 결속의 기초는 보수적이고 종교적인 수많은 도덕을 만드는 직관의 원천과 연결되며, 강조점은 충성과 의무, 자제 등에 있다(박병기·김민재, 2012: 141 참고).

하이트는 '개별화하는 기초'에 강조점을 두는 도덕은 정치적으로 서구의 자유주의에 해당하며 여기서의 도덕은 정의와 권리, 복지 등 특정 영역에만 강조점을 두고 있기 때문에 좁은 의미의 도덕이라고 하면서 도덕의 영역을 확장할 필요가 있다고 주장한다. 따라서 하이트가 말하는 5가지 범문화적·기초적 직관과 덕의 관계를 살펴보면 개인의 권리를 중요시하는 자유주의 윤리와 공동체 윤리를 다 포괄하고 있음을 알 수 있다.

그런데 여기서 혹자는 다음과 같이 비판할지도 모른다. 즉 하이트가 말하는 5가지 기본 정서가 도덕 판단의 사실로서의 기초가 되는 것에 머물지 않고 도덕 판단을 정당화할 수 있는 기준이 될 수 있음을 보여주거나 (즉 그와 같은 정서가 옳고 그름을 판가름할 수 있는 기준이 될 수 있거나) 이 5가지 기본 정서가 도덕적 진리들과 연결되는 방법을 제시해야 하는데 하이트는 그런 방안을 제시하지 못하고 있다고 비판할 수 있다.

이에 대해 하이트는 두 가지 답변을 제시한다. 첫째, 진화의 산물인 '준비'를 통해 손쉽게 위해, 공정, 내집단, 권위, 순수와 같은 것을 배울 수 있다는 것이다. 둘째, 인간의 정신은 모듈(module)화되었다는 것이다. 인간은 종의 이전 환경에서 여러 세대 동안 제기된 문제나 기회들을 처리하도록 설계된 과정 체계로서 진화된 인지 모듈을 가지고 있다. 이 모듈은 특정 환경이 촉발하는 빠르고 자동적인 방식의 입출력 프로그램이다. 예를 들어 하이트가 도덕적 직관의 예의 기본적인 것으로 든 근친상간의 경우, 빠르고 강하며 즉각적인 거부는 반근친상간 모듈 또는 모듈화된 직관 때문에 이루어진다. 그렇다면 위의 5가지 기초적 직관들은 각각 모듈 그 자체이거나 계통발생적으로 '학습된 모듈'로 간주될 수 있다고 하이트는 말한다(박병기·김민재, 2012: 142 참고).

그러나 이와 같은 답변에서도 하이트는 5가지 기초적 직관으로서 기본 정서와 도덕적 판단이 긴밀하게 연결되는 방식을 제대로 제시하지 못하고 있다. 여기서 하이트와 비오르크룬드는 선천적인 도덕적 모듈의 발현은 특정 사회에서 구성된 덕의 도움을 통해 사회화나 문화화된다고 답한다(Haidt and Bjorklund, 2008: 203~206). 다시 말하면 도덕적 직관은 선천적인 도덕적 모듈과 사회적 구성으로서의 덕의 상호의존 관계 속에서 발달한다는 것이다. 그렇다면 유덕한 사람이 된다는 것은 선천적으로 주어진 도덕 모듈을 사회적 구성으로서의 덕의 도움을 받아 '습관화'를 통해 품성의 상태로 갖게 됨으로써 가능하다고 말할 수 있겠다. 그렇지만 여기서도 문제는 덕과 선천적인 도덕 모듈의 관계가 불분명하다는 것이다.

하이트에 따르면 진화에 의해 우리에게 준비된 선천적 모듈로서 기본 감정이 발현되기 위해서는 덕의 도움이 필요하다. 덕이란 사람이 배우고 획득하는 것으로서 특정 사회에서 구성된 것이라 볼 수 있다.[12] 즉 특정한 사회 도덕적 맥락에서 충분하고 알맞게 응답하는 단련된 능력으로서의 사회적 기술이라 말할 수 있다. 이런 맥락에서 덕스러운 사람의 특징은 사회적 관

---

12 덕이 문화적으로 다양성을 지닌다고 할지라도 중심이 되는 덕들의 목록은 전 세계에 걸쳐 상당히 겹친다.

계 안에서 적절한 반응을 하는 것이라 할 수 있다(박병기·김민재, 2012: 147). 그런데 이와 같은 덕을 함양하기 위해서는 선천적 요소가 필요하다는 것이다. 왜냐하면 덕스러운 사람이란 윤리적으로 관련 있는 사태에 대해 적절하고 즉각적이며 자동적인 반응을 보이는 사람이라 할 수 있는데 이렇게 즉각적이고 자동적인 반응을 하기 위해서는 선천적으로 준비된 직관이 필요하기 때문이다. 다시 말하면 특정 사회에서 구성된 덕을 통한 사회화나 문화화를 위해서는 선천적인 도덕적 모듈의 발현이 필요하다는 것이다(Haidt and Bjorklund, 2008: 206). 이와 같은 토대 위에서 습관화를 통해 덕의 함양이 가능하다. 즉 덕은 타고난 본성을 가지고 습관화를 통해 완성된다.

특정 사회에서 구성된 덕과 선천적인 도덕 모듈과의 관계는 다음과 같다 (Haidt and Bjorklund, 2008: 209). 예를 들어 진화의 산물로서 5가지 기초적 직관은 모듈로서 준비되어 있고, 이 모듈들이 사회에서 어떤 양식과 직면하게 되면 정서적 번쩍임을 제공한다. 따라서 아이들의 도덕 발달을 위해서는 이러한 기초적 직관과 그러한 정서적 번쩍임이 필수 요소다. 이와 반대로, 관련된 덕들 역시 기초적 직관과 정서적 번쩍임을 유발하는 중요한 요소가 된다. 이러한 과정을 통해서 덕의 구체적 내용들은 더욱 풍부해진다(Haidt and Joseph, 2004: 63~64). 도덕성 발달은 기초적 도덕 모듈이 덕들과 만나서 적절하게 발현되는 과정이라고 할 수 있다. 하이트는 덕이 문화적으로 다양하긴 하지만 중심이 되는 덕의 목록들은 전 세계에 걸쳐 상당히 겹친다고 본다. 그리고 어떤 덕들은 한 가지 기초 위에서 구성된다고 봄으로써 5가지 직관과 덕 이론을 연결시킨다. 관련된 덕과 기초적 직관과의 관계는 다음과 같다. 예를 들어 '위해/배려'의 기초적 직관과 관련되는 특유의 감정은 연민이며, 이와 관련된 덕들은 '배려와 친절'이다. '공정/호혜'와 관련된 특유의 감정은 분노, 감사, 죄의식이며, 이와 관련된 덕들은 '공정', '정의,' '정직', '신용'이다. '내집단/충성'과 관련된 특유의 감정은 집단 자부심, 귀속감이며, 관련된 덕들은 '충성', '애국심', '자기희생'이다. 그리고 '권위/존경'과 관련된 특유의 감정은 존경, 두려움이며, 이와 관련된 덕들은 '복종'과 '경의'다. 끝으로 '순수/신성'과 관련된 특유의 감정은 '혐오'이며, 이와 관련된 덕들은 '절제', '순결', '경건', '청결'이다(Haidt and Joseph, 2007: 382).

결국, 하이트의 이론을 토대로 '혐오'가 도덕 판단과 연결되는 방식은 다음과 같다. 덕은 사회적 산물이지만 특정한 방식으로 사회적 세계에 대해 해석, 반응하기 위해 진화되어 뿌리 박혀 있는 '준비' 위에서 그러하다(Haidt and Joseph, 2004: 61~63). 이렇게 특정한 방식으로 세계에 반응할 수 있는 이유는 인간이 가진 기초적 직관으로서 기본 감정이 수천 년에 걸쳐 복잡하고 적대적 환경에서 생존과 항상성 유지를 위해 자신에게 주어진 자극에 반응하고 적응하면서 몸에 부호화되었기 때문이다. 즉 그와 같은 5세트의 직관 구조는 인간이 진화해 온 과정에서 그러한 직관과 관련된 문제들에 민감성을 쉽게 개발하도록 준비시켜 왔기 때문이다. 그렇다면 도덕적 직관은 선천적인 도덕적 모듈과 사회적 구성으로서의 덕의 상호의존적 관계 속에서 발달한다고 말할 수 있다. 그리고 이러한 반응들이 사회적 관계 안에서 적절할 때 덕스러운 사람이 되는 것이다. 나아가 그와 같은 '적절성'을 판단하기 위해서는 덕의 '습관화'가 필요하다고 말할 수 있다. 이렇게 볼 때 하이트는 덕 윤리에 대한 더 실용적 관점을 제시했다고 말할 수 있다(박병기·김민재, 2012: 149).

그러나 이와 같은 이론에 대해 다음과 같은 비판이 가능하다. 즉 직관들이 결함이 있거나 틀릴 수도 있다. 그렇다면 특정 직관들의 선함이나 나쁨을 어떻게 판단하는가? 하이트는 이와 같은 비판에 답하지 않는다. 나는 이에 대한 답을 흄과 스미스에게서 발견할 수 있다고 본다. 흄의 입장에서 보면 특정 직관들, 예컨대, '순수/신성'의 직관에 대해 많은 사람들이 '승인'의 반응을 보이면 '선함'이 되는 것이고, 즉 공감하게 되고, '불승인'의 반응을 보이면 '혐오'를 느끼게 되는 것이다. 스미스의 입장에서 보면 '공정한 관찰자'가 승인하면 공감하게 되고, 불승인하면 '혐오'하게 되는 것이다. 이렇게 볼 때 흄과 스미스에게서 '혐오' 감정은 공감이론과 밀접히 연관되어 있음을 알 수 있다. 따라서 우리는 공감이론에 대해 살펴볼 필요가 있다.

5. 흄의 공감이론과 혐오

흄은 쾌와 불쾌라는 원초적 감정에 근간하여 이에 대한 직접적이거나 즉각적인 반응에서 비롯되는 것을 직접적 정념이라 보고 이와 같은 직접 정념은 어떤 대상이나 행위로 향하거나 피하는 동기가 된다고 보았다.[13] 흄에게 있어 쾌락과 고통이 원초적 감정인 이유는 그것이 감각 인상과 같이 신체적 느낌과 관련되면서 어떤 '반성적' 요소도 포함하지 않는다는 점이다. 이에 반해 욕망(desire)이나 혐오는 쾌락과 고통에 대한(선 악에 대한) 생각(관념)에서 유래되고 반성 인상이면서 어떤 매개적 요소 없이 직접 일어난다는 점에서 직접 정념이다. 흄은 직접 정념의 예로 '욕구와 혐오', '비탄과 기쁨', '희

---

13 여기서 우선 우리는 몇 가지 용어들을 구분할 필요가 있다. 감정(emotion)이라는 용어는 철학의 역사상 많은 변천을 겪었다. 예컨대, 근대 철학에서 감정은 '격렬한 정념(violent passion)'을 의미한 반면, 현대 철학자들은 오히려 정념(passion)을 '격렬한 감정(violent emotion)'이라고 본다. 또 하나의 용어 'feeling'을 필자는 느낌으로 번역한다. 흄은 'feeling'을 『인성론』 제1권에서 감각(sensation)과 유사하게 사용한다. 이러한 의미에서 feeling은 일차적으로 (신체적) 감각과 유사한 상태라 볼 수 있다. 이러한 맥락에서 근대 철학에서는 emotion도 신체적 감각이나 동요에 가까운 상태다. 한편 흄은 『인성론』 제2권에서는 'feeling'을 반성(reflection)과 유사하게, 그리고 제3권에서는 '감성(sentiment)'의 의미로 사용한다. 최준식은 조셉 르두의 『느끼는 뇌』의 번역본에서 'basic emotion'을 '기본 정서'라고 번역했지만, 필자는 근대철학자들이 basic emotion을 primitive emotion과 동의어로 사용한다는 점에서 'basic'을 '원초적'으로 그리고 흄과 윌리엄 제임스가 emotion을 신체적 감각과 유사하게 보았다는 점에서 emotion을 감정으로 번역하여 basic emotion을 '원초적 감정'이라고 번역한다.

망과 공포'(Hume, 1978: 438)를 들고 있다. 이와 같은 정념들이 어떻게 원초적 감정인 쾌락과 고통으로부터 직접 일어나는지를 이해하기 위해 몇 가지 예들을 고려해 보자. 사랑하는 이의 죽음은 나에게 고통을 가져다주고, 나는 그 소식을 들었을 때 즉각 '비탄'에 잠긴다. 내가 지지하는 축구팀의 승리는 나에게 쾌락을 제공하기 때문에 나는 그 소식을 들었을 때 즉각 '기쁨'을 느낀다. 그 팀의 승리는 나를 기쁘게 하기 때문에 (쾌를 제공하기 때문에) 다음번에도 그 팀이 이기기를 나는 곧바로 '희망'한다. 그러나 그 팀에서 제일 뛰어난 선수의 부상 소식은 불유쾌한 소식이어서 나는 그 소식을 들었을 때 그 팀이 다음번 경기에 질까 봐 즉각 '두려움'을 느낀다.

흄에 따르면, 직접 정념인 욕구와 혐오의 현상적 특성, 즉 쾌와 불쾌에 대한 우리의 느낌이 우리로 하여금 즉각적인 감정을 느끼게도 하고 행위로 나가게 하기도 한다. 그러나 여기서 우리는 한 가지 짚고 넘어갈 문제가 있다. 즉 흄에게 있어 원초적 감정이 행위를 위한 동기 부여 역할을 한다고 할지라도 그런 감정이 우리를 도덕적 행위로 이끌 수 있을까? 흄에 따르면 직접 정념을 일으키는 원초적 감정, 즉 쾌락은 반성 없이 즉각적, 순간적, 일회적인 반면, 간접 정념이나 차분한 정념을 일으키는 쾌락은 지속적이고 한결같고, 순수하며 반향적이란 점에서 서로 다르다. 차분한 정념은 또한 후천적으로 학습을 통해 교정 가능한 특성을 갖는다. 흄은 정념들의 서로 다른 이와 같은 특성들을 발생론적 측면에서 잘 보여주고 있다.

이제 흄의 정념론을 바탕으로 '공감'에 대해 살펴보기로 하자. 흄에 따르면, 모든 인간의 정신은 비슷한 방식으로 느끼고 작동하게 되어 있다. 그리고 하나의 현이 울리면 같은 음을 내는 다른 현들도 이에 공명하는 것처럼, 인간의 감정 역시 타인이 느끼는 감정이 나에게 쉽게 전달되고, 그래서 나는 '공감'을 통해 타인의 감정을 나의 감정처럼 느끼게 되는 것이다. 우리는 나 자신의 이익(self interest)과 직결되는 것에 대해서는 직접적으로 쾌락과 고통의 감정을 느끼지만, 나 자신의 이익과 직결되지 않는 타인의 행복이나 사회의 선에 대해서도 공감을 통해서 쾌락과 고통의 감정을 느낄 수 있는 것이다(Hume, 1978: 575~576).

우리는 도덕적 평가가 그 평가 대상에 상관없이 일관되기를 기대하는데, 멀리 있는 사람보다 가까이 있는 사람에게, 낯선 사람보다는 잘 아는 사람에게, 또 외국인보다는 동포에게 더 공감한다(Hume, 1978: 581). 비판가들에 따르면 이러한 공감의 원리는 대상에 대한 일관된 도덕적 평가를 할 수 없게 한다. 즉 공감은 편파적이기 때문에 보편성을 요구하는 도덕의 원리로 작동할 수 없다. 이러한 반론에 대한 답변으로 흄은 도덕감의 두 번째 산출 원리를 제시한다. 흄이 제시하는 도덕감의 두 번째 산출 원리는 반성(reflexion)을 통해 공감으로부터 생겨난 감정을 교정하여, 자신의 이익(self interest)에서 벗어난 확고하고 일반적인 관점(general point of view)을 견지하는 것이다(Hume, 1978: 582~583).

흄이 '일반적 관점'을 취하라고 제안함으로써 의미하는 바는 도덕 판단에 '반성'이 개입된다는 것을 의미한다. 즉 설령 우리가 감정에 의해 편파적일 수 있다고 할지라도 우리는 반성함으로써 우리의 언어를 교정할 수 있기 때문이다. 흄이 의미하는 '언어의 교정'이란 언어, 즉 대화나 담론, 설교나 가르침, 토론, 공론을 통해 자연적으로 존재하는 정념이나 동기를 바꾸어서 새로운 동기로 만들 수 있다는 것이다. 이때 '반성'의 작용이 필요하며 이와 같은 '반성'은 그런 작용을 하는 "전체 정신(whole mind)", 즉 인류의 역사를 통해 반성의 시험을 거쳐 승인되어 온 것으로 습관화된 작용이다(Baier, 1991: 431).

이렇게 반성을 통해 갖게 된 '일반적 관점'에 따라 느끼는 공감은 특수한 상황에서 이해관계에 국한되지 않고 교정된 감정을 표현할 수 있게 해준다. 따라서 우리의 도덕적 평가를 보편적일 수 있게 해주는 것은 인간의 역사를 통해 진화해 온 '반성 능력' 때문이다. 그렇다면 이와 같은 반성 능력 탓에 우리는 공감의 편파성을 교정할 수 있다.

이렇게 흄에게서 '공감'은 편파성의 문제가 있음에도 불구하고 교정의 장치가 있으므로 공감은 긍정적 도덕 판단의 원천이 된다. 이에 반해 많은 사람들의 공감을 얻지 못한 경우, 즉 불승인의 반응을 얻게 되면 '혐오감'을 일으키기에 충분하다. 여기서 흄과 스미스의 공감이론에 차이가 생긴다. 흄은 '혐오'의 근거를 다수의 불승인의 반응으로 보았던 반면, 스미스는 '공정한 관찰자'의 불승인으로 본다. 그렇다면 스미스에게는 우리가 어떻게 공정한 관찰자가 될 수 있는지를 밝히는 것이 중요한 문제가 된다. 이하 이에 대해서 살펴보기로 하자.

6. 혐오와 애덤 스미스의 공정한 관찰자[14]

애덤 스미스는 『도덕 감정론』에서 '혐오'는 공정한 관찰자의 공감을 끌어내지 못할 때 느껴지는 감정이라고 말한다. 예를 들어 우리가 스미스가 말한 공정한 관찰자의 역할을 수행한다고 치자. 이때 우리는 스미스의 도식에서 피해를 당한 사람이 어떤 감정을 느껴야 할지를 판단해야 할 것이다. 여기서 우리가 주의해야 할 점은 스미스에 따르면 "육체에서 기원하는" 정념들은 거의 공감을 이끌어내지 못한다(Smith, 1976: 43~44). 이런 의미에서 스미스의 공감 개념은 연민이나 동정심에 좁게 한정되는 것이 아니라 타인의 일반적인 경험에 대한 상상적인 경험을 포함한다.

그런데 문제는 스미스에게서 이 공정한 관찰자가 우리로 하여금 혐오 판단을 내릴 수 있도록 하는 사람이라면 공정한 관찰자가 도덕 판단의 기준이

---

14 이 장은 필자의 선행연구를 재구성한 것이다. 이에 관한 상세한 논의는 양선이(2016)를 참고하시오.

므로 공정한 관찰자가 과연 어떤 존재인지를 밝힐 필요가 있다. 우선 그에 따르면 공정한 관찰자는 제3자적 관점을 취하면서도 충분한 정보를 갖고 있는 사람이다. 이 두 조건을 갖춘 자는 자기 자신이 될지도 모른다. 그런데 나 자신이 제3자적 관점을 취할 수 있으려면 결국 양심에 호소할 수밖에 없다.

이렇게 본다면 밀러가 지적했듯이 스미스의 도덕적·사회적 질서에서는 경멸할 만한 존재로 보이는 것보다 스스로 공정한 관찰자들의 혐오적 판단을 유발하는 사람이라고 깨닫게 되는 것이 더 나쁘다. 따라서 스미스에게서 도덕적 세계는 죄책감과 분노의 세계가 아니라 수치, 혐오 그리고 다른 광범위한 도덕적 감정의 세계다(밀러, 2022: 339 참고). 이에 대해 자세히 살펴보기로 하자.

스미스는 『도덕 감정론』의 1장 「공감에 관해」에서 타인의 고통에 대한 우리의 동류의식(fellow feeling)을 공감이라고 말한다. 공감이란 타인의 감정뿐만 아니라 그 감정을 느끼게 된 상황과 그 상황에 대한 타인의 태도도 함께 고려하는 것이라는 점에서 그것은 일종의 판단이라 할 수 있다. 스미스에 의하면 우리가 타인과 공감한다는 것은 타인의 감정의 타당성에 수긍하고 동의함을 의미한다(Smith, 1976: 28~29). 스미스는 "공감(sympathy)"과 "공감적 느낌(sympathetic emotion)"을 구분한다(Fricke, 2013: 182). 스미스에 따르면 상상을 통해 타인과 입장을 바꾸어봄으로써 우리는 '공감적 느낌'을 가질 수 있다. 이때 '공감적 느낌'은 동의할 만할 수도 있고 그렇지 못할 수도 있다. 왜냐하면 우리는 그 사람의 상황 속에서 쾌락을 느낄 수도 있고 불쾌를 느낄 수도 있기 때문이다. 그러나 '공감적 느낌'과 구분되는 '관망자의 공감'은 "상상을 통해 입장 전환을 하는 관망자와 행위자 사이에 감정적 일치를 발견함으로써 갖게 된 고차적 느낌"이다(Fricke, 2013: 182). 이 이차적 느낌인 승인은 우리의 기본 능력에 속하는 공감의 능력, 즉 다른 사람들이 느끼는 바에 상응하여 우리 자신 안에서도 그렇게 느끼도록 만드는 능력에서 생겨난다. 상대방의 느낌을 동일시함으로써 나는 나 자신을 상대방의 처지에 놓게 되며 그가 느끼듯이 느끼게 된다. 또한 나는 상대방과 같은 상황에서 나 자신이 어떻게 느끼게 될지를 발견한다. 내가 상대방의 감정을 승인한다는 말은 곧 내가 만일 상대방과 같은 상황에 놓인다면 나는 상대방이 느끼듯이 느낄 것이라는 말이다. 또는 더욱 정확하게 내가 상대방과 같은 것을, 같은 정도로 느낀다면 나는 어떤 새로운 감정을 느끼게 된다. 상대방의 감정과 내가 느끼는 바가 서로 일치함을 발견함으로써 생기는 이 새로운 감정이 승인이다(Smith, 1976: 16, 46). 여기서 우리가 '혐오'와 관련하여 스미스의 입장을 살펴보자면, 혐오는 관망자의 불승인을 얻을 때 느낄 수 있는 감정이므로 혐오 감정은 관망자로부터 불일치를 얻게 됨을 의미한다.

공감은 다른 사람뿐만 아니라 자기 자신을 향할 수도 있다. 스미스는 공감의 원리를 타인의 경우뿐만 아니라 스스로 자신의 감정과 행동을 판단할 때의 기준에도 적용한다. 자신을 판단할 때도 자신의 입장을 떠나 타인의 입장에서 자신을 객관적으로 바라볼 때 정확한 판단이 가능하다고 그는 생각했다. 따라서 공감은 승인을 포함한 우리 자신의 감정에 대해 다른 사람들이 어떻게 느낄지를 알려준다. 따라서 이를 통해 우리는 모든 사람들이 공유하고 승인하는 감정의 수준을 이해하게 된다. 모든 사람들이 승인하는 감정이 과연 무엇이며 또한 어느 정도로 승인하는지를 우리에게 알려주는 능력을 스미스는 내부의 인간(man within the breast) 또는 공평한 관망자(impartial spectator)라고 부른다(Smith, 1976: 26). 스미스는 관망자가 보이는 승인의 반응이 도덕을 형성하는 최초의 자료를 제공하기는 하지만 행위자가 의사결정을 하는 데 있어 감정이 중요한 역할을 하므로 이것 또한 설명할 필요가 있다고 보았다. 다음에 무엇을 할 것인지 생각하면서 우리는 자신을 두 존재로 나누어 고려한다. 즉 우리는 행위자인 동시에 관망자가 되어 우리의 행위를 예상한다(Smith, 1976: 113). 행위자로서 우리는 이런저런 행위의 방향을 선택하게 만드는 감정을 지닌다. 내부의 인간은 다른 사람들이 우리의 감정에 공감할지 공감하지 않을지를 알려주며 우리는 이에 따라 행위를 한다.

다른 사람들의 불승인은 행위를 다시 한번 검토하게 만들며, 승인은 우리의 행위를 조장하는데, 그 까닭은 우리의 주된 욕구 중 하나가 다른 사람들로부터 존경과 칭찬을 받고자 하는 것이기 때문이라고 스미스는 주장한다(Smith, 1976: 114~119, 126). 이는 우리가 모든 사람이 승인하는 감정을 드러냄으로써 다른 사람들로부터 칭찬받기를 원한다는 말이다. 따라서 우리가 도덕적 신념을 지닌다는 사실뿐만 아니라 그에 따라서 행위를 한다는 사실 또한 우리의 공감 능력이 만들어낸 공평한 관망자에 의존한다(Smith, 1976: 131, 317). 따라서 스미스에 따르면 '공감'의 모든 결과는 동의할 만한 것이다. 왜냐하면 '공감'은 관망자의 '공감적 느낌'이 행위자의 원래 느낌과 일치할 때만 작동하기 때문이다. 스미스의 공감은 행위자의 동기를 평가하는 역할을 한다. 스미스에 따르면 우리는 행위자의 상황 속에 있는 우리 자신을 상상하고 그와 같은 상황에서 우리는 어떻게 반응할지를 상상한다. 이러한 공감 작용은 행위자를 평가하는 기준을 우리에게 제시한다. 만일 우리의 반응이 행위자의 원래 반응과 유사하면 우리는 그를 공감할 것이다. 만일 그의 원래 반응이 우리가 상상한 반응과 아주 다르다면 우리는 그를 혐오하게 될 것이다. 만일 우리가 행위자의 원래 반응을 승인하면 우리는 그를 공감하고 그의 원래 반응에 대해 "그 상황에서 그렇게 할 만한 것"이라고 평가한다. 만일 우리가 그의 원래 반응에 불승인하면 우리는 그를 공감할 수 없고 그의 반응을 "그 상황에서 그렇게 할 만한 것"으로는 "부적절"하다고 평가할 것이다(Smith, 1976: 15~16).

관찰자는 행위자의 상황에서 만일 그가 그 행위자의 상황에 처했다면 어떻게 반응할지 상상하기를 시도한다. 그러나 관찰자가 그러한 것을 상상했을 때, 만일 그가 그 행위자의 상황에 있었더라면 그는 다른 관찰자들이 어떻게 반응했을지에 대해 생각할지도 모른다. 즉 이때 관찰자는 일반적으로 사람들이 어떻게 행동하고 반응할지를 고려한다. 따라서 스미스는 일반적으로 사람들이 어떻게 반응할지 상상할 때 관행이나 사회적 규범을 따르게 되는 경향이 있기 때문에 공감이 평가적 역할을 할 때 1차적 기준은 관행이나 사회적 규범이라고 말한다. 관찰자가 행위자에 대해 공감한다는 것은 1차적으로 그가 관행이나 사회적 규범에 따라 행위자를 승인하거나 불승인한다는 말이다. 그렇다면 관행이나 사회적 규범 자체를 평가하는 것은 무엇인가? 스미스에 따르면 공감 자체가 이를 평가하지는 않는다. 스미스의 공감은 1차적 레벨에서 평가적 역할을 하지만 2차적 레벨에서 평가적 역할을 하지는 않는다.

그러나 『도덕 감정론』의 제3부에서 스미스는 '칭찬'과 '칭찬받을 가치가 있음'이라는 것을 구분하면서 2차 레벨의 평가적 역할에 대해서도 다음과 같이 말한다.

> 인간은 태어나면서 사랑을 받는 것뿐만 아니라 사랑받을 만한 존재가 되기를, 즉 사랑의 자연스럽고 적절한 대상이 되기를 열망한다. 그는 태어날 때부터 미움을 받는 것뿐만 아니라 미운 존재가 되는 것을, 즉 미움의 자연스럽고 적절한 대상이 되는 것을 두려워한다. 그는 칭찬과 칭찬받을 만한 존재가 되기를 열망한다. 또는 비록 누구에게도 칭찬을 받고 있지 않더라도 칭찬의 자연스럽고 적절한 대상이 되기를 열망한다. 그러나 그는 비난뿐만 아니라 비난받을 만한 존재가 되는 것을 두려워한다. 또한, 비록 누구에게 실제로 비난받고 있지 않더라도 비난의 자연스럽고 적절한 대상이 되는 것을 두려워한다(Smith, 1976: 113).

위 구절에서 스미스가 말하고자 하는 바는 공감의 1차적 평가적 역할은 타인을 향한 우리의 태도다. 우리는 행위자를 향한 우리의 태도와 함께 타인에게 공감해야 한다. 즉 타인으로부터 칭찬받기를 욕망한다는 것이 1차적으로 규범적 역할을 한다. 그러나 스미스에 따르면, 실제로 칭찬받고 있지 않더라도 우리의 반응이나 행위가 '칭찬받을 만하기'를 추구하며 이와 같은 것은 다른 종류의 규범성이라 할 수 있다. 앞의 것, 즉 '타인으로부터 칭찬받기를 욕망하는 것'을 "심리적 규범성"이라 부를 수 있다면 후자는 "도덕적 규범성"이라 부를 수 있을 것이다. 그렇다면 이제 우리는 도덕적 규범성의 원천으로서 '칭찬받을 만함'을 어떻게 추구해야 하는지를 물을 필요가 있다.

스미스에 따르면, 우리가 칭찬받을 만함을 추구할 수 있는 것은 가설적인 공평무사한 관망자의 관점을 택함으로써다. 그는 다음과 같이 말한다.

> 그러나 사람은 이런 방식으로 인류의 즉석 재판관이 되었지만, 그것은 첫 번째 재판에 있어서만 그렇고, 그 판결에 대해서는 한층 더 높은 법정, 자신의 양심의 법정, 또는 사정을 훤히 잘 알고 있는 가상의 공정한 관찰자의 법정, 자기 행위의 위대한 심판관이자 조정자인 가슴 속에 있는 사람, 즉 내부 인간(man within the breast)의 법정에 상소할 수 있다(Smith, 1976: 130).

'칭찬' 대신에 '칭찬받을 만함'을 추구하기 위해서 우리는 우리의 개인적 관점에서 거리를 둘 필요가 있으며 행위자의 상황에 관해 알고 있을 필요가 있다. 행위자의 마음속으로 들어가거나 행위자에게 공감하거나 평가하기 이전에 관찰자는 최대한 '보편적 인간', '추상적 인간', '인류를 대표하는 자'가 되기 위해 자기중심적이며, 그가 알고 있는 문화적 편견 그리고 그의 이해관계 및 감정적 연관 등에 대해 괄호 쳐야 한다(Smith, 1976: III.2.31). 이렇게 자기를 없앤 후에 그는 공정한 관찰자의 느낌에 토대를 두고서 모든 도덕적 존재에게 동일하게 확고히 보증되는 '새로운 지도를 그린다'. 그리하여 도덕 판단을 함에 있어 공평한 관망자로서 우리 자신을 다른 사람에게 투사하여 공평무사한 관점으로부터 그들의 느낌을 생각해 보고 그들이 처한 그와 같은 특수한 상황에서 공평무사한 것이 어떤 것인지에 따라 그들의 행위의 적절성을 평가한다. 이렇게 하여 카레스코(Carrasco)가 지적하듯이, '공감적 공평무사성(sympathetic-impartiality)'이 도덕적 적절성을 확보하는 수단이 된다. 왜냐하면, 이와 같은 공평무사한 관망자의 도덕적 느낌은 더 이상 현실적인 관찰자의 편파적인 느낌과 같지 않기 때문이다(Carrasco, 2011: 18). 그러나 공평무사한 관망자의 관점이 행위자와 그의 상황을 추상화하라는 의미는 아니다. 이러한 맥락에서 카레스코는 다음과 같이 말한다.

> 행위자의 상황에 대해 '잘 알고 있는 관찰자'가 더 정확한 판단을 한다는 것이 보통 강조되긴 하지만(Smith, 1976: III.2.32), 스미스는 또한 항상 더 섬세하고 더 민감하고 더 정의로운 것을 고려하는 것을 의미하는 '잘 형성된' 마음으로서 양심에 관해 말한다(Carrasco, 2011: 21).

이상과 같이 '잘 형성된 마음'을 가진 자들은 최대한 공정한 관점에서 그들의 느낌을 갖기 위해, 즉 가장 완벽한 도덕적 공감을 통해 도덕적 적절성을 가지고 판단하기 위해 다른 사람들과 최대한 동일시하고자 하는 데 최선을 다하는 사람들이다. 따라서 스미스의 도덕이론에서 "공평무사한 관찰자는 개별성과 보편성 간의 간격을 메꾸고 실천적 이성을 작동시키기 위한 통로가 되는 것이다"(Carrasco, 2011: 22). 공평무사한 관찰자를 도입함으로써 스미스는 심리적 공감에서 도덕적 공감으로, 그리고 '적절성(propriety)'에서 '도덕적 적절성(moral propriety)'으로 나아갈 수 있었다(Carrasco, 2011: 23). 스미스의 공평한 관찰자란 자신을 객관화한 입장, 즉 자신의 입장을 떠나 공정한 입장에서 사물을 판단하는 것이다. 사람들은 공정한 관찰자의 입장에서 자신을 판단함으로써 자기 행위를 스스로 규제할 수 있다. 공평무사한 관찰자는 양심(conscience)이라고 볼 수 있다.

7. 결론

지금까지 우리는 혐오 감정에 대해 도덕철학적 관점에서 살펴보았다. 감정에 관해 도덕철학적 접근을 하는 철학자들에 따르면 부정적 감정이 우리를 도덕적으로 이끄는 경우가 많다. 기버드에 따르면, 죄책감의 기능은 여러 종에 걸쳐 존속해 왔으며, 다른 사람들의 분노에 민감함으로써 느끼게 되는 감정이다. 죄책은 역사적으로 분노에 대한 적응반응이었던 기제를 말한다. 그것은 갈등보다는 사회집단 간의 상호 조정을 가져와서 화해하게 만든다. 적대적 반응을 하는 동물들과 달리 인간은 화해라는 결과를 가져오기 위해 타인의 분노를 달래고자 한다. 죄책감은 이와 같은 방식으로 진화해 왔다. 이와 같은 설명이 갖는 문제점은 왜 죄책감과 분노라는 감정이 꼭 대응적이어야만 하는지가 분명치 않다는 점이다. 프린츠는 부정적 감정이 도덕 판단에 영향을 준다는 점을 받아들이면서도 기버드의 문제점인 죄책감과 분노라는 감정이 꼭 대응적이어야만 하는지를 극복할 수 있는 대안을 제시하고자 한다. 그는 기본 감정을 토대로 하면서도 사회 구성주의를 제안한다. 프린츠에 따르면, 도덕이란 것은 보편적 능력으로부터 구성되는데, 그와 같은 보편적 능력으로서 기본 감정이 있기 때문이다. 그리고 이러한 기본 감정을 통해 문화에 맞는 복합 감정을 구성할 수 있고, 문화에 맞는 도덕 규칙에 따라 복합 감정으로서 도덕 감정이 구성될 수 있다. 그러나 도덕 감정이 기본 감정의 복합으로 구성된 것이고 이러한 감정이 내적으로(인간의 본성과 관련하여) 도덕과 연결되는 것이 아니라면 무엇이 어떤 감정을 도덕적으로 만드는가? 프린츠는 이에 대해 분명한 답을 제시하지 못하고 있다. 이 글에서 나는 흄과 스미스의 공감이론을 통해 이에 대한 답을 제시해 보고자 했다.

이 글에서 나는 흄의 공감이론을 진화론의 토대 위에서 발전시킨 하이트의 이론의 문제점에 대해서도 흄과 스미스의 공감이론을 통해 극복할 수 있다고 제안했다. 하이트는 '혐오'가 도덕 판단과 연결되는 방식을 다음과 같이 말한다. 즉 덕은 사회적 산물이지만 특정한 방식으로 사회적 세계에 대해 해석, 반응하기 위해 진화되어 뿌리 박혀 있는 '준비' 위에서 그러하다. 이렇게 특정한 방식으로 세계에 반응할 수 있는 이유는 인간이 갖고 있는 기초적 직관으로서 기본 감정이 수천 년에 걸쳐 복잡하고 적대적 환경에서 생존과 항상성 유지를 위해 자신에게 주어진 자극에 반응하고 적응하면서 몸에 부호화되었기 때문이다. 즉 그와 같은 5세트의 직관 구조는 인간이 진화해 온 과정에서 그러한 직관과 관련된 문제들에 민감성을 쉽게 개발하도록 준비시켜 왔기 때문이다. 그러나 하이트가 말하는 이와 같은 기초적 직관들이 선하거나 나쁨을 어떻게 판단하는가? 하이트는 이와 같은 비판에 대해 답하지 않는다. 나는 이에 대한 답을 흄과 스미스에게서 발견할 수 있다고 본다. 흄의 입장에서 보면 특정 직관들, 예컨대, '순수/신성'의 직관에 대해 많은 사람들이 '승인'의 반응을 보이면 '선함'이 되는 것이고, 즉 공감하게 되고, '불승인'의 반응을 보이면 '혐오'를 느끼게 되는 것이다. 스미스의 입장에서 보면 '공정한 관찰자'가 승인하면 공감하게 되고, 불승인하면 '혐오'하게 되는 것이다.

앞에서 도덕적 혐오를 잘 설명할 수 있는 모델로서 CAD 모델을 소개했다. 나는 CAD 모델에는 동의하지만 CAD 모델의 범주를 더 확장하여 도덕적 혐오를 분석한 프린츠의 구성적 감성주의에는 반대한다. 왜냐하면 앞서 필자가 지적했듯이 그는 도덕 감정이 기본 감정의 복합으로 구성된 것이고 이러한 감정이 내적으로(인간의 본성과 관련하여) 도덕과 연결된 것은 아니라고 보게 되면 무엇이 어떤 감정을 도덕적으로 만드는지를 설명할 수 없기 때문이다. 이 글에서 나는 프린츠와 하이트가 설명하지 못한 무엇이 어떤 감정을 도덕적으로 만드는지를 흄과 스미스가 말한 '공감'을 통해 가능하다고 보고 이를 통해 해명하기를 시도했다.

참고문헌

밀러, 윌리엄 이언(William Ian Miller). 2022. 『혐오의 해부』. 하홍규 옮김. 파주: 한울 아카 데미.

박병기·김민재. 2012. 「사회적 직관주의가 지니는 도덕교육적 함의」. ≪윤리연구≫, 84권 127~158쪽.

양선이. 2011. 「공감의 윤리와 도덕규범: 흄의 감성주의와 관습적 규약」. ≪철학연구≫, 95 집, 153~179쪽.

_____. 2014. 「흄의 도덕감정론에 나타난 반성개념의 역할과 도덕감정의 합리성 문제」. ≪철 학≫, 제119집, 55~87쪽.

_____. 2016. 「허치슨, 흄, 아담 스미스의 도덕 감정론에 나타난 공감의 역할과 도덕의 규범 성」. ≪철학연구≫, 114집, 305~335쪽.

_____. 2018. 「도덕적 민감성에 관한 흄과 현대 흄주의 비교연구」. ≪인간, 환경, 미래≫, 20 권, 103~127쪽.

Baier, A. 1991. *A Progress of Sentiments: Reflections on Hume's Treatise*. Cambridge, MA: Harvard University Press.

Carrasco, M. 2011. "From Psychology to Moral Normativity." *The Adam Smith Review*, Vol.6, pp.9~29.

Fricke, C. 2013. "Adam Smith: The Sympathetic Process and the Origin and Function of Conscience." in Christopher J. Berry, Maria Pia Paganelli and Craig Smith(eds.). *The Oxford Handbook of Adam Smith*. Oxford: Oxford University Press.

Gibbard, Allan. 1990. *Wise Choices, Apt Feelings*. Cambridge. Mass.: Harvard University Press.

Haidt, J. 2001. "The Emotional Dog and Its Rational Tail: A Social Intuitionist Approach to Moral Judgment." *Psychological Review*, Vol.108, No.4, pp.814~834.

Haidt, J. and C. Joseph. 2004. "Intuitive Ethics: How Innately Prepared Intuitions Generate Culturally Variable Virtues." *Daedalus*, Vol.133, pp.55~66.

_____. 2007. "The Moral Mind: How five sets of innate intuitions guide the development of many culture-specific virtues, and perhaps even modules." in P. Carruthers, S. Laurence and S. Stich(eds.). *The Innate Mind*. New York: Oxford

University Press.

Haidt, J. and F. Bjorklund. 2008. "Social Intuitionists Answer Six Questions about Moral Psychology." in W. Sinnott-Amstrong(ed.). *Moral Psychology, 2.* Cambridge: Oxford University Press.

Hume, D. 1751(1975). *Enquiries Concerning Human Understanding and Concerning the Principles of Morals.* in L. A. Selby-Bigge(ed.), 3rd edition. Oxford: Oxford University Press.

_____. 1978(1740). *A Treatise of Human Nature.* in L. A. Selby-Bigge(ed.), 2nd edition. Oxford: Oxford University Press.

Prinz, J. 2007. *The Emotional Construction of Morals.* Oxford: Oxford University Press.

_____. 2009. "The Moral Emotions." in P. Goldie(ed.). *The Oxford Handbook of Philosophy of Emotion.* Oxford: Oxford University Press.

Rozin, P., J. Haidt and C. Mccauley. 1993. "Disgust." in M. Lewis and J. Haviland (eds.). *Handbook of Emotions.* New York, NY: Guilford Press.

Rozin, P., L. Lowery, S. Imada and J. Haidt. 1999. "The CAD Traid Hypothesis: A Mapping between Three Moral Emotions (Contempt, Anger, Disgust) and the Three Moral Codes (Community, Autonomy, Divinity)." *Journal of Personality and Social Psychology*, Vol.76, pp.574~586.

Rozin, P. and L. Singh. 1999. "The moralization of cigarette smoking in the United States." *Journal of Consumer Psychology*, Vol.8, No.3, pp.339~342.

Shweder, R. A., N. C. Much, M. Mahapatra and L. Park. 1997. "The 'Big Three' of Morality (Autonomy, Community, Divinity), and the 'Big Three' Explanations of Suffering." in P. Rozin and A. Brandt(eds.). *Morality and Health.* New York, NY: Routledge.

Smith, A. 1976. *The Theory of Moral Sentiments.* Oxford: Clarendon Press.

3장

혐오의 이중성에 대한 현상학적 분석*

박승억

1. 혐오의 이중성

　오늘날 우리는 혐오가 얼마나 위험한 행위인지를 이해한다. 혐오는 다양한 사회적 차별을 유발하거나 조장하고 심지어 증오 범죄(hate crime)를 유발할 수 있는 감정이기 때문이다. 특히 경제 위기나 감염병 위기와 같이 사회적 위기감이 고조될 때, 혐오의 위험성은 극대화된다. 사회적 위기가 발생할 때마다 사람들은 언제나 희생양을 요구했고, 혐오가 그 희생 제물을 공급해 왔음을 인류 역사가 증언한다. 혐오의 대상이 되는 이들은 언제나 '위험한' 사람이거나 사회의 '건강한' 질서를 해칠 수 있는 사람들로 여겨졌

---

*　이 글은 박승억, 「혐오의 이중성에 대한 현상학적 분석」, ≪철학·사상·문화≫, 제36호 (2021)에 게재된 논문을 수정·보완한 것이다.

다. 그래서 혐오는 그 대상이 되는 사람들에게 가해지는 폭력을 '도덕적으로까지' 정당화할 수 있는 감정[1]이기도 하다. 그들을 어떤 식으로든 제어하지 않는다면 '장차' 사회에 문제를 일으킬 것이라고 믿기 때문이다. 그러나 혐오 현상들을 그런 식으로 정당화하는 것은 대개 무지에 의지한 자기기만일 뿐이다. 그럼에도 불구하고 혐오의 문제를 해결하는 일은 쉬운 과제가 아니다. 혐오의 위험성을 알리는 캠페인이 넘쳐나지만 혐오는 쉬지 않는다. 이는 무엇보다 혐오가 사회적 행위인 동시에 개인의 자연스러운 심리적 현상이기 때문이다. 민주주의 사회에서 개인의 내면에서 일어나는 자연스러운 감정을 억압하라는 요구는 또 다른 폭력처럼 여겨질 수 있다. 게다가 혐오는 중요한 사회적 기능을 갖고 있는 것처럼 보이기까지 한다.

한강의 소설 『채식주의자』에는 무심한 일상의 폭력이 뒤얽혀 있는 우리 사회에 대한 격렬한 저항이 나온다. 주인공 영혜는 어느 날 육식을 혐오하기 시작한다. 그것은 영혜가 겪어야 했던 온갖 종류의 폭력들에 대한 거부의 몸짓이었다. 고기를 먹는 행위 이면에 감춰진 욕망과 야만성, 그리고 육식을 거부하는 영혜를 비정상으로 간주하고 마침내 질병으로 규정하는 가족들의 걱정 어린 폭력에 대해 영혜는 자신의 몸으로 저항한다. 영혜의 '혐오'는 하나의 반응이자 동시에 의지적 행위다. 영혜의 혐오는 인간의 잔인한 폭력성과 그것을 부추기는 생래적, 사회적 욕망들에 대한 저항을 상징한다. 그런 점에서 영혜의 혐오는 강력한 도덕적 메시지를 함축하고 있다.[2]

---

1 혐오(disgust)를 감정(emotion)으로 분류하는 것이 옳은지, 정동(affect)으로 보는 것이 옳은지는 여전히 논란이 있는 문제일 수 있다. 혐오가 신체적이고 생래적인 반응이기도 하다는 점에서 정동으로 볼 수 있지만, 동시에 혐오는 우리가 의식적으로 자각하는 느낌(feeling)이라는 점에서 감정이기도 하다. 다만 정동과 감정(혹은 정서)이 서로 유리된 것이 아니라는 점은 분명하다. 여기서는 감정이라는 용어를 사용한다.
2 한강의 이 작품이 맨부커상을 수상했다는 사실은 작품에 담긴 상황과 메시지가 특정한 문화적 시공간을 넘어서는 보편성을 갖고 있음을 함축한다.

이러한 이중성이 혐오 문제의 해결을 어렵게 만든다.

오늘날 우리가 혐오 문제에 촉각을 곤두세우고 그것을 공동체 전체가 해결해야 하는 사회문제로 주목하는 것은 시민들이 혐오 표현이나 혐오로 인한 다양한 사회적 차별에 대한 감수성을 높여온 결과다. 누구든 자신의 출신이나 인종, 성정체성, 종교 등의 이유로 차별받지 않을 권리가 있다. 그러나 혐오는 그러한 시민적 평등 이념에 균열을 일으킨다. 혐오는 한 사람의 인격을 더럽거나 위험한 사물로 격하시킬 수 있으며 그런 의미에서 차별을 조장하는 반인륜적 감정이라고 말할 수 있다. 그렇기 때문에 많은 나라에서 혐오 행위를 법적으로 금지하고 있지만 혐오의 양상은 더욱 교묘해지고 때로는 격한 거부 반응을 보이기도 한다.[3]

혐오 문제를 해결하기 어려운 이유는 그것이 단순히 오랜 문화적 전승 속에서 사람들에게 내면화되어 있기 때문만은 아니다. 그보다는 혐오 감정, 혹은 혐오가 사회적으로 투사되는 과정에서 드러나는 모종의 이중성 때문이다. 분명 혐오는 건강한 상식을 가진 시민이 공동체적 삶에서 극도로 경계해야 하는 현상이지만, 다른 한편으로 더러운 환경에 대한 혐오나 폭력에 대한 혐오처럼 특정 상황에서는 순기능도 갖고 있는 것처럼 보인다. 특히 혐오 감정의 생래적 특성은 혐오 자체를 '자연스러운' 감정으로 보이게 한

---

3 이른바 트럼피즘(Trumphism)이라 불렸던 미국 정치의 한 현상은 문화적 다양성을 존중하고 평등을 지향하고자 하는 민주주의의 이념이 현실에서 어떤 역설을 불러일으킬 수 있는지를 단적으로 보여주었다. 난민에 대한 트럼프 행정부의 처우는 반인권적이었다. 우리나라에서도 2021년 현재 차별금지법이 아직도 통과되지 못했다. 차별금지법이 결국 민주주의를 위협한다고 보는 주장이 많은 사람들이 보는 기사로 등장하는 것은 일반 시민의 관점에서 혐오의 문제가 어떤 방식으로 다루어지는지를 상징적으로 보여준다. 그 기사의 제목은 이렇다. "차별 금지법, 국민 자유 침해 넘어 민주주의 흔들 수 있다." 이에 대해서는 다음의 기사 참조. http://news.kmib.co.kr/article/view.asp?arcid=0924160530&code=23111111&cp=du(검색일: 2021.3.15)

다. 그 때문에 누군가에게는 그런 자연스러운 감정을 억압하는 규제야말로 억압으로 여겨진다. 게다가 혐오 개념의 모호함은 문제 상황을 더욱 복잡하게 만든다. 실제로 우리가 일상에서 사용하는 혐오 개념은 증오(hate)를 가리킬 때가 적지 않다. 그러나 혐오와 증오는 그 행동 양식에서 구별된다. 혐오는 대개 자신이 싫어하는 벌레나 비위생적인 환경에 대한 대응처럼 기피하고 멀리하는 행위를 가리키지만 증오는 해당 대상에 대해 노골적으로 공격적인 의사를 드러내는 경우가 많다. 혐오는 도덕적 순기능을 가질 수 있다고 말할 여지가 있지만, 증오가 도덕적인 순기능을 갖고 있다고 말하기는 어렵다. 그럼에도 일상에서 우리는 두 감정 상태를 동일시하곤 한다. 그 두 감정이 모두 누군가를 '싫어한다'는 점에서 같은 부류에 속한다는 점, 또 혐오든 증오든 그것이 사회적 차별을 유발한다면 동일한 문제로 보는 것이다. 개념의 모호함은 현실에서 기대치 않은 결과를 낳는다. 자신의 혐오 행위로 인해 비난받는 사람들 중에는 자신이 왜 비난을 받아야 하는지 이해하지 못하는 사람도 있다. 그는 자신의 행위가 특정한 누군가를 증오하기 때문이 아니라 그저 혹시 있을지 모를 미래의 위험을 예방한다는 차원에서 나온 방어적 반응일 뿐이라고 믿는다. 이렇게 자신의 관점에서는 선의인데 사람들이 자신의 행위를 혐오라고 말하며 비난하는 것이 억울하기만 하다.

이 글에서는 혐오 문제의 복잡성을 현상학적 관점에서 분석함으로써, 특히 혐오와 연관된 감정들, 예를 들면 불안과의 상관관계를 드러냄으로써 문제 해결의 방향성을 가늠해 보고자 한다. 물론 혐오를 일종의 사회적 질병으로 파악하고 그 원인을 규정하고자 하는 사람들에게 이러한 접근은 만족스럽지 않을 수 있다. 상관관계에 대한 분석은 인과관계 분석에 비해 부정확하고 모호하게 보일 수 있기 때문이다. 그러나 많은 사회적 문제들이 그렇듯이 혐오의 문제 역시 분명하게 특정할 수 있는 몇몇 원인으로 한정해서 설명하기 어려운 복잡한 문제다. 복잡한 현상을 단순한 원인으로 환원시키는 것은 이론적인 관점에서 매력적인 일이기는 하지만 그 대신 해법도 지나치게 단순화할 위험도 크다.[4] 문제가 복잡하다면 그 복잡성을 있는 그대로 드러내는 것 역시 중요하다. 그리고 무엇보다 혐오 문제의 복잡성을 이해하는 것 자체가 혐오 문제를 푸는 중요한 첫걸음이 될 것이다.

2. 혐오에 대한 현상학적 분석: 콜나이의 경우

혐오의 이중성, 그리고 혐오 문제를 둘러싼 복잡한 맥락은 혐오 현상이 어느 한 분야에서 접근될 수 있는 문제가 아니라 학제적인 관점에서 접근되어야만 하는 문제임을 보여준다. 우리가 체험하는 혐오는 무엇보다 인권에 관련된 윤리적인 문제이지만 그 기저에는 진화 생물학적 논의는 물론 사회문화적 혹은 정치경제적 문맥 등 복합적으로 다루어야만 하는 연결고리들이 놓여 있다. 이러한 복잡한 문제에 접근하기 위해 우리가 취할 수 있는 방법론적 전략 중 하나는 그런 다층적 의미를 가진 현상의 근원적인 모습을 선명히 하는 것이다. 이러한 방법론은 현상학(phenomenology)에서 찾을 수 있다. 현상학적 방법의 한 특징은 어떤 대상이나 문제가 특정 문제 연관 속에서 의미 부여되기 이전에 그 근원적인 현상으로 되돌아가는 것이다. "사태 자체로(Zur Sachen Selbst!)"라는 현상학적 방법의 모토는 우리가 혐오의 문제를 분석할 때도 유용한 지침이 될 수 있다. 이렇게 현상학적 방법론의 관점에서 혐오 현상을 분석한 예를 아우렐 콜나이(A. Kolnai)의 연구에서 찾을 수 있다.

---

4 마케도니아의 왕 알렉산더가 고르디우스의 매듭을 풀기 위해 매듭 자체를 잘라버렸다는 일화처럼 복잡하고 어려운 문제를 해결하는 하나의 방법은 문제를 단순화하는 것일 수 있다. 그러나 민주주의 사회에서 이해관계가 복잡한 사회문제를 그와 같은 방식으로 단순하게 해결한다면, 그 대가로 많은 사회적 비용을 치러야만 할 것이다.

후설(E. Husserl)과 셸러(M. Scheler)의 현상학에 영향을 받은 콜나이는 먼저 인간의 정신적 삶에 대한 학문적 연구에서 연구자가 경계해야만 하는 두 가지 방법론적 위험에 대해 말한다. 그 첫째는 개념을 부정확하고 혼란스럽게 사용하는 것이고 다른 하나는 개념을 정확히 쓰기 위해 그 반대 극단으로 옮겨가 버리는 것이다(Kolnai, 2007: 100 참조). 다시 말해 혐오나 증오와 같은 현상을 문학 작품에서 다루는 방식으로 탐구하거나 그 반대로 그런 개념을 마치 원을 정의하는 것처럼 수학적 방식으로 다루는 것은 문제가 있다는 것이다. 콜나이가 그런 방법론적 위험을 경계한 것은 두 접근 방식 모두가 임의성을 피하기 어렵기 때문이다. 문학적 접근 방법은 문제 현상을 생생하고 구체적으로 드러낼 수는 있지만, 그에 대한 분석은 주관적 의미 부여이기 쉽고 일반화하기도 어렵다.[5] 반대로 수학적 방법으로 접근하는 것, 예컨대 혐오를 일의적으로 정의하려는 시도 역시 복잡한 현상을 과도하게 단순화시키는 임의성을 피하기 어렵다. 그것은 현실의 의미를 과도하게 축소시킴으로써 우리가 분석해야 할 것들을 놓치게 하기 때문이다.

이러한 방법론적 기준에 의거해서 콜나이는 타인에 대한 적대적 감정의 하나로서 혐오를 이중의 시선에서 분석한다. 그 하나는 혐오를 생리학적 현상과 그로부터 파생된 감정으로 보는 것이고, 다른 하나는 그런 원초적인 감정이 윤리적인 의미로 확장되고 전용되는 것이다.[6] 이러한 작업에 앞서

---

5 실제로 혐오에 관한 많은 보고서나 저작들이 주관적 체험에 기초한다. 비록 콜나이는 그러한 접근법이 학문적 탐구인가에 대해서는 매우 유보적인 태도를 취했지만 그런 연구들이 의미를 갖는다는 점은 틀림없다. 예컨대 질적 연구에서 생애사 연구나 체험 연구와 같이 주관적 체험을 기술하는 작업은 현실의 생생하고 구체적인 의미를 드러내는 방법으로 충분한 가치를 갖고 있기 때문이다. 더욱이 사회적 차별의 문제에서 '당사자성'을 고려한다면 주관적 체험에 대한 분석의 의미를 가벼이 평가할 수는 없다. 콜나이가 그것을 방법론적 위험이라고 말한 것은 인간의 정신적 삶에 대한 연구가 '학문적' 의미를 갖기 위해서는 객관적이어야 한다는 방법론적 노선을 견지하기 때문인 것처럼 보인다.

분명히 해야 하는 것은 혐오(Ekel, disgust)라는 감정을 가능한 한 명료하게 경계 짓는 일이다. 이는 혐오가 증오(Hass)나 분노(Zorn)와 같은 유사 감정들과 뒤섞임으로써 일어나는 착각이나 오해를 막을 수 있다는 점에서는 중요하다.[7]

콜나이는 우선 혐오를 그와 유사하거나 관련 있는 다른 감정들과 구별 짓기 위해 몇 가지 고려 사항들을 제시한다.[8] 예를 들어 혐오는 더러운 것을 제외한다면 무기물이나 생명 없는 것들과는 관련이 없다. 반면 불안(Angst)은 그런 조건과 무관하다. 또 증오나 경멸은 대상에 대한 지향성(Intentinalität)이 전면에 드러나는 데 반해 혐오에서는 그렇지 않다. 또한 혐오에서는 분노에 비해 훨씬 더 생리학적인 반응들이 동반된다. 구역질과 같은 신체적인 반응과 연관된다는 점이 그렇다. 이러한 분석을 통해 콜나이는 혐오를 불쾌나 증오, 소름 끼침 등 다른 거부 반응(Abwehrreaktion)들로부터 구별해 낸다. 실제로 우리는 다양한 거부 반응들의 차이를 구별해 내고, 그 차이에 따라 적합한 표현을 사용한다. 길을 가다가 우연히 누군가 먹은 음식을 토해 놓은

---

6 이러한 분석은 대표적인 혐오이론가인 마사 누스바움(M. Nussbaum)의 원초적 혐오와 투사적 혐오 개념의 구별에도 대응할 것이다(누스바움, 2016: 52쪽 이하, 169쪽 이하 참조).

7 감정의 분류(classification) 문제는 감정에 대한 과학적 연구(affective science)에서 여전히 논쟁 중인 문제다. 예컨대 진화 생물학적 관점에서 다윈의 전통에 서 있는 에크만(P. Ekman)과 같은 사람은 인간에게는 기본적인 여섯 감정이 있으며 그 각각의 감정들은 서로 별개로(discrete) 마음을 구성하는 요소라고 주장한다. 반면 감정을 발생적 관점에서 범주적 차원(dimension)으로 나누어 분류해야 한다는 입장도 있다. 감정 분류의 문제는 최근 발전하고 있는 뇌과학적 연구들은 물론 감정을 식별하고 재현하려고 하는 AI 연구들과도 관련을 맺고 있다. 감정 분류의 문제는 이제 시작된, 그러나 향후에는 가장 중요한 연구 분야 중 하나가 될 것으로 보인다.

8 콜나이가 제시하는 고려 사항들은 대상 영역, 지향성, 상태, 직접성이나 근원성, 자립성, 신체 연관성, 반응 특성 등이다. 콜나이는 이러한 고려 사항들을 통해 혐오에 대한 대상적 탐구 영역의 특성을 해명한다(Kolnai, 2007: 8~10쪽 참조).

것을 발견했을 때 그것을 더럽고 혐오스럽다고 말하는 것은 자연스럽지만 그 토사물에 대해 분노한다거나 소름끼친다는 표현을 사용하는 경우는 드물다. 물론 특정 맥락에서는 다양한 거부 반응들이 중첩된다. 자그마한 벌레가 우글거리는 모습을 보았을 때 '혐오스럽다'는 말이나 '소름 끼친다'는 표현은 거의 같은 의미를 가진 것으로 이해되며, 부패하고 타락한 관료가 평범한 시민에게 위세를 떠는 모습에 대해서는 혐오의 감정과 분노의 감정을 구별하기가 쉽지 않다.

이렇게 혐오가 다른 감정들과 차이가 있음에도 불구하고 '거부 반응'이라는 하나의 범주 안에 포함되어 있다는 사정이 혐오 개념의 모호함을 이해할 수 있게 해준다. 누구든 지방이 많이 함유된 음식을 (좋아하지 않는다는 의미에서) 싫어할 수 있다. 그것은 그저 개인의 선호에 따른 취향일 뿐이다. 그런데 누군가가 그에게 지방이 많은 음식을 혐오하느냐고 물을 수 있다. 단순히 싫어하느냐는 물음과 혐오하느냐는 물음은 대화의 맥락에 따라서 매우 다른 뉘앙스를 가질 수 있다. 그저 싫어하는 것은 개인의 취향일 뿐이지만, 혐오한다면 그 이상의 의미를 가진 것으로 받아들이기 때문이다. 그저 싫어할 뿐이라면 여러 사람들이 함께 식사하는 상황에서 식탁에 오르는 것이 큰 문제가 되지 않지만, 혐오한다면 식탁에 오르는 것 자체가 문제가 될 수 있다. 그러나 관찰자의 입장에서 싫어하는 것과 혐오하는 것 사이의 차이는 반응의 강도 외에는 짐작하기가 어렵다.

이러한 모호함은 음식이나 사물은 물론 사람 대 사람의 사회적 관계에도 투사될 수 있다. 문제는 이러한 모호함을 어떻게 받아들여야 하는가다. 앞서 말한 것처럼 개념의 모호함을 피하기 위해 혐오의 개념을 일의적으로 정의하는 것은 그리 적절해 보이지 않는다. 이는 종종 우리 스스로가 자신의 감정을 정확하게 구분해 내지 못하는 상황과도 관련이 있다. 자신의 감정은 누구보다도 자기 자신이 가장 정확하게 인식할 수 있다는 생각과 달리 우리는 우리 자신의 감정에 대해 혼란스러워할 때가 적지 않다. 근대의 철학자들이 감정이나 정념을 오류의 근원으로 본 것에는 분명 이유가 있다. 결국 혐오 개념의 모호함은 피하기 어려워 보인다. 그럼에도 불구하고 혐오를 가능한 한 다른 유사 감정들로부터 구분해 내는 문제는 중요하다. 무엇보다 그런 구분이 혐오 문제에 대한 대응 방식을 좀 더 세분화해서 다룰 수 있게 하기 때문이다.

혐오 개념의 모호함으로 인해 생기는 현상 중 하나는 앞서 말한 것처럼 혐오와 증오를 구분하지 않는 것이다. 예컨대 혐오 범죄와 증오 범죄는 일반적으로 같은 의미를 가진 표현으로 쓰이곤 한다. 그러나 혐오가 주로 기피하거나 멀리 떨어뜨려 놓고자 하는 반응인 데 반해 증오는 명시적으로 공격적인 태도다. 둘 다 싫어하고 미워한다는 점에서는 유사한 감정이지만 혐오는 그 대상이 가까이 다가오는 게 싫은 수동적인 반응인 데 반해 증오는 그 대상을 찾아 나서게 만든다.[9] 자신이 받은 피해를 되갚아 준다는 의미의 복수는 혐오보다는 증오에 더 가까운 감정이자 행위다. 또한 증오는 주로 과거와 관련이 있지만 혐오는 미래와 관련이 더 깊다. 증오는 대개 과거에 자기 자신이나 자신과 가까운 사람이 받은 구체적인 피해와 연관된 감정이지만,[10] 혐오는 미래에 발생할 가능성이 있는 위험에 대한 선제적 반응인

---

9 콜나이는 혐오가 불안이나 두려움과 증오의 중간적 위치에 있다고 말한다. 불안이 대상으로부터 멀어지려 하고, 증오가 대상을 없애려 하는데, 혐오는 그 중간 상태라는 것이다 (Kolnai, 2007: 18 참조).

10 물론 증오가 오직 과거에 당사자나 당사자 주변의 가까운 사람이 당한 피해와 연관된 감정이기만 한 것은 아니다. 예컨대 인종 차별 등 사회적 소수자에 대한 증오 범죄의 경우 가해자가 실제로 어떤 피해를 입은 것이 아니라 자신의 열악한 현재 상황에 대한 막연한 불만과 분노를 다른 사회적 약자를 향해 표출한 경우가 많다. 증오 개념 역시 다양한 맥락에서 분석이 필요하다. 다만 이러한 증오 역시 그 시간 지향은 자신의 현재 상태를 설명해 줄 과거를 향해 있다. 자신의 열악한 현실은 바로 '그들 때문이다!' 이 때문에 막연한 분노에 의한 증오 범죄는 복수에 가깝다.

경우가 적지 않기 때문이다. 따라서 이러한 구분은 혐오나 증오 문제에 대한 사회적 대응 전략을 단순한 처벌처럼 획일적인 해법이 아니라 좀 더 다양화할 수 있는 근거가 될 것이다. 이후에 살펴보겠지만 혐오나 증오 문제에서 가장 중요한 것은 시민들 스스로가 자신의 내면에서 일어나는 감정 자체를 스스로 인식하고 반성적으로 성찰할 수 있는 시민 의식이며 이는 그런 감정을 식별해 내는 감수성(sensitivity)을 기르는 일이기 때문이다.

3. 생리학적(physiological) 혐오와 사회적 혐오: 기저 작용과 기초 지어진 작용

혐오 감정은 이따금 구역질과 같은 매우 원초적이며 신체적 반응을 동반한다. 콜나이에 따르면 생리물리적 관점에서 혐오는 다음의 9가지 현상에 대한 반응으로 구별될 수 있다. 부패, 배설물(똥), 분비물, 달라붙음, 특정 동물이나 곤충, 음식, (과장된) 신체, 과잉된(wuchernde) 생명력, 질병이 그것이다(Kolnai, 2007: 29~38 참조).[11] 이러한 생리학적 특성과 관련해서 콜나이는 "발생적 관점에서 혐오의 느낌은 우선 후각(냄새), 촉각, 그런 연후에 시각(꼴)의 단계에서 형성된다"라고 말한다(Kolnai, 2007: 28). 이러한 맥락에서 후각은 본래적인 혐오의 발생 장소다(Kolnai, 2007: 26). 일상어에서 우리는 무언가 분명하지 않지만 위험하거나 경계해야 할 필요가 있을 때, '냄새가 난다'는 표현을 사용한다. 이는 독일어는 물론, 영어에서도 마찬가지다. 뭔가 수상쩍은 일을 마주하게 될 때, '냄새가 난다!(Stinkt es!)'는 말은 문화

---

11 과잉된 생명력은 식물이 너무 우거져 있을 때 느낄 수 있는 거부감이나 어떤 생명체가 빠르게 증식할 때 느낄 수 있는 감정 등을 의미한다.

적 차이를 넘어서 보편적으로 활용되는 일상어다.[12]

혐오의 이러한 보편적이고 생리학적인 특성은 사람들의 혐오 감정에 대한 반성적 인식에 영향을 미친다. 신체적 반응이라는 원초적 느낌이 혐오를 인간의 생래적이고 본성적인 감정으로 여기게 하기 때문이다. 그때 혐오는 누군가가 의도를 가지고 만들어내는 감정이 아니라 즉각적이고 자연스러운 (natural) 것이 된다. 같은 이유에서 (말하자면 진화 생물학적 의미에서) 혐오의 순기능을 말할 수 있다. 혐오는 위생적인 근거에서 우리를 보호하는 기능도 갖고 있기 때문이다. 부패한 음식이나 질병을 유발할 수 있는 환경에 대한 혐오는 개체는 물론이고 공동체 전체에 대해서도 모종의 안전장치 구실을 한다. 위생의 문제는 오직 한 개인의 신체에만 적용되는 것이 아니라 공동체 전체를 위협할 수도 있기 때문이다. 그래서 감염병이 확산될 때 감염원에 대한 혐오는 공동체의 안녕에 도움이 될 수 있다. 이렇게 해서 혐오는 자연스럽게 사회적으로 투사된다. 자신의 경험을 일반화하는 인간 지성의 능력은 이러한 상황에서 유감없이 발휘된다. 혐오는 개인의 생리-심리적 영역을 넘어 사회적 환경의 차원으로, 나아가 정신적이고 윤리적 단계까지 확장된다. '부패'라는 말은 오직 썩어가는 사물에만 적용되는 표현이 아니다. 사물이 부패하듯이 한 사람의 정신도 부패할 수 있으며, 사회 전체가 부패할 수도 있다. 그래서 사람들은 자신의 정신적 삶이, 또 사회가 부패하지 않도록 감시하고 경계한다.

사회적으로 투사된 혐오의 감정은 생리학적 혐오에 기초한다. 현상학적

---

12 물론 콜나이가 제시한 9가지의 현상이 모든 문화를 관통해서 보편적이라고 말하기는 어렵다. 냄새의 경우에도 문화에 따라 특정 음식, 예컨대 특정 발효 식품의 냄새에 대한 반응은 다를 수 있다. 따라서 몇몇 대상들에 대한 혐오는 분명 문화에 따라 상대적이며 학습된 것이기 쉽다. 그러나 혐오 반응을 유발하는 대상의 차이와 상관없이 혐오 반응을 일으키는 대상이 존재한다는 형식적 관계 자체는 보편적이라고 말할 수 있다.

관점에서 말하자면 투사적 혐오는 생리학적 혐오에 의해 파생된, 그래서 상대적으로 비자립적인 감정이다. 후설은 인간 의식 작용들 사이의 구조적 관계를 기초 지음(Fundierung)이라는 개념으로 분석한다(Husserl, 1984: 268~269 참조). 서로 중첩된 다양한 의식 작용들은 상대적으로 더 원초적이고 자립적인(selbstständig) 작용들과 그런 원초적인 작용들에 의지하고 있는 좀 더 추상적이고 비자립적인 작용들로 구분할 수 있다. 예컨대 책상 위에 놓여 있는 인형에 대한 지각은 그 자체로 자립적인 지각 작용이다. 반면 그 인형 지각으로 인해 떠오른 어떤 기억이나 상상 혹은 추상 작용은 그 자체로 고유한 의미 내용을 가진 의식 작용이지만 인형에 대한 지각 작용으로부터 파생된 더 높은 수준의 작용이다. 후설에 따르면 어떤 작용 A가 다른 작용 B에 기초해 있는 경우, 작용 B는 작용 A의 존재 근거다. 즉, 작용 B가 없다면, 작용 A 역시 사라진다. 그러나 그 반대는 성립하지 않는다. 예를 들어 인간의 정신이 신체에 기초하는 것과 같다. 신체는 정신보다 구체적이며 자립적이다. 신체가 없다면 정신이 있을 수 없다. 그러나 그 반대는 성립하지 않는다. 의식 작용들 간의 구조적 관계에 대한 현상학적 분석은 혐오 감정을 이해하는 데 중요한 실마리를 제공한다.

예컨대 콜나이에 따르면 혐오는 불안보다 비자립적이다. 즉 모든 혐오는 어떤 식으로든 불안을 지시한다(Kolnai, 2007: 9 참조). 혐오 감정의 기저에 어떤 불안감이 있는 것이다. 반면 사회적 혐오와 밀접한 관련이 있는 경멸(Verachtung)의 감정은 대부분 혐오에 의해 동기화된다. 즉 경멸은 혐오에 기초한다. 이렇게 혐오와 관련된 감정들의 자립성과 기초 지음의 관계에 대한 분석은 관련 감정들의 발생적 관계를 이해할 수 있게 해준다. 누군가를 경멸하는 감정은 그 기저에 혐오가 작동하고 있고, 또 그 혐오의 기저에는 그 누군가로 인해 자신에게 일어날 수도 있는 나쁘거나 불쾌한 일에 대한 예감, 즉 모종의 불안감이 있을 수 있다. 이렇게 중층적으로 연결된 탓에 경멸의 감정과 혐오의 감정은 때때로 구분되지 않고 함께 작동하기도 한다.

감정 작용들 간 기초 지음의 논리적 관계에 대한 해명은 혐오 문제를 해결하기 위한 대응 방식에도 시사하는 바가 있다. 예를 들어 우리는 기저에 놓인 혐오의 감정이 해소되면 경멸의 감정 역시 해소되고, 같은 맥락에서 혐오를 기초 짓는 불안의 감정이 해소되면 혐오 역시 해소될 수 있다고 예상할 수 있다. 이와 관련한 흥미로운 실험도 존재한다. 일반적으로 산모가 입덧이 심할 때 생강을 섭취하는 것은 구역질을 감소시키는 효과가 있다고 알려져 있다. 만약 생강이 구역질을 완화시킬 수 있다면 타인에 대한 혐오도 완화시켜 줄 수 있지 않을까? 구역질이라는 생리적인 현상은 타인에 대한 혐오라는 좀 더 추상적인 작용의 기저에 놓인 구체적이고 자립적인 작용이다. 기초 지음의 관계에 따른다면 기저에 놓여 있는 구역질이 완화되면, 그런 구역질에 의지하고 있는 혐오에도 영향을 줄 수 있을 것으로 기대할 수 있다. 실제로 한 실험에 의하면 생강 성분은 타인에 대한 공격적인 태도를 완화시키는 효과를 갖고 있다(Tracy, Steckler and Heltzel, 2019: 15~32 참조). 일상의 경험을 생각해 보자. 누군가가 자신에게 구역질을 일으키는 (혹은 혐오하는) 음식을 맛있게 먹는 모습을 보았다고 해보자. 그 사람에게 좋은 감정을 갖기보다는 부정적인 감정을 갖기가 쉽다. 음식에 대한 신체적인 반응으로서의 혐오가 그 음식을 먹는 사람에 대한 감정을 기초 짓는 것이다. 혐오의 문제를 의식 작용의 기초 지음의 관계에서 접근하는 것은 특정한 현상의 발생적 토대를 파악하고, 그 대응 방식을 가늠할 수 있게 해준다는 점에서 중요한 의미를 갖는다.

주의해야 할 점은 작용들 간의 기초 지음의 관계가 도식적인 인과 관계로 해석될 수 있는 것은 아니라는 점이다. 경멸의 감정이 혐오에 기초한다고 해서 어떤 대상에 대한 혐오 감정이 사라지면 그 대상에 대한 경멸의 감정도 바로 사라지고, 불안이 해소되면 혐오 역시 사라질 것이라고 곧바로 추론할 수는 없다. 대상에 대한 감정은 대개 복합적이고 중첩적이어서 어떤 감정을 일으키는 기저 감정이 오직 하나라고만은 할 수 없다. 따라서 하나의 기저 감정이 해소된다고 해서 곧바로 그 기저 감정에 의지하고 있는 더 상위의 감정이 해소될 수 있는 것은 아니다. 이는 마치 어떤 현상에 복합적인 원인들이 동시에 작동하고 있는 경우에 비유할 수 있을 것이다. 일반적으로 어떤 사회적 문제의 원인을 밝혀냄으로써 그 현상을 해결할 수 있다고 믿는 것은 자연과학적 인과 관계에 대한 선형적인 도식을 전제하기 때문이다. 그러한 인과 도식에서 우리는 원인과 결과 사이의 필연성을 기대한다. 사회적 문제가 발생했을 때, 그 원인을 제거하면 틀림없이 그 문제도 해결될 것이라고 믿는다. 그러나 이러한 믿음은 대개 부분적으로만 참이다. 바꾸어 말해 다양한 사람들의 여러 이해관계가 얽힌 사회문제처럼 다양하고 복잡한 원인들이 동시에 작용하는 경우에는 어느 한 가지 원인 문제를 해결했다고 해서 당초에 해결하고자 하는 문제가 반드시 해결되는 것은 아니다. 혐오 문제 역시 그렇다.

혐오 문제를 선형적인 인과 도식으로 해결하려는 시도는 유력해 보이는 원인을 특정하기 위해 다른 고려사항들을 의도적으로 단순화시킬 위험이 있다. 특히 다양한 혐오 현상들, 예를 들면 인종 혐오나 장애와 질병에 대한 혐오, 노인 혐오, 여성 혐오, 동성애 혐오, 동물 혐오 등 다양한 혐오 현상들은 '혐오'라는 하나의 범주 아래 묶일 수 있다. 그래서 그 범주 전체에 해당하는 어떤 공통 원인을 추구하게 한다. 분명 그런 혐오 현상들을 관통하는 공통적인 특성을 발견할 수 있을지 모른다. 그 특성이 '혐오'라는 이름을 가능하게 하기 때문이다. 그러나 그 공통 원인을 제거한다고 해서 그 모든 혐오 문제들이 해결되는 것은 아니다. 각각의 혐오들은 그 공통의 원인 외에도 고유한 문제 연관과 맥락을 갖고 있기 때문이다. 이러한 상황에서 주목해야 할 것은 혐오 문제를 해결하기 어렵다는 사실이 아니라 선형적인 인과 관계의 틀로 혐오 문제를 바라보는 것이 적절하지 않다는 것이다. 다른 사회문제들도 마찬가지겠지만 혐오 문제를 해결하기 위해서는 인과 관계가 아니라 동기(motive) 관계에서 분석하는 것이 더 좋은 선택으로 보인다. 문제가 되는 현상의 원인이 아니라 동기를 분석하는 것은 해당 사건을 일으킨 '필연적' 선행 사건이 아니라 해당 사건이 일어날 수 있게 하는 가능한 요인들에 주목하는 것이다.

4. 불안, 혐오 문제 해결을 위한 가능한 하나의 실마리

혐오의 문제를 선형적 인과가 아니라 동기의 관점에서 분석해야 한다는 것은 혐오 범죄에 대한 처벌을 어떻게 이해하느냐와 관련이 있다. 타인에게 물리력을 행사하거나 모욕감을 주는 혐오 범죄에 대한 처벌은 다른 범죄들에 대한 처벌과 마찬가지로 이중적인 의미를 갖는다. 한편으로는 해당 행위에 대한 정의로운 대가를 치르게 하는 것이지만 다른 한편으로는 그런 처벌을 통해 유사 범죄를 예방하려는 사회적 의도 역시 포함되어 있다. 누군가가 혐오 행위로 인해 처벌을 받았다면, 그것은 그런 행위를 마음에 품고 있는 다른 사람들을 자제시킬 것이라고 기대할 수 있다. 그러나 혐오 행위를 '선한' 동기에서 비롯된 것이라고 믿는 사람들에게도 그런 효과를 기대할 수 있을까? 통상 법적 처벌에서 죄를 묻지 않거나 감형이 되는 경우는 그 행위 자체가 정당방위이거나 행위 동기에 전혀 악의가 없었을 때다. 그렇기 때문에 혐오 행위를 하는 사람들 대부분은 피해자가 그런 행위를 당할 만했다고 주장함으로써, 혹은 자신의 행위가 선의에서 비롯된 것임을 주장함으로써 자신의 행위에 악의가 없었음을 정당화하려고 한다. 이러한 정당화는 심지어 이론적으로도 지지받을 수 있다. 앞서 말했던 것처럼 혐오는 사회적 순기능을 갖고 있다고 말할 수 있기 때문이다.

예컨대 크리스테바(J. Kristeva)의 고백을 생각해 보자.

음식물이나 더러움, 찌꺼기, 오물에 대한 혐오감, 근육의 경련이나 구토, 그러한 것들이 나를 보호하는 까닭은 혐오감이나 욕지기가 나로 하여금 오물이나 시궁창 같은 더러운 것들에서 멀어지게 하고 피해 가게 만들기 때문이다. 양심을 속이거나 태도가 불분명할 때 그리고 배반할 때의 불명예, … 시체와 같은 쓰레기들이야말로 끊임없이 내가 살아남기 위해 멀리해야 할 것들을 가르쳐준다(크리스테바, 2001: 23~24).

크리스테바의 말처럼 부정하고 부패한 사람들에 대한 혐오는 자신의 삶을 스스로 경계하게 하는 효과를 갖고 있다. 더 나아가 사회적 감시의 기능을 가질 수도 있다. 이른바 혐오 옹호론자들은 혐오의 사회적 기능을 인정해야 한다고 말한다.[13] 혐오의 사회적 기능을 받아들이면 부패한 관료를 혐오하는 일은 정의롭다고 여길 수 있다. 혐오를 이렇게 이해하는 사람들은 자신의 혐오 행위에 대해서도 당당하다. 그들은 자신들의 행위에 대한 법적 처벌을 의로운 도적이 법에 의해 처벌받을 때 받게 되는 대중의 훈장처럼 여길 뿐이다. 도덕적 부패에 대한 혐오가 정의롭게 여겨지는 느낌, 자신이 판단하기에 옳지 않은 삶을 사는 사람들을 자신이 직접 재판하고 처벌한다고 느끼는 그 '정의감'이 혐오를 정당화한다. 혐오에 대한 캠페인이 효과를 발휘하지 못하는 것은 이러한 사정 때문이기도 하다. 혐오를 멈추지 않는 사람들에게 사회적 처벌이란 그 자신을 일종의 순교자로 만들어주는 일이 되거나, 법적 처벌을 우회하는 더 정교한 혐오 행위를 고안하는 계기를 제공할 뿐이다. 이러한 상황은 혐오 행위의 발생 동기를 다시 묻게 한다. 한편에 무지가 있다면, 다른 편에는 자기 확신이 있다. 혐오에 대한 계몽적 캠페인은 무지로 인한 혐오에는 효과적일 수 있으나 자신의 혐오 행위를 이론적으로 정당화할 수 있는 사람들에게 혐오에 대한 비난은 그저 이론적인 충

---

13 혐오 옹호론과 혐오 회의론에 관한 논의들에 대해서는 고현범(2016)을 참조.

돌일 뿐이다.

　누스바움은 생리학적 혐오가 사회적인 감정이나 윤리적인 감정으로 투사되는 과정을 일종의 '자기기만'이라고 해석한다. 인간은 본능적으로 불완전함을 상징하는 동물성이나 죽음을 상징하는 부패에 대해 혐오를 느끼기 때문에 그에 대한 반사실적 욕망으로서 완전성이나 불멸성을 열망한다는 것이다. 그것은 스스로가 동물인 인간의 자기기만이자 헛된 열망일 뿐이다(누스바움, 2015: 191 이하 참조). 그래서 누스바움은 혐오는 결코 인간에게 적용되어서는 안 되는 개념이라고 단언한다. "투사적 혐오는 규범적 차원에서 비이성적이며 낙인찍기 및 위계 세우기와 밀접하게 연관되어" 있을 뿐이다(누스바움, 2016: 60). 혐오는 사람을 인격적으로 대하는 감정이 아니다. 혐오함으로써 상대에게 수치심을 불러일으키는 행위는 결코 어떤 식으로든 정당화될 수 없다(누스바움, 2015: 199 이하 참조). 그래서 누스바움은 누군가 혐오가 가진 순기능을 말하고자 한다면, 부패한 사람들을 혐오할 것이 아니라 그들에게 '분노'하라고 말한다.[14] 혐오 문제가 심각해질수록 누스바움의 목소리는 확실히 울림이 있어 보인다. 그러나 유감스럽게도 누스바움이 말하는 분노 역시 혐오와 비슷한 운명을 걸을 위험이 있다. 분노 역시 혐오와 마찬가지로 이중성을 갖고 있기 때문이다.

　예컨대 사회적으로 부패한 자들을 혐오할 것이 아니라 그들을 향해 분노하라는 요구는 프랑스의 레지스탕스였던 스테판 에셀(S. Hessel)이 젊은 세대들에게 부정의한 사회에 대해 '분노하라'고 요구한 것과 같다(에셀, 2011). 사회적 정의를 위한 이러한 분노는 지극히 이성적이고 합리적인 높은 수준

14　이러한 관점에 서면 '미러링'과 같은 대항 혐오는 결코 문제를 해결하는 방법이 아니다. 그러나 한 시사평론가의 책, 『혐오를 혐오하다』나 일본의 사회학자인 우에노 지즈코의 책, 『女きらい』를 『여성 혐오를 혐오한다』로 번역하는 상황은 우리 사회가 혐오에 대해 갖고 있는 이중적 의식을 잘 보여준다.

의 작용이다. 그러나 우리는 또 다른 종류의 '위험한' 분노도 알고 있다. 개인의 분노를 참지 못해 불특정한 사람들에게 자신의 분노를 표출하는 분노 범죄들이 있기 때문이다. 도덕적으로 부패한 자에 대한 분노와 사회적 약자들에게 무차별적인 증오 범죄를 저지르는 일탈자의 '분노'가 동일한 분노의 감정일 리 없다. 전자는 우리 사회를 건강하게 하는 감정일 수 있지만, 후자는 끔찍한 폭력을 낳는 감정일 뿐이다. 혐오와 관련된 또 다른 감정인 경멸에 대해서도 마찬가지 이야기가 성립한다. 콜나이의 분석에 의하면 혐오가 도덕적으로 전이되는 까닭 중 하나는 혐오가 경멸과 가까이 있기 때문이다 (Kolnai, 2007: 57 참조). '벌레만도 못한 인간'이라는 표현은 누스바움의 말처럼 누군가에게 수치심을 주고자 하는 욕망과 관련이 있다. 그러한 경멸 역시 이중적으로 기능한다. 그것은 한 사람의 인격에 상처를 입히고 경멸하는 자로서 자기 자신은 경멸받는 자와는 본질적으로 다르다는 것을 확인하고자 하는 욕망의 표현이지만, 다른 한편 '인간다움'의 기준을 간접적으로 설정함으로써 스스로의 행동을 경계하는 동시에 타인의 행위를 감시하는 것이기도 하다.

우리가 혐오의 사회적 순기능을 말할 수 있다면, 분노와 경멸의 순기능도 말할 수 있다. 결국 문제의 핵심은 '혐오'나 '분노', 혹은 '경멸'이라는 감정 자체가 아니라 개인의 심리적 상태로부터 사회적 상태로 전이되는 과정에 있다. 달리 말해 누스바움이 '투사적 혐오'라고 말할 때, 우리가 주목해야 하는 것은 '혐오'가 아니라 '투사'다. 개인의 심리적 과정이 사회적으로 투사되는 과정에 주목하면 문제를 푸는 해법 역시 다양한 맥락에서 볼 수 있게 된다. 무엇보다 혐오 문제가 한 개인의 무지나 심리적으로 미성숙하기 때문이라는 생각에서 벗어날 수 있기 때문이다. 많은 사람들이 혐오 문제 해결에서 사회적 환경과 문화적 습속을 문제시 하는 것은 그런 환경적 조건들이 혐오 행위의 동기를 이루고 있기 때문이다. 그것은 한 개인의 언어 표현과 행위 방식에 강력한 영향력을 행사하는 조건들이다. 사회적 환경은 혐오 행위가 일어나거나 격렬해질 수 있는 가능성을 증폭시킬 수 있다.

혐오의 동기를 개인의 심리적 문제를 넘어 사회적 환경의 관점에서 접근한다면, 혐오의 기저 감정 중 하나인 불안에 주목할 필요가 있다. 콜나이에 따르면 "불안과 혐오는 분명 거부 반응(abwehrreaktion)이기 때문에 본질적으로 증오나 싸우고자 하는 욕망처럼 낯선 타자를 지향하지도, 또 후회나 부끄러움처럼 자신의 어떤 상태를 지향하지도 않는다. 불안과 혐오는 타자로 인한 자신의 현존에 발생할 장애(störung)를 지향한다"(Kolnai, 2007: 22). 이 장애는 대체로 일어난 일이라기보다는 일어날 일이다. 2001년 9·11 테러 이후 미국이 이라크를 공격한 것은 사담 후세인의 대량 살상 무기 위협을 제거하기 위해서였다. 하지만 그 증거는 나오지 않았다. 그럼에도 그 공격은 정당화될 수 있었다. 브라이언 마수미(B. Massumi)는 이러한 상황을 은유적으로 표현한다.

스스로 갱신하는 잠재적 위협은 위협의 미래 현실이다. 그것은 더할 수 없이 현실적이다. 잠재력의 면에서 그것의 미래 운용은 이미 실제로 발생했던 일보다 훨씬 더 현실적이다. 위협은 그것의 비존재에도 불구하고 현실적인 것이 아니라, 바로 그 때문에 가장, 즉 최상급으로 현실적이다(마수미, 2015: 99).

혐오 행위를 하는 사람이 느끼는 불안감은 미래를 향해 있으며 마수미의 표현을 전용한다면 "미래의 위협은 거짓이 아니다. 다만 연기된 것이다. 그 상황은 영원히 열려 있다"(마수미, 2015: 99). 혐오는 그런 미래의 위협에 대한 반응이다. 콜나이는 혐오의 윤리학에 대해 이렇게 말한다. "혐오는 악에 대한 일차적인(primäres) 체험이 아니다. 혐오는 단지 … 악을 암시할 뿐이다. 달리 말해 혐오는 어떤 부도덕한 것(Unsittlichen), 즉 도덕적으로 '부패한 것'이나 '썩어버리는 것'을 예고한다"(Kolnai, 2007: 56). 입증된 위협이 아니라 입증될 것이라고 여겨지는 위협이 혐오를 자극한다. 미래를 향해 있는 불안이 혐오 감정의 기초가 되는 기저 감정이라는 점은 혐오 문제 해결에서 사회적 불안의 문제를 해결하는 일이 얼마나 중요한지를 보여준다.

혐오가 윤리적인 의미에서 순기능을 가지고 있는지 가지고 있지 않은지는 논쟁적인 주제임에 틀림없다. 그것은 혐오 감정의 이중성에 기인한다. 그러나 그런 논쟁보다 더 중요한 것은 혐오가 현실에서 일어나고 있으며 점점 더 가열될 수 있는 폭력이라는 사실이다. 인류의 역사가 증언해 왔듯이 코로나19와 같은 팬데믹 상황, 뒤이어 이어질 경제 위기와 그로 인한 양극화는 사회를 불안하게 하고 다시금 그런 위기의 희생양들을 요구할 것이다. 그리고 혐오는 마침내 증오로 이어질 것이다. 이미 벌어지고 있고, 또 계속 벌어질 상황에 대처하는 방법에 오직 "혐오를 멈추세요! 그것은 잘못이며, 그 잘못을 범하면 처벌을 받습니다"라는 경고만 있을 리는 없다.

콜나이의 분석이 보여주듯 혐오는 그와 유사한 감정들과 복합적으로 얽혀 있으며 그 층위와 작동 방식도 다양하다. 따라서 혐오의 종류를 구분하고, 그 내밀한 작동 원리를 들추어내고 그에 맞는 해법들을 찾아야 한다. 예컨대 과거의 혐오와 오늘날의 혐오는 다르다. 과거의 혐오가 많은 경우 무지 때문이었다면, 계몽된 오늘날의 사회에서 일어나는 혐오에는 그런 무지 이상의 의미가 있다. 불안에 주목하는 이유도 그 때문이다. 혐오의 동기로 작동하는 불안이 커지는 사회는 혐오의 가능성도 높인다. 오늘날 사람들이 느끼는 불안감이 커지고 있음은 어렵지 않게 확인할 수 있다. 2019년 현재 조사에 의하면, 2014년부터 5년간 범불안장애와 관련해서 치료받은 사람의 수는 354만 명에 이르고, 2014년 53만여 명에서 해마다 지속적으로 늘고 있다(강애란, 2019.10.2).

우리 사회에서 혐오가 문제가 된다면, 그것은 우리 사회가 더 불안해졌음을 의미한다. 이러한 현상은 비단 우리만의 문제가 아니다. 뇌과학자로 불안과 공포에 대한 전문가인 조지프 르두(J. LeDoux)에 따르면, 미국은 몹시 불안한 사회다(르두, 2017: 307).[15] 르두에 따르면 불안은 철저하게 자아의 문제와 관계한다. 이때 자아는 단지 자신의 신체와 정신에만 제약되지 않는다. 사랑하는 사람이 위험할 때 걱정하는 것과 마찬가지로 자신과 관련 있는 모든 것이 한 사람의 자아를 구성한다(르두, 2017: 337 이하 참조). 이렇게 확장된 자신의 자아가 위협받을 가능성이 있을 때 혐오가 일어날 수 있는 동기가 구축된다.

만약 우리 사회에서 일어나는 많은 혐오들 중에 그 기저에 불안감이 작동하고 있다면, 그 불안은 어디서 오는 것일까? 이미 우리는 무엇이 우리를 불안하게 하는지 알고 있다. 신자유주의가 설치해 놓은 치열한 경쟁 사회, 거기에 인류가 처음 겪는 고령 사회, AI와 4차 산업혁명의 자동화로 예고된 부족한 일자리, 그것도 모자라 기후 재앙이나 팬데믹 같은 재난 상황들은 사회적 불안을 증폭시킨다. 세대 갈등이나 성평등을 둘러싼 갈등과 그로 인한 혐오의 문제들은 사회적 불안으로부터 야기된 것이다. 따라서 이러한 사회적 불안을 감소시키는 일이야말로 혐오 행위가 일어날 동기를 약화시키는 것이다. 사회적 불안의 문제가 해결되지 않는데 혐오를 멈추라는 계몽적 선언이나 강력한 처벌은 효과를 발휘하기 어렵다. 그것은 혐오의 문제를 개인의 노력으로 극복하라는 공허한 제안일 뿐이다. 콜나이는 혐오를 극복하기 위해서 누스바움이 인류애를 말한 것과 마찬가지로 '사랑'을 제안한다. 그러나 이렇게 높은 수준의 감정이 생기려면 그 감정들을 불러일으키는 동기들, 기저 감정이나 사회적 환경의 문제가 해결되어야 한다. 물론 이러한 분석이 자칫 혐오 문제 해결의 방향을 오직 사회적 구조의 문제로 고착화시

---

15 르두에 따르면 2015년 무렵 미국의 범불안장애 환자는 약 4000만 명에 이른다. 그리고 2019년 미국의 국민건강면접조사(NHIS: National Health Interview Survey)에 따르면 2019년 현재 미국에서 성인의 15%가 지난 2주간 다소 간의 불안 증세를 경험했는지에 대한 물음에서 그렇다고 답했다. 이에 대해서는 https://www.cdc.gov/nchs/data/data briefs/db378-H.pdf(검색일: 2021.3.25) 참조.

켜서는 안 될 것이다. 혐오의 한 동기는 자신의 감정이 사회적으로 투사되는 것을 자각하지 못하는 심리적 미성숙 때문이라는 점도 분명하기 때문이다. 범불안장애와 같은 질병을 치료하는 데는 인지 치료가 도움이 될 수 있다. 정신분석학적 의미에서 자신의 상태에 대한 자각과 문제 상황을 외면하지 않고 직시하려고 노력하는 것은 자신의 불안이나 강박 증상을 완화시키고 더 건강한 상태로 나아가는 데 중요하다.

불안이 하나의 장애이고 질병이라면, 혐오 역시 그럴 수 있다. 그것은 나약해진 (확장된) 자아를 지키려는 격정적인 반응일 수 있다. 그 경우라면 단순한 처벌이나 캠페인 같은 사회적 권고로만은 문제가 해결되지 않는다. 안타깝게도 혐오를 치료할 수 있는 약은 아직 개발되지 못했다. 그럼에도 불구하고 혐오 문제는 시급히 해결되어야만 하는 문제이며 포기할 수 없는 과제다. 혐오의 이중성은 그 문제에 대한 해법 역시 이중적이어야 함을 함축한다. 시민 모두가 자신의 내면을 성찰하면서 동시에 불안을 유발하는 사회적 환경을 개선하기 위한 노력이 함께 병행될 때 혐오 문제를 해결하는 실마리가 잡힐 것이다. 비록 혐오에서 완전성에 대한 열망이 가진 위험을 지적했다는 점에서는 역설적이지만 누스바움의 말에 담긴 진정성은 우리 모두가 새겨야 할 공동체적 목표일 것이다.

혐오나 시기, 타인에게 수치심을 주려는 욕망 등은 모든 사회에, 좀 더 정확히 말하면 모든 인간의 삶 속에 존재한다. 그렇기 때문에 이를 적절히 제어하지 않는다면, 커다란 피해가 발생한다. 특히 이런 것이 입법과정이나 사회 형성 과정에서 하나의 지표로 작동한다면 그 피해는 더 커진다. … 설령 사회가 이런 함정에 빠지는 것을 모면했다 하더라도 타인을 동등하고 존엄한 존재로 볼 수 있는 능력을 함양하는 교육을 통해 사회 안에 도사리고 있는 이 같은 경향에 적극적으로 대항할 필요가 있다. 아마 이런 노력이야말로 가장 어려우면서도 숭고한 인간의 성취라 할 수 있을 것이다(누스바움, 2019: 19).

참고문헌

강애란. 2019.10.2. "최근 5년간 불안장애 환자 354만명 ⋯ 20대 환자 86% 증가". ≪연합뉴스≫. https://www.yna.co.kr/view/AKR20191002040800017(검색일: 2021.5.7)

고현범. 2016. 「누스바움의 혐오 회의론」. ≪철학탐구≫, 제43집, 131~160쪽.

누스바움, 마샤[너스바움, 마샤(Martha C. Nussbaum)]. 2015. 『혐오와 수치심: 인간다움을 파괴하는 감정들』. 조계원 옮김. 서울: 민음사.

_____. 2016. 『혐오에서 인류애로: 성적지향과 헌법』. 강동혁 옮김. 서울: 뿌리와 이파리.

_____. 2019. 『정치적 감정: 정의를 위해 왜 사랑이 중요한가』. 박용준 옮김. 파주: 글항아리.

르두, 조지프(Joseph LeDoux). 2017. 『불안』. 임지원 옮김. 서울: 인벤션.

마수미, 브라이언(Brian Massumi). 2015. 「정동적 사실의 미래적 탄생: 위협의 정치적 존재론」. 멜리사 그레그, 그레고리 J. 시그워스 편저. 『정동 이론: 몸과 문화·윤리·정치의 마주침에서 생겨나는 것들에 대한 연구』. 최성희·김지영·박혜정 옮김. 서울: 갈무리.

에셀, 스테판(Stéphane Hessel). 2011. 『분노하라』. 임희근 옮김. 파주: 돌베개.

크리스테바, 줄리아(Julia Kristeva). 2001. 『공포의 권력』. 서민원 옮김. 서울: 동문선.

Husserl, H. 1984. *Logische Untersuchungen Zweiter Band.* (Hussserliana Bd. XIX/1). Den Haag: M. Nijhoff.

Kolnai, A. 2007. *Ekel, Hochmut, Hass-Zur Phänomenologie feindlicher Gefühle.* Fankfurt a. M.: Suhrkamp.

Tracy, J. L., C. M. Steckler and G. Heltzel. 2019. "The physiological basis of psychological disgust and moral judgments." *Journal of Personality and Social Psychology,* Vol. 116, No. 1, pp. 15~32.

4장

혐오와 문학

혐오와 문학의 공진화와 전망

강미영

1. 들어가며

혐오는 인간의 진화 과정에서 생겨나고 사회구조적 변화에 반응하며 형성된 감정인 만큼, 인류 역사와 함께해 온 문학이 혐오와 긴밀한 관계에 있음은 자명한 사실이다. 그러나 그 관계를 명확히 규정하는 것은 간단한 일이 아니다. 실제로 문학은 혐오를 재현하고 재생산하는 기제이기도 하며, 혐오의 대상에 대한 동정과 연민을 불러일으켜 혐오를 극복할 수 있게 해주는 수단이기도 하다. 문학은 인간의 재현 본능의 수단으로 문학의 맹아라 할 수 있는 동굴에 새긴 상형문자는 물론 시, 희곡, 소설, 수필 등의 다양한 문학 양식에서 우리는 혐오의 감정을 추적할 수 있다. 그 혐오의 궤적은 다양한 시대적 배경과 사건, 인물과의 관계 속에서 각 시대 정신과 문화적 가치들과 반응하는 과정에서 나타나는바, 문학 속에서의 혐오의 감정을 추적하는 것은 혐오를 야기하는 절대적인 존재나 대상을 찾는 것이 아닌, 혐오의 감정을 배태시킨 사회구조적 영향 관계를 파악하는 것으로 귀결된다. 이 글은 혐오의 발생과 진화의 과정에서 문학이 가지는 역할을 미국 문학의 사례를 통해 살펴보면서, 혐오에 대응하는 문학적 가능성을 모색하고자 한다.

혐오는 무엇인가를 미워하고 싫어하는 감정이지만 그 발생학적, 심리적 특징은 다른 유사한 감정과 차이가 있다. 누스바움은 혐오가 위험에 대한 두려움과 구분되며, 부당함이나 위해에 대한 반응인 분노나 분개와도 다르다고 주장하며, "혐오에 담긴 핵심적인 사고는 자신이 오염될 것이라는 생각이며, 혐오의 감정은 자신을 오염시킬 수 있는 것에 대한 거부"(누스바움, 2015b: 85~86)라고 주장한다. 진화심리학적으로 보았을 때 혐오의 감정은 인류가 진화 과정에서 가지게 된 비위생적이거나 위협적인 것들에 대한 부정적 감정을 이질적인 집단이나 개인에게 투사시켜 온 결과물이라고 할 수 있다. 이러한 이유로 누스바움은 혐오를 일종의 자기기만이라고 해석한다(누스바움, 2015b: 191). 인간은 본능적으로 불완전함을 상징하는 동물성이나 죽음을 상징하는 부패에 대해 혐오를 느끼는 데서 나아가 그 생리적인 혐오의 감정을 이질적인 집단이나 개인에게 투사시킴으로써 완전성이나 불멸성을 충족하려고 한다는 것이다. 따라서 혐오의 감정은 타인뿐 아니라 그 감정의 주체에게서도 그 원인을 찾을 수 있으며, 주체의 안전의 욕구나 자아관과도 긴밀히 연관된다. 결국, 혐오가 개인적이고도 집단적인 감정이고, 생물학적 감정이자 사회적 구성물인 만큼, 그러한 혐오와 문학의 관계는 다각적인 시각에서 접근해야 한다. 즉, 문학은 인간중심적 본능인 혐오의 발현지이자 지배적 이데올로기의 기제이며 동시에 인간의 윤리적 감각을 환기시키는 수단이다. 이 글은 이러한 혐오와 문학의 복합적 관계를 미국 문학의 흐름 속에서 추적하고 나아가 도래하는 디지털 문화 속에서 혐오에 대응하는 문학적 가능성을 모색하고자 한다.

2. 문학을 통한 혐오의 재생산

　혐오와 문학의 상호작용과 공진화의 양상은 미국 문학사의 흐름 속에서도 쉽게 찾아볼 수 있다. 미국인의 조상이라고 일컬어지는 청교도주의자들과 일군의 이민자들에 의해 미국이라는 나라가 처음 세워진 이후에 미국 문학은 여성, 원주민, 이교도 등을 향한 혐오를 통해 국가의 인종적, 종교적, 성적 정체성을 확립해 나갔다. 공적 역사 속에서의 미국의 시작은 종교의 박해를 피해 신대륙으로 건너온 일군의 청교도주의자로 알려져 있지만, 실상 그보다 훨씬 이전에 종교의 자유와 상관없는, 죄수들이 다수 포함된 영국인 무리가 제임스타운(Jamestown)에 정착했다는 사실만 보더라도 미국의 역사는 혐오와 은폐의 역사이기도 하다. 영국의 식민지로부터 시작되었다는 역사적 불안감과 국가가 만들어졌지만 국가적 정체성은 부재한다는 문화적 열등감이 작동한 결과, "모든 인간은 평등하게 태어났다"라고 시작하는 토머스 제퍼슨이 기초한 독립선언문은 오히려 모든 인간은 평등하지 않다는 미국인의 자의식을 공적 언어로 은폐하고 있는 셈이다. 결국, 미국이라는 나라는 원주민에게서 땅을 빼앗고, 유색인종의 주권을 빼앗고, 이교도들에게서 주도권을 빼앗고, 여성들에게서 권리를 빼앗으며 세워질 수 있었고, WASP(White, Anglo-Saxon, Protestantism)을 중심으로 미국의 지배 계층의 정체성이 공고해지는 과정에서 문학의 역할은 혐오정치의 주동자 내지는 공모자라고 해도 과언이 아니다. 그 후로도 현대에 이르기까지 미국 문학은 다양한 방식으로 성적, 인종적, 물질적 혐오를 재현함으로써 사회적 불평등을 조장하고 그 위계적 질서를 강화해 왔다.

　실제로, 미국 초기 이주민들은 타국에서의 정착을 시도하는 과정에서 낯섦과 이질적 문화를 부정적으로 묘사함으로써 미국인으로서의 정체성을 확립해 나갔다. 영국의 선교사 출신으로 초기 미국 문학의 한 획을 그은 코튼 마더(Cotton Mather)는 『보이지 않는 세계의 놀라움(The Wonders of the

Invisible World)』에서 "악마의 영토에 사는 신의 사람들(A People of god in the Devil's Territories)"이라는 표현을 통해 악마화된 원주민과 대비되는 신성시된 영국인의 모습을 보여준다. 미국 최초의 외교관이자 최초의 미국적 작가로 불리는 벤저민 프랭클린(Benjamin Franklin) 역시 「북미 야만인에 관한 소고(Remarks Concerning the Savages of North America)」라는 글에서, "우리는 그들(원주민)을 야만인이라고 부르는데, 그 이유는 우리가 완벽함에 견주는 문명이 그들의 태도와는 많은 거리가 있기 때문이다(Savages we call them, because their manners differ from ours, which we think the perfection of civility)"라고 말함으로써 문명과 비문명의 이분법을 통해 야만적 원주민과 대비되는 미국인의 이미지를 공고히 하고 있다. 이들의 종교적이고 정치적이고 문화적인 권위에 의해서 이들의 주장은 하나의 지식-권력, 즉 사회적 담론이 되고, 타인종과 이교도에 대한 혐오를 추동해 왔다.

이는 자아가 이질적 존재에 대해 가지는 심리적 거리감이 타인을 혐오의 대상으로 만든다고 한 밸러리 커티스(Valerie Curtis)의 이론을 문학적으로 구체화한 것이라고 볼 수 있다. 커티스는 인류가 생존의 위협이 되는 물질과 대상에 대한 경계심을 키워나가는 방향으로 진화했으며, 그 과정에서 이질적이고 비위생적인 것, 즉 세균, 바이러스, 이주민, 벌레 등에 적대적 감정을 본능적으로 지니게 되었음에 주목한다(커티스, 2019: 86~88). 결국, 오염 물질을 향한 학습된 혐오의 감정이 오염되지 않은 존재에까지 투사되는 것인데, 이에 대해 심리학자 마크 샬러(Mark Schaller)는 '화재경보기 원리(smoke-detector principle)'를 통해, 화재경보기가 음식을 조리할 때 발생하는 연기나 작은 담배 연기에도 민감하게 울려대는 것처럼, 병원체를 피하고자 하는 우리 안의 본능적 혐오 감정 역시 조금이라도 낯설거나 이질적인 대상에게도 수시로 울린다고 설명한다(Schaller and Park, 2011: 101). 결국, 인종, 국가, 성별을 초월하여 모든 인간이 지니는 본능으로서의 감정인 혐오는 사회 구조적인 요구와 맞물릴 때 강화되며, 그 과정에서 문학은 혐오의 감정을 유포하는 기제로서 작동하기도 한다.

마찬가지로, 미국 사회가 백인 남성 중심으로 재편되는 과정에서 여성과 유색인종도 문학적 재현의 희생양이 되었다. 전통적으로 남성 중심적이었던 문학사에서 여성 인물은 가정의 천사이거나 마녀의 이미지로 묘사되기 일쑤였으며, 실제로 케이트 밀릿(Kate Millet)은 『성의 정치학(Sexual Politics)』에서 D. H. 로렌스(D. H. Lawrence)와 헨리 밀러(Henry Miller) 등의 남성 작가의 작품들이 여성들의 수동적이고 순종적인 이미지를 고착화시킴으로써 궁극적으로 여성 이미지의 왜곡과 여성 혐오를 조장했음을 비판한 바 있다(Millet, 2000). 그런가 하면, 흑인 여성 최초로 노벨문학상을 수상한 토니 모리슨(Toni Morrison)은 『어둠속에서의 유희(Playing in the Dark)』에서 너새니얼 호손(Nathaniel Hawthorne), 허먼 멜빌(Herman Melville), 에드거 앨런 포(Edgar Allan Poe), 이디스 휘턴(Edith Wharton)과 같은 백인 작가들이 주를 이루는 미국 문학사에서 어떻게 인종의 문제가 단편적으로 그려지고, 그 과정에서 어떻게 흑인들의 존재가 무화되고 왜곡되었는지를 보여주었다(Morrison, 2007). 미국 문학은 인종과 젠더의 문제뿐만 아니라 장애를 표현하는 데에 있어서도 같은 한계를 드러냈다. 역사적으로 그리고 현재 우리는 "주로 직접적인 장애 경험의 밖에 머무는 자들에 의해 생산되어 온 장애인들의 삶의 경험과 몸의 문학적 재현을 통해 장애인을 알게 된다"(Snyder and Mitchell, 2006: 19)는 점을 생각해 볼 때, 문학 속에서의 장애에 대한 묘사는 많은 문제점을 보였다. 폴 로빈슨(Paul Robinson)이 "장애인도 다른 모든 사회적 소수 집단처럼… 예술의 주체로서 존재하는 것이 아니라 그저 예술을 위해 존재한다"(Robinson, 1982: 78)라고 말한 바와 같이 문학 속에서 장애의 문제는 단편적이고 상징적으로만 존재했으며, 이러한 장애인에 대한 문학적 재현은 대체로 부정적이거나 제한적인 방식으로 장애인에 대한 혐오를 조장하는 데 기여했다.

이와 같은 여성, 유색인종, 장애인에 대한 혐오는 정신분석학적으로 보았을 때 사회적 주체의 안정성을 위한 기피로 해석된다. 인간이 문명화되고 사회화되면서 이성적이고 완전한 자아를 추구하는 과정에서 버려야만 했던 더럽고, 동물적이고, 불완전한 것들을 프로이트는 "두려운 낯섦(das Unheimliche)"(프로이트, 2017: 444)으로 설명한 바 있다. 흥미로운 것은 이러한 두려운 낯섦이 원래는 내 안에 존재하던 친숙한 것들이지만 사회적 주체와 자아가 되는 과정에서 버려야만 했던 어떤 것을 혐오의 대상으로 생각하게 되었다는 것이다. 이 과정에서 여성은 상징계적 질서를 받아들이기 이전에 자신이 동일시하던 모체를 상기시키는 존재이고, 유색인종과 장애인 역시 이성적이고 완전한 자아를 추구하는 과정에서 부정당해야 하는 대상이 되었다. 줄리아 크리스테바(Julia Kristeva) 역시 그러한 혐오적 대상을 "비체(abject)"로 설명하면서, 한때 나에게 친숙했던 힘과 욕망이었지만 이 사회에서 주체화되기 위해 버렸어야 했던 것을 "동일성이나 체계와 질서를 교란시키는 것"으로 설명했다(크리스테바, 2001: 25). 즉, 이러한 혐오에 대한 정신분석학적 이론들은 한때 자아 안에 포함되어 있었던 친숙한 것들을 비체화시키는 것이 자아의 동일성과 완전성에 대한 욕망의 결과임을 보여준다. 이는 여성, 이교도, 유색인종 등을 혐오 대상으로 묘사하는 미국 문학에 대한 이론적 근거를 제시함으로써, 개인적이고도 사회적인 차원에서의 혐오와 문학의 공조를 이해할 수 있도록 해준다.

3. 혐오의 대항 담론으로서의 문학

문학이 항상 혐오를 조장하는 기제로만 작동하는 것은 아니다. 푸코는 "문학이 과학적 담론들뿐만 아니라 그 이상의 담론들까지 규제하는 질서의 원칙으로부터 자유로운, 일종의 '대항 담론'을 형성한다"(Foucault, 2005: 383)라고 주장했다. 그 대항 담론은 다양한 형태로 나타났는데, 여성, 동성애, 이민자, 이교도, 장애인에 대한 불평등하고도 지배적인 이데올로기들인 성차별주의, 이성애주의, 배타주의, 기독교주의, 정상성의 이데올로기 등에 반하는 저항적 사실주의에 입각한 작품들은 꾸준히 존재론적 대항 담론을 양산했다. 그들이 자율성, 진실성, 권위(agency, authenticity, authority)를 가지고 펜을 들었을 때, 그들은 마녀, 악마, 패배자와 같은 혐오의 대상이 아닌 한 개인으로 존재할 수 있었기에 그 자체로 하나의 대항적 혁명성을 지니게 된다. 대표적인 예로는 케이트 쇼팽(Kate Chopin), 제임스 볼드윈(James Baldwin), 수이센화(Shuǐ Xiān Huā, Sui Sin Far) 등의 여성, 흑인, 이민 작가 등을 들 수 있다. 물론 당대의 출판계나 독서계가 그들 모두를 환영한 것은 아니었으나, 그들의 서사는 기존 지배 담론에 균열을 내고 새로운 담론의 씨앗을 뿌리기에는 충분했다. 필립 르준(Philippe Lejeune)이 작가, 화자, 주인공의 일치를 자서전적 소설의 주요한 특징으로 규정한 이후, 그러한 '자서전적 조약(autobiographical pact)'은 서사의 신빙성을 담보하는 것으로 여겨지면서 이전에는 말할 수 없고 보이지 않던 존재들에게 문학적 목소리와 권위를 안겨주는 장르가 되었고, 혐오의 대상으로만 존재하던 이들에게 저항적 계기를 마련해 주었다(Lejeune, 1989).

이들 서사의 혁명성은 가상의 접촉 기회를 제공함으로써 혐오의 대안이 된다는 데서 비롯된다. 바스티안 베르브너(Bastian Berbner)가 『혐오 없는 삶』에서 혐오의 대안으로 강조하는 것이 육체적 접촉인데, 이는 "육체적 접촉이 공감을 활성화하기 때문"(베르브너, 2021: 147)이다. 한 개인이 일생 동안 모든 혐오 대상을 개별적으로나 육체적으로 접촉할 수 없다는 한계의 대안이 바로 문학을 통한 가상 접촉이다. 유발 하라리는 『사피엔스(Sapiens)』에서 인류 역사상 가장 중요한 발명품 중 하나가 허구와 상상이라고 했듯이, 이 "허구와 상상력을 통해서 인간은 직접 접촉할 필요가 없이 같은 이야기를 믿으며 서로에게 속해 있다는 느낌을 공유하고 더 큰 집단을 만들 수 있게 되었다"(하라리, 2015: 285). 혐오가 내재적으로 자기기만의 성격을 지니고, 따라서 타인과의 접촉이 그 대안이 된다는 점을 고려할 때, 문학이 제공하는 가상의 접촉과 공감은 반혐오의 윤리적인 가치를 지닌다.

　중요한 것은, 문학을 통한 대항 담론의 형성은 인지적 차원에서만 이루어지는 것은 아니라는 점이다. 지배적 이데올로기에 반하는 이미지를 만드는 것이 지니는 정치성을 고려할 때 반혐오의 미학이 가지는 감성적이고도 정치적인 가치를 함께 논할 수 있다. 자크 랑시에르(Jacque Rancière)는 "예술적 재현이 인지 가능한 것의 새로운 배치를 시도할 때 과거에는 보이지 않았던 것을 가시적인 것으로 만들어줌으로써 정치적인 작업이 된다"(Rancière, 2011: 10)라고 말한 바 있다. 이러한 주장은 특정 대상에 대한 우리의 인식과 감성은 이미 너무나도 많은 관습과 법칙을 담고 있으므로, 새로운 감성의 생산은 혁명적인 가치를 내포한다는 것을 의미한다. 이에 대해 데이비드 패너지아(Davide Panagia)는 "우리의 감성과 인식이 우리가 사는 세상에서 매우 중요한 역할을 하고 있으므로, 특정 대상에 대한 미학적 재현과 새로운 감성의 배치는 필연적으로 세상의 질서와 가치의 정치적 재배치로 이어지게 된다"(Panagia, 2018: 1). 이러한 정치적 재배치는 질 들뢰즈(Gilles Deleuze)가 주장해 온 소수 문학의 중요한 특징이기도 하다. 들뢰즈에 따르면, 소수 문학은 수적으로 소수를 의미하는 것이 아니라 "성인/아이, 백인/유색인, 이성애/동성애, 남성/여성의 권력 관계에서 각 대립항의 지배적인 기준으로부터 탈주"(Bogue, 2007: 22)를 의미한다. 이러한 탈주를 시도하는 문학은 과거 혐오의 대상이었던 존재들을 소환하고 새롭게 배치시킴으로써 인식과 감성의 변화를 유도한다. 이와 같은 시도를 우리는 월트 휘트먼(Walt Whitman)의 문학에서 찾아볼 수 있는데, 휘트먼은 성차별주의와 계급주의를 넘어서는 사유와 여성, 노예 등을 아우르는 문학적 관심으로 새로운 문학적 배치를 시도하는 잠재적인 혁명성을 지닌 문학을 가능케 했다. 그는 하나의 다른 의식과 감수성의 방법을 일관성 있게 표현함으로써, 새로운 공동체적 공감을 가능케 한다. 이와 같은 공감의 재배치가 혐오에 맞서는 데

주효한 이유는 단순히 억압되어 있던 것의 가시화를 넘어, 동질성에 입각한 공감에서 벗어나 이질적인 집단을 향한 공감을 유도한다는 데에 있으며, 이것이 혐오에 맞서는 시작점이기 때문이다. 이렇듯 혐오에 대응하는 문학의 역할은 문학의 감성적 차원, 인지적 차원, 미학적 차원에서 생각해 볼 수 있다. 특히, 혐오와 관련해서는 기존 지배 질서를 강화함으로써 혐오의 감정을 재생산하는 문학과, 그 반대급부에서 공감과 연민을 통해 혐오에 대항하거나 특정 미학적 양식을 통해 새로운 사유를 창출함으로써 혐오에 대응하게 하는 문학으로 나뉘어 생각할 수 있다. 그중에서도 혐오에 대응하는 문학의 역할론에서 중심적 역할을 해온 것이 공감이론이다.

4. 혐오와 문학적 공감

혐오가 타인을 배제하고 차별하려는 욕망이라면 공감은 타인의 입장이 됨으로써 타인을 포용하려는 감정이므로 공감은 혐오에 대응되는 것으로 인식되어 왔으며, 문학은 그러한 공감 능력의 주요한 기제로 활용되었다. 문학을 통한 공감에 관한 논의의 시작은 아리스토텔레스의 철학 담론으로 거슬러 올라간다. 아리스토텔레스는 『시학』에서 비극이 야기하는 '감정의 카타르시스'를 "공감을 환기시키는 사건에 의해 관객이 느끼는 즐거움이 동반되는 고통의 경감"(Aristotles, 1965: 608~609)으로 규정한다. 이렇듯 주체와 대상 간의 감정의 교류에 초점이 맞추어져 있던 공감 개념은 18세기에 이르러 인간의 윤리적 차원과 감정을 연결시키기에 이른다. 영국의 철학자 데이비드 흄(David Hume)에게 있어서 공감은 인간의 유사성을 통해 "다른 사람의 소감이나 정념을 가장 강력하고 생생한 방식으로 표상"하는 것을 뜻하는데, 이는 "타자의 정념(passion)이 자아의 정신에 들어와 인상(impression)으로 바뀐 뒤, 이러한 인상이 다시 관념으로 바뀌어 자아의 정념으로 변환되는 과정을 통해 나타난다"(흄, 2012: 163). 그런가 하면, 애덤 스미스(Adam Smith)는 『도덕 감정론』에서 "누군가가 고통이나 비참한 가운데 있는 것이 가장 괴로운 슬픔을 불러일으키는 것과 같이, 우리 자신이 그러한 슬픔에 처했다고 생각하고 상상하는 것은, 그 슬픔에 관한 선명함 혹은 희미함에 비례하는, 같은 종류의 감정을 불러일으킨다"(Smith, 2000: 3~4)라고 주장한다. 흄과 스미스 모두 공감이 인간으로서의 유기적이고 본능적 감정이며, 이것이 상상력에 의해 윤리적인 사유를 추동한다는 것을 주장함으로써 공감이 도덕적 가치판단을 동시에 내포한다고 본다.

그러나 혐오의 대응물로서 문학적 공감 능력을 윤리적 가치와 접목시키는 이론들은 공감이 지니는 편파성을 간과한다는 한계를 보인다. 일찍이 아리스토텔레스가 비극 문학의 특징으로 카타르시스 효과를 언급하며, 비극적 인물에 대한 관객의 공감과 동일시가 깊은 연민을 가지는 것을 훌륭한 비극 문학의 특징으로 언급할 때도, 그러한 공감적 몰입이 사회구조적 불평등이나 인물이 처한 상황에 대한 비판적 관심으로 이어지는 것에는 주의를 기울이지 않았다. 문학적 공감이 혐오의 대안이 되기 위해서는 주체적 입장에서 일방적이고 협소한 공감을 자아내는 것을 넘어 윤리적이고 정치적인 차원에서 그들의 불행이나 불평등을 초래한 사회에 대한 고민이 있어야 하지만, 아리스토텔레스가 강조하는 비극의 카타르시스는 감정의 정화나 배설을 일으켜 오히려 그 비극적 상황과 윤리적 책임으로부터 독자를 유리시킴으로써 안도감이나 쾌락에 이르게 하기 때문이다. 이는 문학적 공감이 윤리적 사유와 분리된 개념임을 보여주면서, 동시에 공감 만능주의에 대한 의구심을 자아낸다.

문학적 공감의 한계는 그 미학적 효과를 분석할 때 더욱 분명해진다. 카타르시스의 감정 체험을 미학적으로 숭고미와 연결 지어 생각할 때 공감의 비윤리성은 드러난다. 카타르시스를 통한 공감적 경험은 숭고미가 쾌와 불쾌를 넘나들다가 이성의 힘으로 자신의 안위를 확인하고 안도하는 과정과 유사하다. 이러한 이유로 테리 이글턴(Terry Eagleton)은 "비극은 필연적으로 숭고미를 구현하는데, 그 이유는 비극과 숭고미 모두 유한성을 부정적인 방식으로 드러냄으로써 무한성을 나타내는 양식"(Eagleton, 2003: 121)이기 때문이라고 주장한다. 문제는 이러한 숭고미의 구현이 궁극적으로 자아의 분리와 물질성과 자연성의 혐오를 기반으로 한다는 점이다. 실제로 칸트는 숭고미를 엄청난 해일이나 산사태를 예로 들어 설명하는데, 그러한 자연현상이 주는 압도적 감정에서 인간은 공포를 느끼지만, 동시에 그것이 나에게 직접적인 영향을 주지 못한다는 이성적 판단을 통해 안도감과 쾌감을 느낀다. 이는 인간이 지닌 유한성과 물질성을 이성의 초월적 힘으로 무화시키는 데서 비롯되는 것이다. 비극적 카타르시스는 극도의 긴장감이 이후에 해방감과 함께 어우러진다는 점에서 쾌와 불쾌를 동반하는 숭고미학을 구현하지만, 그 과정에서 숭고해지는 것은 비극적 타인을 바라보며 자신은 비극적이지 않다는 것을 확인하는 데서 오는 이성의 힘이다. 따라서 비극적 감정과 숭고미학의 구현에서 인간은 필연적으로 자신의 유한성과 나약함, 나아가 물질성과 신체성 자체를 은폐하며, 그 과정에서 자아의 분리를 경험해야 한다. 이러한 이유로 플럼우드(Plumwood)는 이와 같은 숭고미학적 감정 처리가 "자아와 자아의 감정, 그리고 여성성과 자연성 모두를 부정하는 것"(Plumwood, 1993: 171)이기에 문제적이라고 지적한 바 있다. 결국 가장 감정적인 순간에 인간은 가장 이성적인 태도를 보임으로써 감정 및 도덕적 차원과 결별하는 아이러니한 존재임을 알 수 있다. 따라서 비극적인 문학 속 인물과 공감하면서 우리가 느끼는 카타르시스는 자신의 안위를 이성적으로 확인하는 데서 오는 쾌감을 그 대상의 불행이나 갈등 상황보다 더 중요하게 생각하는 데서 오는 감정임을 알 수 있다. 그렇기 때문에 비극적 문학과 그 문학이 그리는 비극적 상황이나 인물에 대한 공감이 혐오의 감정을 윤리적으로 드러내고 제고하는 데에 반드시 도움을 주는 것은 아니다.

혐오의 대안으로서 공감이 필요충분조건은 될 수 없다는 사실은 미국 문학에서도 확인할 수 있다. 해리엇 비처 스토(Harriet Beecher Stowe)의 『톰 아저씨의 오두막(Uncle Tom's Cabin)』은 당시 많은 이들의 심금을 울렸다. 링컨은 전쟁 중에 스토 부인과 우연히 만났을 때, "이 엄청난 전쟁을 일으킨 책을 쓴 사람이 바로 당신이었군요"라고 말한 것으로 유명한데, 이는 스토 부인이 그려낸 톰 아저씨와 일군의 노예 이야기가 많은 사람들이 당연시 해오던 흑인을 향한 혐오의 감정도 불식시킬 만큼의 공감과 연민을 자아냈음을 짐작하게 하는 대목이다. 하지만 이러한 예를 통해서 우리는 문학을 통한 공감의 중요성을 강조할 수 있을지는 몰라도 그것이 혐오에 대한 감정을 불식시킨다고 주장할 수는 없다. 해나 웹스터 포스터(Hannah Webster Foster)의 『교태부리는 여자(The Coquett)』와 수재나 로슨(Susanna Rowson)의 『샬롯 템플(Charlotte Temple)』 같은 작품들은 주인공 여성들의 비극적 죽음으로 막을 내리는 감성적 서사임에도 당시의 뿌리 깊은 여성 혐오를 무화시키기보다는 오히려 강화하는 결과로 이어졌다. 이들 작품들은 서간체로 쓰인 사실주의와 감성주의의 문학 속에서 여주인공의 죽음이 그들의 한순간의 실수와 방탕에 의한 것임을 보임으로써, 여성 독자들로 하여금 정결과 정숙의 중요성을 깨닫게 했으며, 당시의 지배 이데올로기에 내재되어 있던 여성 혐오를 그대로 재현하고 전달하는 역할을 했다. 당시는 종교적으로는 뿌리 깊은 기독교주의가, 사회적으로는 가부장적 문화가 만연했던 사회로, 여성 혐오와 불평등의 문제에 대한 인식이 없는 비극적 여성 인물에 대한 공감은 여성에 대한 불평등하고 혐오적인 시선을 강화했다. 즉, 문학 속 여성 인물의 비극이 당대의 이데올로기를 거스른 데서 비롯되었다는 자각이 궁극적으로는 여성 혐오를 강화하고 여성의 삶을 제한하는 예속적 사회에 순응하도록 만들기 때문이다.

도덕적 의식과 접점을 찾지 못한 감정의 몰입과 넘침에는 한계가 있다는 인식은 다양한 문학적 시도로 이어지기도 한다. 실제로, 혐오의 감정은 오히려 문학의 공상적 기능을 활성화시켰을 때 다양한 대안과 전환점을 찾았다. 베르톨트 브레히트(Bertolt Brecht)의 소격효과(Effect of Estrangement)와 다코 수빈(Darko Suvin)의 인지적 소외(Cognitive Estrangement) 등이 그 대표적 예다. 소격효과는 관객과 등장인물 간의 동일시를 의도적으로 방해함으로써 카타르시스적 효과와 그 효과에서 파생한 사회와의 유리를 거부하는 결과를 유도한다. 브레히트는 기존 아리스토텔레스식 연극의 관객은 배우의 연기에 몰입되어 공감을 느끼게 되며, 연극의 주인공과 자신을 일치시킴으로써 비판 능력을 상실한 수동적인 관객이 된다고 지적했으며, 능동적이고 사회적 타자의 위치를 이해할 수 있는 비판 능력을 갖춘 관객을 양산하기 위해 의도적으로 공감을 방해하는 극법을 활용했다. 관객을 향한 방백의 사용과 음향효과를 통한 몰입의 방해 등이 그 예다. 수빈 역시 공상과학소설이라는 장르를 통해 "독자의 인지적 소외"(Suvin, 1979: 4)를 유도했는데, 이는 평상시에는 당연하게 생각해 오던 것들을 어떤 공상적 상황에서는 거리를 두고 생각하게 만듦으로써 성, 인종, 장애, 연령 등에 대해 의구심을 형성하려는 시도다. 수빈은 외계인과의 조우나 우주 공간으로의 시간 여행 등 현실에서 불가능한 설정을 통해 오히려 현실 사회의 부조리한 면을 낯설게 만듦으로써 이를 독자에게 다시금 상기시킬 수 있다고 주장했다. 여기에서 알 수 있는 것은 공감이 아닌 거리두기가 오히려 타자의 상황을 윤리적으로 판단하고 이해할 수 있는 전제조건이 된다는 사실이다.

이와 같은 심리적 거리두기의 기저에는 모든 문학적 공감이 혐오의 대안이 되는 것은 아니라는 사실이 깔려 있다. 이는 공감이 지닌 편파성에서 그 원인을 찾을 수 있는데, 미국 예일대학교의 심리학자 폴 블룸(Paul Bloom) 교수는 『공감에 반하여(Against Empathy)』에서 혐오가 자기 집단에 대한 지나친 공감에서 비롯된다고도 했다(최인철, 2021: 43). 우리와 친밀하거나 중요한 집단에 의해 우리는 우리의 생존 가능성을 높이고 또 긍정적인 감정을 경험하지만, 이러한 집단을 향한 공감이 과하게 작동하면 그것의 결과물로서 혐오가 나타난다는 것이다. 자신이 속한 집단에만 공감하는 것은 자연스러운 현상일 수는 있지만 그 자체가 혐오의 시작점이 될 수 있다는 사실을 인지할 필요가 있으며, 그러한 자연스러운 공감에서 벗어나 타인에게 공감하는 것이 중요하다. 이러한 이유로 『그건 혐오예요』 저서를 통해 혐오를 정의한 홍재희는 "공감 없는 이해는 오만한 해석이 되기 쉽고, 이해 없는 공감은 극단으로 치우치기 쉽다"(홍재희, 2017: 12)라고 하며 공감의 한계를 극복하기 위해서는 타자의 고통을 이해해야 함을 강조한다. 결국, 문학을 통한 공감이 그 자체로 혐오의 대안이 될 수 없으며, 따라서 혐오의 대항 담론으로서의 문학은 특정 양식이나 주제가 아닌 문학을 둘러싼 다양한 역학 관계로부터 생겨난다는 인식이 필요하다.

혐오에 맞서기 위한 문학작품의 감정적, 인지적, 미학적 가치들을 논하는 것이 어려운 이유는 하나의 문학작품의 의미가 온전히 작가 개인으로부터 나오는 것이 아니기 때문이다. 같은 줄거리를 다룬 작품이라고 해도 어느 시대에 어떤 독자에 의해 읽히느냐에 따라서 다른 의미를 가진 작품으로 남을 수도 있기 때문에, 우리는 더 이상 하나의 작품을 특정 작가의 전유물로 귀속시키지 않는다. 굳이 롤랑 바르트(Roland Barthes)의 "저자의 죽음"[1]을 언급하지 않더라도, 우리는 하나의 문학작품이 가지는 의미를 작품, 작가, 독자와 그 작품이 놓이는 맥락에서 찾아야 함을 인지하고 있다. 하나의 문학작품이 공감을 통해 사회인식의 변화를 초래하는 데에는 한 명의 작가적 의도만이 필요한 것이 아니라 그 작품의 의미를 수용자적 입장에서 완성시켜 줄 독서 대중이 필요한 것이다. 이러한 인식은 시민 교육과 다문화 교육 등의 페다고지(pedagogy)가 문학적 공감을 논하는 데 중요하다는 사실을 부

---

1 롤랑 바르트가 1967년에 쓴 「저자의 죽음」이라는 글에서 사용한 표현이다. 바르트는 작가가 텍스트의 기원이고 의미의 근원이라는 생각을 비판하며, 저자는 그 시대의 생각을 전달하는 도구일 뿐이며 텍스트의 의미를 창출하는 것은 독자라는 주장을 하기 위해 저자의 죽음이라는 표현을 수사학적으로 사용한 바 있다(바르트, 1997).

각시키는데, 이는 문학작품의 의미와 가치는 개인과 공동체의 관계 속에서 탄생하기 때문이다.

그러므로 혐오의 대안으로서의 문학이란 개인과 공동체 간의 조화를 전제로 한다. 공감이란 타인과의 어우러짐을 내포하는 개념이기 때문에, 한 사회 안에서 공감이 중요시되는 본질적 이유는 공동체적 삶과 개인적 가치를 조화시키려고 하는 시도 속에서 찾을 수 있다. 결국, 혐오의 해독제로서의 공감은 단순한 감정적 동일시를 넘어 개인으로서의 타인의 존재성과 우리의 유한성이 만나 하나의 공동체를 이루어나가야 한다는 인식이 뒷받침되어야 한다. 누스바움은 연민(Compassion)이 자기중심성에서 벗어난 이타적 감정이기에 혐오와 완전히 대비되는 감정이라고 주장하지만, 동시에 그러한 연민이 "낯설고 이질적인 존재들에 대해서는 쉽게 발휘되지 않음"(누스바움, 2015a: 580)을 인정하고, 혐오의 인지적 차원을 강조한다. 여기서는 대상과 자아의 공감보다는 인간의 유한성에 입각한 공동체 의식을 통해 타인과 상호 의존하며 살아가야 함을 이해하고 인정하는 것이 중요함을 보여준다. 그러므로 타인의 고통을 자신의 것으로 동일시하는 것보다는 감성과 이성의 조화, 나아가 공동체적 실천에 대한 인식이 만났을 때 우리는 혐오의 대응물로서의 문학적 공감을 경험하게 된다.

5. 디지털 문학과 반혐오적 사유의 가능성

혐오가 인간의 진화 과정을 함께 해온 만큼이나 문학은 오랜 세월 혐오의 감정에 대응했으나, 사회가 급속하게 변화함에 따라 문학은 새로운 국면을 맞이했다. 전 지구적으로 자본주의와 신자유주의가 심화되면서, 경쟁과 효율의 가치는 혐오를 극단으로 몰고 가는 원동력이 되었고, 경제적 효율성이라는 명령과 자유시장 물신주의가 극한의 경쟁과 불안을 조성하면서 극도의 능력주의(Ableism)가 나타났으며, 그 안에서 상대적으로 열등한 노동력과 생산력을 지닌 여성, 노인, 장애인 등에 대한 혐오는 강화되었다. 신자유주의가 조장하는 자본주의 정신과 소비주의 문화로 인해, 대중문화와 각종 매체는 사람들의 소비주의 욕망을 자극하는 외양에 치중했고, 문학도 그 시류에 편승했다. 대중매체가 소수 독점자본의 소유 아래 놓이고 이윤 추구를 위한 대중문화 속으로 편입되면서 문학은 "문화 산업 자본"[2]으로 상품화되고 획일화되었다. 그렇게 문학은 인간을 점점 동일성의 신화 속으로 몰아가고 비판력을 상실하게 만듦으로써, 집단적인 형태의 혐오주의를 부추겼다.

그러나 디지털 시대의 문학에서 혐오에 대응할 수 있는 긍정적 가능성과 변화도 감지된다. 디지털 시대에 문학은 그 외연을 확장하고 있을 뿐 아니라 디지털 리터러시의 확산은 문학의 역할과 힘을 재고하게 한다. 디지털 시대가 도래함으로써 문학과 서사의 간격이 사라지고, 작가의 전유물로서의 문학이 독자의 참여로 새로운 가치를 부여받게 되었다. 이러한 변화가 혐오 사회에 긍정적인 이유는 동성애자, 다양한 인종, 장애인, 노인 등 혐오의 대상이었던 주체들이 직접 나서서 자신들의 이야기를 만들어감으로써 그들에 대한 부정적 편견이 감소할 뿐 아니라, 작가와 문학에 내재해 온 근대적 권위 의식을 해체하고 타자를 향한 열린 사유와 공동체 의식을 도모하기 때문이다. 따라서 문학의 경계를 스스로 허물고, 독자의 역할을 적극 포용하며, 디지털 리터러시를 통해 새로운 서사를 확장해 나가는 것만으로도 혐오에 맞서는 대응 전략이 될 수 있다. 그 확장은 외연의 확장뿐 아니라 문

---

2 테어도어 아도르노(Theodor Adorno)가 『부정의 변증법(Dialectics of Negativity)』에서 사용한 표현이다. 그는 20세기 기술 문화와 자본주의가 심화되면서 문학을 포함한 예술이 대중매체로서 문화 산업 테크놀로지에 의해 문화 산업 자본으로 전환되고, 대중들은 비판적 시각을 상실할 것으로 내다보면서, 예술을 통한 인간의 개성의 발현을 그 대안으로 제시했다.

학 주체의 확장을 동시에 의미하는 것으로, 문학 양식과 주체의 다양화를 전제로 한다. 매체 환경이 디지털화하면서 문학에 대한 새로운 개념이 생겨나고 새로운 생산·수용 방식과 소통 구조가 출현하고 있는 것이다. 그러한 변화는 일찍이 발터 베냐민(Walter Benjamine)이 대량 복제 기술에 의해 예술로서 문학 작품의 위상 변화를 보며 예견했던 이중성을 내포한다. 베냐민은 "오늘날 대중은, 예술 작품을 대하는 일체의 전통적 태도가 새로운 모습을 하고 다시 태어나는 모태"(베냐민, 2014: 33)라는 말로 대량 복제 기술 시대의 문학이 대중에게 지니는 이중적 의미를 설명하면서, 문학이 가지는 예술로서의 아우라는 약화되거나 소멸되었지만, 동시에 대중들의 능동적 창작 참여와 비판이 가능해진 것에 주목했다. 마찬가지로 디지털 시대의 문학은 문학의 위기이자 기회라고 볼 수 있다. 문학이 문화 산업으로서 확장하는 현상의 대척점에서, 디지털 문학의 근본 특성이라고 여길 수 있는 주체적인 시민의 탄생과 저항하는 창조성의 발현체로서의 문학의 가능성에 주목할 필요가 있다.

혐오를 추동하던 힘인 개인주의가 공동체주의와 결합하고, 중심적 권력의 힘이 다양한 개인 권력으로 대체되는 과정에서 문학은 혐오에 맞설 수 있는 발판을 마련하고 있다. 사람들의 사유는 개인의 의지보다는 "환경이 촉발시킨 메커니즘의 변화"(베르브너, 2021: 294)에 더 큰 영향을 받는다. 이는 매체가 인간의 사고방식을 형성하고 나아가 새로운 사회를 출현하게 하는 하나의 과정임을 시사한다. 종이와 활자를 기반으로 하는 아날로그식 문학에서 벗어나 다양한 매체가 곧 문학이 되고 다양한 배경의 개인들이 문학의 주체가 되는 시대에서 달라지는 것은 문학의 위상만이 아니라 사람들의 사유이기 때문이다. 그 결과 문학의 경계는 각종 예술적 재현뿐만 아니라 디지털상에서의 블로그, 소셜 네트워크, 혹은 1인 미디어를 통한 창작과 재현 모두를 의미하는 것으로 확장되고 있다. 디지털 문학의 외연과 주체의 변화는 사유의 혁명이기도 하다. 오늘날 하나의 문학작품의 의미는 작가, 작품,

독자 모두가 만들어나가는 것이며, 그 안에서의 위계는 존재하지 않는다. 이는 인간을 초월적이고 독립적인 존재로 정의했던 서양의 전통적 인간관에 대한 거부이자, 인간의 유한성과 공동체의식에 대한 인정이기도 하다.

　디지털 시대의 문학의 외연이 확장된 결과, 이제 문학은 문자 중심의 일방향성에서 벗어나 그림과 영상을 통한 양방향성을 특징으로 하는 다매체의 영상과 메시지를 포함하기에 이르렀다. 각종 소셜네트워크를 통한 메시지의 교환은 발신자와 수신자의 관계가 단선적이지 않고 복선적으로 조직되며 복합적인 소통 구조를 갖고 있다. 이러한 쌍방향에 기반한 수평적 네트워크 구조와 메시지는 다양한 방향으로 뻗어나간다. 비중심적 다방향의 작동 방식은 기존의 발신자와 수신자의 위계를 무화시키면서 중심이 없는 평등한 연대를 가능하게 한다. 이러한 변화는 문학에서도 나타난다. 마이클 조이스(Michael Joyce)의 『오후, 이야기(Afternoon, a Story)』에서와 같이 다양한 독자들의 참여로 쓰인 하이퍼텍스트 소설은 이야기 구조가 하나의 단선적 형태가 아닌 비선형적이고 쌍방향적인 방식으로 만들어지는데, 로버트 쿠버(Robert Coover)는 ≪뉴욕 타임스≫에 기고한 「책의 종말(The End of Books)」이라는 글에서 이를 "선(線)의 횡포로부터 해방"된 것이라고 했다(Coover, 1992.6.21). 여기서 의미하는 선의 횡포는 인간 이성에 대한 신뢰를 기반으로 형성된 근대적 세계관이 도구적 합리주의를 내세우며 자연, 여성, 비인간의 혐오를 강화해 온 주범임을 뜻하는 것이므로, 선의 횡포로부터의 해방은 근대의 부르주아 문학이 억압했던 인간의 내면이 복귀하고 있는 현상이라고 봐도 무방하다. 디지털 매체 환경은 이러한 해방적 흐름 안에서 문학에 영향을 주고 있는 것으로, 경계를 넘어서고 극복하는 것과 관련하며, 문학이라는 자신만의 성을 벗어나 다른 예술이나 다른 사람들과 함께 해야 하고, 완결된 작품의 개념을 버리고 과정으로서의 문학을 향유하는 것과 관련한다.

　억압적 근대주의 문학에서 벗어나 상호작용하는 다매체로의 변화는 문학의 주체뿐 아니라 그 대상과 향유 방식에도 영향을 미친다. 자크 데리다(Jacque Derrida)가 말 중심주의와 이성 중심주의가 여성, 이주민, 자연을 타자화하는 이분법적 사유를 공고히 했음을 고발했다면, 디지털 시대의 문학은 그림과 영상을 통해 새로운 언어의 기능뿐 아니라 새로운 사유를 창출한다고 보는 것이 타당하다. 디지털 시대의 문학은 이제 가상현실 기술과 융합하여 하나의 새로운 장르가 됨으로써 혐오 시선 속에서 존재하던 각종 대중문화가 하나의 문학적 플랫폼으로 기능할 수 있는 발판을 마련했다. 원소스 멀티 유즈(One Source Multi-use)가 대표적인 경우인데, LitRPG(Literary Role-Playing Game) 장르인 태드 윌리엄스(Tad Williams)의 '아더랜드(Otherland)'와 조지 마틴(George Martin)의 '왕좌의 게임(Game of Thrones)'은 소설, 텔레비전 시리즈물, 애니메이션, MMORPG(Massive Multiplayer Online Role-playing Game) 등의 다양한 매체를 통해 활용되며 유명세를 떨쳤을 뿐 아니라 각종 상을 휩쓸며 그 예술성을 인정받기도 했다.

이러한 시도들은 텍스트의 주체, 대상, 향유 방식을 확장시킴으로써, 디지털 구술 문학 출현을 가능하게 한다. 작가 개인의 단선적 목소리가 아니라 여러 계층의 다성적 목소리들이 만들어내는 문학이 출현하고, 그 안에서 각양각색의 스토리텔링과 공동체의 가능성이 다양한 기술적 융합과 함께 출현하고 있다. 이러한 변화 속에서 고급 예술과 대중 예술 간의 경계, 나아가 작가, 제작자, 독자의 구분이 모호해지고 문학 주체와 대상 간의 벽이 허물어지게 된다. 진중권은 이러한 변화를 디지털 테크놀로지가 복귀시킨 새로운 구술 문화로 평가하며 "문자 문화에 밀려났던 구술 문화가 디지털 테크놀로지와 더불어 대중의 의식 속으로 복귀하고 있다"라고 진단한다(진중권, 2014: 153). 내가 아닌 우리, 완결이 아닌 진행형의 복합적 스토리텔링에는 공동체 의식의 복원 가능성이 내재해 있다. 자기 완결적인 내러티브와 달리, 수용자가 참여하여 창조할 수 있는 스토리텔링을 기반으로 하는 문화의 도래는 대중의 능동적 향유를 수평적으로 확장시키고 유동적 사유를 가능하게 하기 때문이다.

6. 나가며

혐오가 사회적 이데올로기와 맞물리며 구조적으로 인간의 의식을 형성하고 조종해 온 혐의가 있다면, 그 공모자로서의 문학도 그러한 혐의로부터 자유롭지 못하다. 그러나 문학의 주체와 양식이 다변화되는 과정에서 우리는 문학이 대항 담론이나 공감의 형태를 통해 혐오의 해독제 역할을 해왔다는 사실도 부인할 수 없다. 문학의 역할이 불변하는 고정물이 아니라 시대와 역사의 요구와 상황에 응답하며 변모하는 유동체라는 사실 앞에서 문학을 단순히 작가의 전유물로 보지 않고 다양한 역학 관계 속에서 바라볼 수 있어야 함은 분명하다. 이 글은 그러한 시도 중 하나로, 혐오와 관련한 문학의 역할을 반추하는 것을 넘어 앞으로의 전망을 아우르고자 했다. 4차 산업혁명과 디지털 시대가 도래한 가운데 문학은 다양한 도전과 가능성을 마주하고 있다. 다양한 역학 관계 속에서 문학은 분명 혐오를 재생산하거나 혐오에 대응하며 혐오와 상생할 것이지만, 그 관계를 이해하고 주목해야 하는 우리의 역할도 분명해 보인다. 모든 이데올로기적 힘들과 마찬가지로, 문학과 혐오의 관계는 아는 만큼 보이고, 보이는 만큼 대비하며 맞설 수 있기 때문이다. 따라서 매체 환경의 변화를 탐구하고, 그 변화를 받아들여 적극적으로 활용해야 하며, 문화 산업 자본으로서의 작금의 문학의 위기를 공동체와 공존하는 유기적 기제로 삼고자 노력해야 한다.

참고문헌

누스바움, 마사(Martha Nussbaum). 2015a. 『감정의 격동』. 조형준 옮김. 서울: 새물결.

_____. 2015b. 『혐오와 수치심: 인간다움을 파괴하는 감정들』. 조계원 옮김. 서울: 민음사.

바르트, 롤랑(Roland Barthes). 1997. 『텍스트의 즐거움』. 김희영 옮김. 서울: 동문선.

베냐민, 발터[벤야민, 발터(Walter Benjamin)]. 2014. 『기술복제 시대의 예술작품』. 최성만 옮김. 서울: 길.

베르브너, 바스티안(Bastian Berbner). 2021. 『혐오 없는 삶: 나와 다른 사람과 친구가 될 수 있을까?』. 이승희 옮김. 서울: 판미동.

진중권. 2014. 『이미지 인문학 1』. 서울: 천년의 상상.

최인철. 2021. 『헤이트: 왜 혐오의 역사는 반복될까』. 서울: 마로니에북스.

커티스, 밸러리(Vallerie Curtis). 2019. 『진화한 마음』. 전중환 옮김. 서울: 휴머니스트.

크리스테바, 줄리아(Julia Kristeva). 2001. 『공포의 권력』. 서민원 옮김. 서울: 동문선.

프로이트, 지그문트(Sigmund Freud). 2017. 『예술, 문학, 정신분석』. 정장진 옮김. 서울: 열린책들.

하라리, 유발(Yuval Harari). 2015. 『사피엔스』. 조현욱 옮김. 서울: 김영사.

홍재희. 2017. 『그건 혐오예요: 상처를 덜 주고받기 위해 해야 하는 말』. 서울: 황성B잎새.

흄, 데이비드(David Hume). 2012. 『인간본성에 관한 논고: 오성에 관해』. 이준호 옮김. 서울: 서광사.

Aristotles. 1965. *Poetica*. London: William Heinemann LTD.

Bogue, Ronald. 2007. *Deleuze on Literature*. New York: Routledge.

Coover, Robert. 1992.6.21. "The End of Books." *The New York Times*.

Eagleton, Terry. 2003. *Sweet Violence: The Idea of the Tragic*. London: Blackwell Press.

Foucault, Michel. 2005. *The Order of Things*. London and New York: Routledge.

Lejeune, Philippe. 1989. *On Autobiography*. Minneapolis: University of Minnesota Press.

Millet, Kate. 2000. *Sexual Politics*. Urbana: University of Illinois Press.

Morrison, Toni. 2007. *Playing in the Dark*. New York: Vintage.

Panagia, Davide. 2018. *Rancière's Sentiments*. London: UP of Duke.

Plumwood, Val. 1993. *Feminism and the Mastery of Nature*. London: Routledge.

Rancière, Jacques. 2011. "The thinking of Dissensus." in Paul Bowman and Richard Stamp(eds.). *Reading Rancière*. New York: Continuum International Group.

Robinson, Paul. 1982. "Responses to Leslie Fiedler." *Salmagundi*, Vol.57, No.3, pp.72~86.

Schaller, Mark and Justin H. Park. 2011. "The Behavioral Immune System." *Current Directions in Psychological Science*, Vol.20, No.2, pp.99~103.

Smith, Adam. 2000. *The Theory of Moral Sentiments*. Amherst, New York: Prometheus Books.

Snyder, Sharon L. and David T. Mitchell. 2006. *Cultural Locations of Disability*. Chicago: University of Chicago Press.

Suvin, Darko. 1979. *Metamorphoses of Science Fiction: On the Poetics and History of a Literary Genre*. New Haven and London: Yale University Press.

5장

혐오와 화해하기*
인공지능 그리고 칸트

김형주

1. 혐오

인공지능은 ASMR 영상을 추천해 준다. 듣고 싶은 음악, 보고 싶은 영상 사이 ASMR라는 라벨을 단 영상이 불쑥 튀어나올 때가 있다. 한번 보면 마치 고구마 줄기처럼 비슷한 다른 영상들이 주르륵 딸려 나온다. 네이버에 검색해 보니 ASMR(Autonomous Sensory Meridian Response)의 우리말 번역어는 '자율 감각 쾌락(감) 반응'이다. 그 뜻은 "뇌를 자극해 심리적 안정을 유도하는 영상"이다. ASMR는 처음에는 'head orgasm'이라는 이름이었는데 'orgasm'이 가진 의미를 순화시켜 'meridian'을 사용했다고 한다. 오르가슴

---

*　이 글의 핵심 주장은 2022년 12월 31일 《동서철학연구》에 발간된 필자의 또 다른 글 「인공지능 혐오와 화해자 칸트」의 핵심 주장을 공유한다. 그러나 글의 표현과 내용은 『혐오이론 II』의 기획 의도에 맞게 추가되고 편집되어 재구성되었다.

을 생각해 보라. 그리고 그 끝을 생각해 보라. 갈망의 폭증과 폭증된 갈망의 해소다. 폭증된 갈망의 해소가 오르가슴의 완성이다. 쾌감은 거기에 있다. 오르가슴으로 표현된 쾌감의 본질은 어쩌면 욕망의 실현이 아니라 최소한 나의 정신과 신체에 있어서는 욕망의 무화(無化)다. 그런데 우리는 그 욕망을 내 것이라 여기고 존중하는가? 때론 그 욕망이 드러나기를 꺼리지는 않는가? 쿨하고 솔직한 사람은 그렇지 않다고 대답할 수도 있지만, 대답을 한번 곱씹어 보면 이는 쿨해져야 한다는 일종의 의무감을 표현한 것일 수도 있다. 이렇게 보면 욕망이 온전한 내 것은 아니다.

ASMR 영상 중 정말 혐오스러운 것들도 마주치게 된다. 이를테면 피부 속 고름을 쥐어짜서 텅 빈 구멍을 보여주는 영상, 몇 년 동안 씻지 않은 더러운 발과 발톱을 손질하여 깨끗하게 만드는 영상 등이다. 혐오물들을 해소함으로써 쾌감을 얻는다. ASMR, 즉 자율 감각 쾌감 반응의 말뜻을 그대로 받아들이면, 우리는 우리의 의지와는 상관없이, 말 그대로 어떤 쾌감을 자율적으로 얻을 수 있다. 이렇듯 혐오와 쾌감은 서로 도움을 주고받는 관계다. 혐오도 어떤 것에는 도움을 준다. 하물며 그 어떤 것이 육신적 존재자가 바랄수 있는 쾌감이라는 최고의 가치이기에 혐오의 존재 가치를 부정하기는 어렵다. 조건이 갖추어진 경우, 혐오는 쾌감의 필요조건이 되기 때문이다.

그런데 혐오란 무엇인가? 혐오는 일종의 감정이기에, 이를 하나의 실체로 보고 이에 단정적으로 답하기는 쉽지 않다. 그래서 나는 혐오 연구사에 의존한다. 그리고 이를 토대로 혐오에 대한 접근법을 세 가지로 구분해 보았다.

첫째, 생물학적 혐오다. '토 나와'라는 표현을 자주 듣는다. 주로 10대가 자주 사용하는 것 같다. 분명 좋은 말은 아니지만, 이 말은 혐오의 의미를 가장 생생하게 표현한다. 혐오는 토 나오는 것이다. 이는 말 그대로 매스꺼움 그 자체, 넓게 말하면 매스꺼움과 같은 느낌을 파생하는 모든 느낌을 뜻한다. 이미 잘 알려졌듯, 혐오(disgust)는 반대를 뜻하는 dis, 맛을 뜻하는 라틴어 어근 gust의 합성어로, '기분 나쁜 대상이 입에 닿을지도 모르는 순간에 경험하는 극도의 불쾌감'이다(Rozin and Fallon, 1987: 23). 혐오는 일차적으로 자궁을 빠져나와 세상에 던져진 하나의 생명체인 인간이 삶을 시작하고 유지하는 가장 근원적인 감각인 먹는 것의 감각과 관련된다. 한편 인간의 감각은 서로 얽혀 있기 때문에, 혐오는 입, 살, 또 시각을 수용체로 삼는다(Darwin, 1897: 253). 요컨대 즉자적 차원의 혐오는 감각적 싫음이다. 그렇기에 혐오는 몸의 변화를 수반한다. 또 반대로 우리는 어떤 사람이 거짓 연기를 하지 않는 이상, '이마가 일그러지고 눈썹이 아래로 내려오고, 콧등 윗부분, 미간에 주름'(박인찬·하홍규 외, 2022: 104 참조)을 보고 그 사람이 혐오 감정을 느끼고 있다고 판단할 수 있다. 다원을 조상으로 하는 진화심리학적 감정 연구에서는 혐오를 인간의 기본 감정으로 규정한다.[1] 그것이 진화를 위한 기본 감정인 이상, 이는 자기 보존과 관련된다. 혐오는 잠재적 위험으로부터 우리를 스스로 멀어지도록 하는 순기능이 있다.[2] 쾌락에 일조하는 것보다 이 기능이 더 근원적이다. 먹으면 건강과 생명을 해칠 수 있는 것이 입에 들어오면 토해내야 한다. 혐오는 토하지 않도록 하는 방어기제다. 토할 것이 입에 들어온다면 토하도록 하는 것이 혐오의 의무다. 혐오는 "감염을 피하고 질병을 예방하려는 동기와 연결되어 있다"(Rozin and Fallon, 1987: 24). 뇌리에 박힐 만큼, 마음이 회복이 되지 않을 만큼 끔찍한 장면을 볼 때, 눈을 감게 하는 것이 혐오의 의무다. 병균이 가득한 오물 냄새에 코를 막게 하고 몸이 닿지 않도록 멀리 돌아가게 하는 것이 혐오의 역할이다. 요컨대 먹어서 나의 살과 피, 영양소가 되지 못할 '존재', '내'가 되지 못할 존재를 차단하는 것이 혐오의 일차적 기능이다.

---

1 https://www.paulekman.com/universal-emotions/what-is-disgust/(검색일: 2022.8.20)
2 https://www.paulekman.com/universal-emotions/what-is-disgust/(검색일: 2022.8.20).

둘째, 인지적 혐오다. "자라를 보고 놀란 가슴은 솥뚜껑을 보고도 놀란다." 실상 자라를 보고 놀라면 솥뚜껑을 보고도 놀라기 십상이지만 합리적인 판단을 하는 사람이라면 그러면 안 된다. 지금 마주하고 있는 솥뚜껑은 움직일 수 없는 무쇠 덩이라서 자신에게 아무런 위해를 가할 수 없는 존재임을 생각하고 또 생각해도 무생물 돌덩이인 줄 알았던 자라가 발과 목을 빼꼼히 내밀었던 기억 때문에 어느 누군가는 이를 무서워한다. 반대도 성립한다. 영화 〈그녀(Her)〉를 보면, 주인공 테오도어는 '사만다'에게 사랑의 감정을 느끼지만 그녀(그것)가 동시에 수백 명의 사람과 사랑의 대화를 나누는 것이 가능한 인공지능 대화 머신이라는 사실을 알고 자신이 느꼈던 사랑의 감정에 대해 반성하며 혼란을 느낀다. 나도 이런 경험이 있다. 2015년 8월 독일 생활을 정리하고 막 귀국했을 때였다. 독일 통신사로부터 20센트가 미납되었으니 납부하라는 이메일을 받았다. 그 후 일주일 간격으로 정해진 요일과 시간에 계속해서 이메일이 왔다. 현지에 있는 친구에게 납부를 부탁했는데 어찌된 건지 그 이후에도 납부를 독촉하는 이메일이 왔다. 알고 보니 이 친구가 20센트 동전이 없었는지 50센트를 납부했는데 통신사에서 50센트를 환불 처리한 것이었다. 그렇게 또다시 메일 폭탄이 시작되었다. 독일 통신사는 집요하기로 악명이 높다. 학위 취득을 눈앞에 두고 있었던 나는 독일 생활을 한 치의 문제도 없이 완벽하게 정리하고 싶은 마음에서 친절한 상담사와 매일같이 채팅을 했다. 300원도 채 안 되는 돈 때문에 웬 고생인가 싶을 정도로 상담은 이 부서에서 저 부서로, 한 상담사에서 다른 상담사로 연결되었지만 문제가 해결될 기미는 전혀 보이지 않았다. 세계적으로 악명 높은 관료제 때문이라 생각하며 귀찮고 피곤하지만 상담사의 친절한 응대를 위안 삼아 대화를 이어갔다. 그렇게 친절했던 상담사는 나중에 알고 보니 인공지능 챗봇이었다! 그때의 혼란스러운 감정이 지금도 생생하다.

인간은 그런 존재다. "살균한 바퀴벌레를 넣은 주스나 깨끗하게 닦은 변기에서 퍼낸 물"(Rozin and Fallon, 1987: 24)에서 혐오감을 느낀다. 깨끗하게 닦은 변기에서 퍼낸 물을 마신다고 '감염과 질병에 노출되지는 않는다.' 인지적 혐오는 방금 살펴본 생물학적 혐오와 모순된다. 보고 싶은 대로 보고, 듣고 싶은 대로 듣는 재주가 있는 인간은 모순과 공생하는 재주도 있다. 감정이입(Einfühlung)[3]과 자기 투사가 이러한 재주의 동력이다. 혐오는 이렇게 확장된다. 입에서 몸으로, 몸에서 머리로 확장된다. 그러나 몸에서 머리로 확장될 때, 건강과 생명의 직접적인 손해는 발생하지 않는다. 여기서 남는 것은 단지 나와 타자의 명확한 구분에 근거한 인력(引力)과 척력(斥力)의 변증법이다.

셋째, 머리에 남겨진 혐오 바이러스는 도덕성으로까지 확장된다. 나는 이를 도덕적 혐오로 특징짓고자 한다. "더러운 놈." 오물이 묻었거나 냄새가 나서 더러운 사람보다는 눈살이 찌푸려지는 행동을 하는 사람을 보았을 때 즉각적으로 튀어나오는 말이다. 근대의 영국에는 우리의 도덕적 판단이 감정의 명령에 따른다는 주장을 펼친 학문 사조가 이어져 내려왔다. 섀프츠베리(Shaftesbury)와 허치슨(Hutcheson)을 거쳐 흄(D. Hume)으로 이어지는 소위 도덕감학파라 불리는 이 집단의 주장을 잠시 살펴보자. 섀프츠베리에 따르면 옳고 그름의 감각(sense of right and wrong)이 도덕감(moral sense)이다. 이 "내면의 눈은 기형적이고 역겹고 혐오스럽고 비열한 것과는 구별된, 공평하고 균형 잡힌 것, 사랑스럽고 감탄할 만한 것을 **곧바로 알아차리고 판별해 낸다**"(김종원, 2020: 76에서 재인용, 강조는 필자). 어떤 것이 아름답고 그렇지 않은지를 따지기 위해 이성적 계산이 필요 없듯, 옳고 그름을 곧바로 알

---

3 공감으로도 번역되는 'Einfühlung'은 '들어감'을 뜻하는 접두어 'ein'과 감정을 나타내는 'fühlung'의 합성어로 자기가 느낀 것을 타자에게 투영하는 것을 의미한다. 회식 자리에서 눈치 없는 부장님이 일찍 자리를 뜨지 않는 것도 감정이입 때문이다. 자기가 기분이 좋으니 남들도 다 기분이 좋을 것이라 생각하는 것도 감정이입이 불러오는 사회적 모순이다.

아차리고 판별해 내는 능력이 도덕감이라고 허치슨은 말한다(김종원, 2020: 85). "이성은 정념의 노예"라는 흄의 유명한 선언은 바로 이러한 맥락에서 등장한다. 도덕적 옳고 그름은 쾌락과 고통이 예상되는 친근감과 혐오에 대한 정념에 근거한다. 즉 끌리는 것은 옳은 것이고 꺼림칙한 것은 도덕적으로 피해야 마땅한 것이다. 이들 주장의 핵심은 도덕적 판단에 이성이 끼어들 자리는 없다는 것, 도덕감은 자연적 성향으로 보편적이라는 것, 그렇기에 이 판단의 결과는 자명하다는 것이다. 최근에도 이러한 전제를 바탕으로 한 연구들은 지속되고 있다. 그중 하나인 「자연과 자연적 가치 그리고 환경오염을 주제로 한 어린이 철학 국제 협력 연구(Philosophising with Children Worldwide about Nature, Natural Values, and Pollution)」는 경험적 연구 결과를 토대로 서로 다른 문화권의 아이들이 자연과 환경, 생명에 대한 직관적인 도덕감을 보편적으로 갖고 있다고 말한다.

　선과 악을 판단하는 직관적인 능력이 있다면, 그리고 다원주의가 말하듯 혐오가 기본 감정이라면, 도덕적 혐오에 대한 생물학적 설명도 일견 가능해 보인다. 도덕적 혐오는 그 대상이 사회 내 다른 인격에도 향하기에 사회적 혐오이기도 하다. 근친상간을 혐오하는 사람들은 그것이 열성 유전자를 생산하여 인류의 존속을 위태롭게 한다는 이성적 추론 이전에 이미 즉각적으로 매스꺼움을 느낀다. 그 원인이 그들이 가지고 있던 도덕적 관념이라고 말할 필요도 없다. 도덕적 혐오는 즉각적 감정이기에 원인을 규명할 필요가 없기 때문이다. 그런데 혐오의 폭이 넓어지면 넓어질수록 혐오 주체가 겪을 수 있는 직접적인 해악과도 점차 멀어진다. 구체적으로 말하자면 생물학적 혐오의 숨은 대상이 생명을 앗아갈 수도 있는 병균이라면, 인지적 혐오는 이 병균을 관념 속에 가둔다. 관념 속의 병균은 도덕적 혐오의 세계에 당도하기도 전에 이미 살균된다. 여기서도 남은 것은 구분 짓기다. 내가 나와 상생할 수 없는 존재를 밀어내려는 자연적 경향성은 도덕적 혐오에 있어서 더 두드러진다.

살펴본 바와 같이 세 차원의 혐오의 공통분모는 구분 짓기다. 이제 다시 ASMR 이야기로 돌아와 보자. 숨기고 싶은 동물적 욕망의 해소가 쾌감을 낳는다. 나와 같은 종인 다른 인간의 몸이 생성한 혐오물이 제거될 때 개운함을 느낀다. 그런데 오르가슴을 갈구하는 욕망은 남이 내 몸 속 정기에 삽입한 것인가? 내 몸의 냄새, 더러운 분비물의 물리적 원인은 나의 몸 밖에 자리하고 있는가? 나는 하나의 유기체로서 나의 혐오물을 생성한다. 내가 혐오하는 것은 사실은 나다. 내가 구분지어 내 밖으로 밀어내려고 하는 것은 나다. 나는 나의 동물성을 혐오하고 그것을 내 밖으로 밀어낼 수 있다면, 진짜 나를 찾게 될 것이라 생각한다. 그렇기에 사회적 차원에서 보면 나와 전혀 다른 존재를 혐오하기는 어렵다. 인간을 닮은 비인간존재자에 대한 혐오는 이렇게 시작된다.

2. 인공지능 혐오

그럼 우리가 혐오할 만한 우리를 닮은 비인간존재자는 어떤 것이 있을까? 우리를 닮은 비인간존재자가 무엇이 있을까? 액자 속에 걸린 자화상 혹은 휴대폰 속 사람 사진? 아니면 동물원에 있는 유인원 혹은 인간의 신체를 닮은 바윗돌? 우리는 이것들을 혐오하는가? 좀 더 정확히 말해 우리를 닮았다는 사실이 이들을 혐오의 대상으로 만드는가? 일부러 혐오감을 불러일으키는 이미지를 떠올리는 노력을 하지 않는 이상, 이들 중 어떤 것을 혐오 대상으로 특정하기는 어렵다. 그러나 앞에서 말했듯 즉각적 반응이야말로 감정으로서의 혐오의 기본적인 특성이기 때문에 노력을 통해 쥐어짜 낸 혐오 감정을 혐오라고 할 수는 없다.

불쾌한 골짜기(uncanny valley)라는 이론이 한때 유행했다. 일본의 로봇공학자 모리 마사히로가 소개한 이 이론은 "인간이 인간이 아닌 존재를 볼 때, 그것이 인간과 더 많이 닮을수록 호감도가 높아지지만 일정 수준에 다다르면 오히려 불쾌감을 느낀다"[4]는 것을 표현한 개념이다. 우리나라에서는 지난 2018년 AI로봇 소피아가 방문했을 때, 이 단어가 여러 사람들의 입에 많이 오르내렸다. 불쾌함의 실체는 섬뜩함이다. 인간의 형상을 하고(로봇) 인간의 말을 하지만(AI), 우리는 그것이 인간이 아니라는 사실을 이미알고 있다. 이러한 인지부조화는 공포를 낳고 공포는 이윽고 혐오로 연결된다.[5] 그러나 이 말이 우리가 인공지능이란 존재를 늘 혐오한다는 뜻은 아니다. 우리는 인공지능을 혐오할 때가 있는데, 그때 혐오의 원인이 우리와 닮음(human-likeness)이라는 것이다. 그럼 이제 묻고 해명되어야 할 것은 인공지능의 어떤 점이 우리를 닮았는가 하는 것이다. 그런데 여기서 사이보그 로봇 소피아만 떠올릴 수는 없다. 다시 말해 외형은 핵심이 아니다. 로봇의 외형은 얼마든지 다르게 주조할 수 있기 때문이다. 이제 남은 것은 그것이 우리와 같이 지능적 존재자라는 사실이다. 지능이 닮았다는 것을 해명하기 위해 다시 묻는다. 그럼 인공지능은 무엇인가?

'인공지능'이라는 단어는 거의 70년 전인 1956년 다트머스(Dartmouth) 콘퍼런스에서 처음 만들어졌다. 인공지능은 만들어진 개념이다. 이는 수학, 전산학, 논리철학, 아울러 심리학과 같은 당시 자리를 잡고 있었던 학문들의 성과에 힘입어 만들어진 합성 개념이다. 그렇기 때문에 이 개념의 외연은 지금도 역동적이다. 아마 1990년대 초였을 것이다. 지금 LG의 전신인 금성(Gold star)에서 인공지능 세탁기를 내놓았다. 〈그림 5-1〉은 그 당시 광고다.

버튼만 누르면 알아서 작동이 된다는 사실이 이 세탁기를 인공지능으로

---

4   https://terms.naver.com/entry.naver?docId=5665832&cid=43667&categoryId=4366
     7(검색일: 2022.8.20)
5   공포와 혐오의 관계에 대해서는 박인찬·하홍규 외(2022: 112) 참조.

만들었다. 사실 맞는 말이다. 물의 양, 작동 시간 등을 사용자가 일일이 입력하는 것이 아니라 기계가 이를 대신한다는 것은 공학에서 말하는 인공지능에 대한 설명 중 하나에 정확히 부합한다.[6] 그러나 지금은 이 정도 기능을 자랑하기 위해 '인공지능' 광고를 할 수 없다. 지금 우리가 기대하는 인공지능은 우리 모두의 스마트폰에 내장된 빅스비(bixby), 시리(siri)와 같은 인공지능 챗봇 이상의 어떤 것이기 때문이다. 인천 국제공항

〈그림 5-1〉 금성의 인공지능 세탁기 광고

에서 활동하고 있는 인공지능 안내 로봇 에어스타, KT에서 출시한 인공지능 서비스 로봇 정도는 되어야 우리의 기대 수준에 부합한다. 만약 이런 로봇들이 가정마다 존재하게 되고, 이런 로봇들을 출퇴근길에서도 마주치게 된다면, 그때의 인공지능은 또 다른 의미를 부여받게 될 것이다.

요지는 인공지능은 일의적인 정의가 불가능한 고무줄 개념이라는 것이다. 그렇기 때문에 인공지능이라는 개념에 그것이 지칭하는 특정한 대상을 대입시키는 방식으로 이를 이해하거나 그 의미를 규정할 수 없다. 인공지능은 때로는 제품을, 때로는 기술을, 때로는 대학과 기업 연구소에 존재하는 학문 분야를 뜻한다. 인공지능을 경험적으로 정의하는 것은 어렵다. 그래서

---

6   인공지능이란 "지능이 필요한 업무를 기계에 시키고자 하는 노력, 기술"을 뜻한다(김진형, 2020: 32).

관점을 전환하여 '인공지능'의 말뜻을 분석하여 그것의 실체를 역추적해 보고자 한다. 우리가 '인공'-'지능'이라는 개념 자체를 접했을 때, 그것의 용례와 실제 관련 학문 분야에서 어떻게 사용되고 있는지에 대한 지식과는 별도로 그 자체만으로 알 수 있는 한 가지 사실은, 그것이 인공적(artificial)인 한 어떠한 것에 대한 모방이라는 것이다. 우리의 논의는 여기서 시작된다. 모방의 대상이 되는 어떤 것이란 무엇인가? 이에 대한 가장 손쉬운 답변은 '인간의 지능'일 것이다. 만약 지능이라는 개념이 본래 인간을 비롯한 정신적 존재와 관련해서만 사용되었던 역사적 배경을 고려한다면, 간단히 '지능'이라 답할 수 있다. 풀어 설명하자면 어떠한 기계, 프로그램이 갖추고 있는 인공지능은 (인간)지능에 대한 인공지능, 다시 말해 (인간)지능을 모형으로 만든 것이다(김형주, 2016: 165 참조). 그럼 인공지능은 인간을 어떻게 모방하는가?

결론부터 말하면 모방은 크게 두 측면에서 이루어진다. 하나는 생김새 모방이고 다른 하나는 작용 모방이다. 첫째, 생김새 모방부터 살펴보자. 주지하듯 '인공지능'이라는 용어는 1956년 다트머스 콘퍼런스에서 천명되었지만, 이와 관련된 연구의 전사(前史)는 1940년대로 거슬러 올라간다. 인간 뇌 구조의 형상을 따라 연산 처리 도식을 설계하고자 하는 시도가 매컬러(W. MaCulloch)와 피츠(W. Pitts)에 의해 이미 감행되었다. 그 과정을 담은 영화가 바로 1997년에 개봉한 〈굿 윌 헌팅(Good Will Hunting)〉이다. 심층 신경망학습(Deep Learning)을 첨병으로 하는 연결주의(connectionism) 계열의 인공지능의 구조인 인공신경망 네트워크(Artificial Neural Network) 연구는 이때부터 시작되었다. 우리 뇌는 수많은 신경 세포들이 연결망을 형성하며 이루어져 있다. 그리고 특정한 자극을 반복적으로 수용하면 그 자극을 수용한 뇌세포들이 활성화된다. 인간의 뇌는 나이를 먹을수록 그것의 신경 세포는 두꺼워지고 수는 적어진다. 경험에 노출되고 많은 자극을 처리할수록 신경세포의 두께가 두꺼워지는 것이다. 나이가 많은 사람일수록 생각이 고정적이고 고집이 센 것을 이러한 사실을 토대로 설명하기도 한다. 핵심은 강한 자극에 많이 노출된 세포일수록 강화된다는 것이다. 연결주의 인공지능은 바로 이 점에 착안한다. 그래서 신경망처럼 겹겹이 레이어(layer)를 쌓고 시냅스처럼 노드(node)를 구성하고 경험적 자극의 정도를 구분 짓기 위해 가중치(weight)를 설정한다. 이러한 구조를 가진 알고리즘에 인풋 데이터와 아웃풋 데이터를 학습시켜 정답을 찾는 확률을 높인다. 간단히 말하자면 고양이 그림을 넣으면 고양이임을 잘 맞추는 인공지능이 성능이 좋은 인공지능이 되는 것이다. 그렇기에 데이터의 수가 많을수록, 학습량이 많을수록 연결주의 인공지능은 똑똑해진다. 이러한 이유에서 뇌의 형상을 모방한 인공지능을 학습기반 인공지능이라고도 부른다. 기계학습, 딥 러닝 인공지능이 바로 다 이러한 인공지능들이다. 이제 두 번째, 기호주의 인공지능에 대해 살펴보자.

1981년 기호주의 인공지능의 아버지로 불리는 인지과학자 앨런 뉴얼(A. Newell)은 "인공지능 연구자들은 심리학보다는 철학이 그들의 일을 직접 돕고 있다"(Shapiro eds., 1987: 284)라고 밝혔다. 여기서 심리학은 연결주의를, 철학은 기호주의를 암시하는 것처럼 들린다. 심리학자이지만 뇌의 구조 연구에 기인한 연결주의보다는 초기 규칙 기반 프로그램(Rule Based Program) 중 하나인 소어(Soar)를 개발한 그에게 위와 같은 평가는 어쩌면 당연한 것인지 모른다. 그렇다면 철학과 인공지능은 무슨 관계가 있을까?

20세기 초반과 중반, 인공지능이라는 말이 만들어진 미국 대륙에서의 철학은 유럽에서 발흥한 형이상학적 관념론에 대한 회의와 더불어 명제논리중심의 언어철학이 득세했다. 그 중심에는 반심리주의(Anti-psychologism)를 주장한 프레게(G. Frege)를 선조로 하여 그에게 직접적으로 영향을 받은 세 거목들인 러셀(B. Russell), 비트겐슈타인(L. Wittgenstein), 카르납(R. Carnap)으로 대표되는 논리실증주의라는 강력한 철학 사조가 있었다(Glymour, Ford and Hayes, 1995 참조). 이들은 "의미는 진리에 선행한다"라는 기조 아래 인식적으로 유의미한 세계와 무의미한(meaningless) 세계를 구분했다. 특히 그들은 2000여 년 동안 철학의 고유 영역으로 여겨졌던 형이상학을 인식적으로 무의미한 사이비 과학으로, 윤리학을 참, 거짓을 논할 수 있는 인식의 영역이 아닌 단지 정의주의(emotivism)로 칭하면서 학문의 영역에서 배제한다. 이렇듯, 그들은 어떤 대상 영역이 의미를 지니려면 그것은 모두 언어로 표현이 가능해야 하고 검증 가능해야 한다고 주장한다.[7] 나아가 이를 위해서 언어 체계의 정형(well-formed formula)을 형성하는 규칙들(formation rules)이 선재(先在: 먼저 존재함)해야 함을 강하게 주장하고 실제로 인공 언어라는 이름으로 이를 구성하기에 이른다(이초식, 1993: 71~75 참조). 이러한 사상은 "인공지능 창시자들의 사고를 지배해 온 철학적 기초"(이초식, 1993: 75)가 되었고 이들이 "인공적인 프로그램 언어를 만드는 작업에도 논리실증주의의 영향은 결정적으로 작용했다"(이초식, 1993: 75). 기호주의 인공지능은 이러한 자양분을 토대로 탄생했다. 논리와 연산이라는 뇌의 기능을 모방한 것이다. 다소 거친 구분일 수 있겠지만, 연결주의(학습 기반) 인공지능은 귀납논리와, 기호주의(규칙 기반) 인공지능은 연역논리와 관계한다고 할 수 있다.

　모방은 이렇게 두 가지로 일어났다. 연결주의 진영과 기호주의 진영이 반목과 화해를 거듭하며 인공지능의 역사를 이끌고 있는 것은 사실이지만, 넓은 시야에서 보면 이들은 한편이다. 연역이든 귀납이든, 형상이든 기능이든, 그들은 인간의 지능을 계산을 통한 문제 해결 기능으로 보기 때문이다. 인공지능이란 말을 처음 만든 사람, 매카시(J. MacCarthy)의 말을 잠시 살펴보자.

7　이와 관련하여 카르납은 '아름답다', '좋다'와 같은 것을 표현한 것은 실상 "아무것도 한 것이다"라고 말하며 형이상학적 명제의 무의미성을 역설한다(Carnap, 1931: 219~214, 236 참조).

인공지능이란 지능을 가진 컴퓨터 프로그램이나 기계를 만드는 기술, 과학이다. 이는 인간의 지능을 이해하는 컴퓨터의 사용과 같은 사안에 관계한다. 그러나 '지능'이라는 개념은 아직까지는 '인간 지능'이라는 개념으로부터 전적으로 독립되어서는 확실한 정의를 가질 수 없다. 다만 확실한 것은 '지능'은 기본적으로 이 세계에 존재하는 특정한 목적을 성취하기 위한 계산적(computational) 능력의 일부라는 것이다. 이 능력은 동물, 기계, 사람에게 다양한 형태와 정도로 갖추어져 있다 (MacCarthy, 2007).

지금의 인공지능 개발도 위와 같은 입장, 즉 지능을 계산적 능력으로 간주하는 입장의 틀 안에서 이루어진다. 이러한 기조가 없다면 방대한 양의 데이터를 통한 기계학습도, 엄밀한 연산체계를 통한 명확한 문제 해결을 추구하는 규칙 기반 인공지능 언어도 애초에 불가능할 것이다. 그렇다. 인공지능의 지능은 계산적 지능이다. 인공지능이 모방한 인간의 지능은 계산 능력이다. 다시 말해, 인공지능은 인간지능의 본질을 계산 능력으로 본다.

데카르트(R. Descartes) 이래, 인간은 이성, 구체적으로 말해 자기 앎을 가졌다는 이유로 자연 세계 안에서 독존적인 지위를 누렸다. 자기 자신의 존재성을 거꾸로 반추할 수 있는 능력이야말로 지능에 대한 가장 고매하고 고차원적인 규정이라 여겨졌다. 그렇기 때문에 지능의 본질은 자기 인식으로 여겨졌다. 근대 계몽주의의 완성자라 불리는 칸트(I. Kant)는 이 자기 인식을 의무를 의식하고 이를 토대로 스스로에게 책임을 부과하는 원자론적 주체의 도덕적 자기의식으로 확장시킨다. 하지만 니체와 같은 해체주의자들에 따르면 칸트 때문에 칸트 이후의 인간의 삶은 너무 피곤해졌다. 개인이 스스로 자신에게 부과한 품격과 타인에게 기대하는 도덕성이 너무 높아졌기 때문이다. 인간은 스스로를 존엄한 존재로 칭하면서 많은 제약에 시달리게 된다는 것이 이들의 주장이다. 니체에 따르면 윤리학의 지상의 가치인 '좋음'은 본래 '잘함'을 뜻했는데 칸트는 이를 오염시켜 여기에 자기 구속과

의무를 덧입혔다.

누군가로부터 '계산적'이라는 평가를 받으면, 그 평가가 달갑게 들리지만은 않는다. 그러나 사실 우리는 매 순간 계산을 한다. 몇 시에 일어나 몇 시에 사무실에 얼굴을 비추는 것이 사무실 분위기를 해치지 않으면서 나에게 가장 이득이 될까? 퇴근 후 설거지를 하는 것과 육아를 하는 것 중 어떤 것이 나에게 더 편안함을 줄까? 우리가 사랑하는 누군가에게 "나는 당신에게 아무런 계산이 없다"라고 말한다면, 이는 사실 기만이다. 그러나 자신이 늘 계산하며 산다는 것을 모든 이에게 떳떳하게 드러내는 사람을 찾아보기는 어렵다. 정치인들도 계산을 많이 한다. 계산은 정치의 본질이다. 그러나 계산에 의해 국회의원에 출마했다고 하는 사람을 본 적은 없다. 국민의 요청과 민주주의의 지엄한 명령 때문에 출마를 결심했다고 말한다. 그러나 그 뒤 실상은 계산이 숨어 있음을 모르는 사람은 없을 것이다. 우리는 계산을 하지만 계산하는 우리의 모습을 자랑스럽게 여기지 않는다. 오히려 우아한 도덕성이 순전한 우리의 진짜 모습이라고 자기 쇠뇌를 반복한다. 외모가 출중하고 돈이 많고 성격이 좋기 때문에 당신을 사랑한다는 말보다 당신은 당신이기 때문에 사랑한다는 말이 우리에겐 더 아름답게 들린다. 신은 자신의 존재를 '스스로 있는 자'(「출애굽기」, 3장 14절)로 규정하며 절대적 존재성, 완벽한 내재적 가치의 의미를 말한다. 신과 같은 완전한 도덕적 존재자에게 계산은 필요가 없다. 그는 스스로 있는 자라서 부족함이 없기 때문이다. 그의 생존을 위해 필요한 타자와 대상은 아무것도 없다. 계산은 항상 대상을 필요로 한다. 계산적 지능은 결국 자기의 유익과 생존을 위한 동물성으로 환원된다. 그러나 도덕성은 그렇지 않다. 자기 충전적이다.

이제 이번 장 처음에 제기했던 문제로 돌아오자. 인간을 닮은 비인간존재자인 인공지능을 닮았다는 이유로 혐오할 때가 있는데, 그 실체는 무엇인가? 이상의 논의에 따르면 그 실체는 '계산'이다. 인공지능과 우리는 '계산'하는 행위가 닮았다. 자기 스스로를 도덕적 존재자로 규정한 인간은 인공지능을 단순한 계산 기계로 규정하면서 자신과 구별 짓는다. 자족적 가치를 담보하지 못하는 계산 기계의 계산 능력은 무시와 혐오의 충분조건이 된다. 그러나 계산 지능은 바로 이를 혐오하는 주체인 인간에 기인한다. 계산적 이성의 모방체인 인공지능을 혐오하는 것은 도덕적 자기가 '계산적 자기'를 밀어내는 행위다.

3. 화해자로서 칸트의 모습

위에서도 잠시 살펴봤듯이 곰곰이 생각해 보면 인공지능 혐오의 원흉은 칸트다. 칸트는 인간을 도덕적 존재자로 만들면서 비인간존재자들과는 다른 고양된 지위를 공고히 한다. 그래서 칸트를 인간중심주의자의 전형으로 꼽는다. 인간과 비인간존재자의 존재론적 무차별성을 주장하는 포스트휴머니스트들이 가장 먼저 쓰러뜨려야 할 주적이 바로 칸트다.

그러나 인공지능 혐오를 해소시키고 그들과 화해할 수 있는 가장 직접적인 방편이 녹아 있는 것도 칸트의 철학이다. 이 글의 마지막은 이 점에 주목한다. 우선 칸트 철학의 전모를 간단히 살펴보자. 그리고 그 실마리로 다양한 분야에서 가장 많이 회자되는 성경의 경우 한 구절을 살펴보자. "진리가 너희를 자유케 하리라"(「요한복음」, 8장 31절). 신학자들은 '진리'를 예수로, '자유'를 죄책감으로부터의 해방으로 번역하며, 교회는 이에 의지해 예수가 구원자임을 믿으면 죄로부터 자유한 삶, 영생을 누린다고 가르친다. 이 구절은 미국의 중앙정보국 CIA 본부의 한 벽면에도 새겨져 있다. 이는 CIA의 비공식 모토인데, CIA가 여기에 부여한 의미는 정보력이야말로 자유의 가치를 실현하는 사회의 전제 조건이라는 것인 듯하다. 아울러 독일의 프라이부르크 대학교, 우리나라의 연세대학교 등 세계의 많은 대학들도 앞다퉈 이 구절을 교훈으로 삼고, 이에 의미를 더한다. 이때 이 구절에는 학문과 사상의 자유의 상징이 덧입혀진다. 한편 칸트주의자들은 이 구절로부터 자연의 법칙과 자유의 법칙의 조화를 읽어낸다(Kant, 1900ff, IV: 387, V: 175).[8] '진리'로부터 우리의 인식에 조응하는 객관 세계의 법칙을, '자유'로부터, 자연 인과로부터 자유로운 예지계의 법칙, 즉 자율 도덕의 법칙을 읽어낸다. 선험 철학으로 명명되는 칸트의 인식론은 자연과 세계를 구조화하는 인간 이성의 체계를 밝힌다. 자유로운 존재자인 인간이 스스로 만들어 스스로에게 부여하는 법칙인 도덕의 법칙은 칸트의 윤리학이 발견한 성과다. 이렇듯 칸트 철학의 커다란 두 축은 자연과 자유다.

자연과 자유의 철학의 과제는 종국에는 인간 존재의 근거 물음으로 귀결되는 세 가지 물음, "나는 무엇을 알 수 있는가?", "나는 무엇을 해야 하는가?", "나는 무엇을 희망해도 좋은가?"로 집약된다(Kant, 1900ff, A: 805, B: 833).[9] 내가 알 수 있는 것은 내 눈으로 보아 나의 기억에 남겨진 것이지 그 배후에 존재하는 형이상학적 실체, 칸트의 용어로 물 자체(Ding an sich)가 아니다. 왜냐하면 나는 육신을 가지고 세상을 감각하는 감성계의 존재자이기 때문이다. 한편 내가 해야만 하는 것은 나의 이성이 의지의 법칙에 따라 스스로 산출한 자유의 법칙에 자신의 행위의 원리를 자율적으로 복속하여 자유인으로서의 나의 존엄성을 지키는 것이다. 마지막으로 내가 희망해 마땅한 것은 물 자체에 대한 동경이나 감각적 쾌락의 총체로서의 행복이 아닌 도덕적 삶을 다 살아내고 난 후 합당이 주어질 수 있는 행복에 대한 바람이다. 두 번째와 세 번째 물음에 답하며 인간은 인간을 자기 행위의 원리를 스스로 생산해 내는 지성계의 존재자로 만든다. 비록 나는 외부의 자극에 반

---

8   1900년 이후 지속해서 발간되고 있는 칸트 전집 학술 원판 중 『도덕형이상학정초(Grund-legung zur Metaphysik der Sitten)』는 IV로, 『실천이성비판(Kritik der praktischen Vernunft)』은 V로 표시함.

9   칸트의 『순수이성비판(Kritik der reinen Vernunft)』. A는 초판, B는 재판을 뜻함.

응하여 욕망을 일으키는 감성계의 존재자이기도 하지만 말이다. 이제 이와 관련하여 칸트가 직접 하는 말을 살펴보자.

우리는 이를 통해 지성이 할 수 있는 한 주의를 기울이고, 명확히 하려고 하더라도, 단지 현상에 대한 인식에만 이를 수 있을 뿐, 결코 물 그 자체에는 이를 수 없다. 일단 이러한 구별이 이루어지면, 이 자체로부터 나오는 결론은 우리는 현상들 배후에 현상이 아닌 어떤 다른 것, 즉 물 자체를 용인하고 받아들일 수밖에 없다는 것이다. … 이것이 비록 거칠기는 하지만, 하나의 지성계(Verstandeswelt)와 감성계(Sinnenwelt)의 구별을 만든다(Kant, 1900ff, IV: 451).

위에서 확인할 수 있듯, 칸트는 물 자체의 세계와 현상의 세계를 명확히 구분하는 이원론자다. 우리는 감성계에 속한 존재다. 그는 감성계에 속했지만 지성계를 갈구하는 인간 이성의 본성을 창공을 날고 있는 비둘기의 욕망에 비유한다. 창공을 나는 비둘기는 생각한다. '날개를 짓누르는 이 무거운 공기만 없다면 하늘 끝까지도 날아오를 수 있을 텐데.' 그러나 날개 아래를 떠받치고 있는 공기가 정말 사라진다면 더 높이 날기는커녕 비둘기는 추락하고 말 것이다. 공기는 비둘기의 욕망에 굴레를 씌우는 동시에 그것을 실현한다. 인간 이성에게 경험은 그런 것이다. 육신을 벗어던지면 훨씬 더 자유로운 세계를 경험할 수 있을 것 같지만, 인간이 할 수 있는 경험은 육신을 매개로 받아들여지는 감각 정보다. 감각 정보를 넘어선 세계는 정당한 세계가 아니다. 환상일 뿐이다. 그런데 칸트가 진정 하고자 하는 말은 여기서 끝나지 않는다. "자기 자신을 순전한 지각 및 감각들의 수용성의 관점에서는 감성계에, 그러나 순수한 활동성과 같은 것(감관의 촉발에 의해서가 아니라 직접적으로 의식에 이른 것)과 관련해서는 예지계(intellektuellen Welt)에 속하는 것으로 볼 수밖에 없다"(Kant, 1900ff, IV: 452).

감성계 너머에는 예지계가 있다. 우리는 감관을 통해 외부 세계의 대상들을 받아들이고 지성을 통해 그 자료들을 종합하여 지식을 만든다. 종합하는 능력은 우리가 타고난 것인데 칸트는 이를 수용성과 반대되는 의미에서 자발성이라 부른다. 수용성과 자발성이 조응하여 지식을 산출한다는 것이 칸트 인식론의 핵심이다. 자발성의 관점에서 보면 인간은 예지계에 들어갈 수 있는 입장권을 받은 셈이다. 그러나 이는 어디까지나 입장권일 뿐 예지계의 성원이 될 수 있는 시민권은 아니다. 무언가를 인식하기 위한 자발성은 여전히 감각의 수용성에 빚을 지고 있다. "내용이 없는 사고는 공허하고 개념이 없는 직관은 맹목적이다"(Kant, 1900ff, B: 75)라는 칸트의 유명한 말이 의미하는 바가 바로 이것이다.

예지계의 시민권은 그 어떤 경험적인 것에도 의지하지 않는 오롯이 그 자체만으로 빛을 낼 수 있는 순수한 자발성을 갖춘 존재에게 부여된다. 위의 인용문에서 확인했듯 칸트는 인간이 그런 존재라고 말한다. 이제 칸트의 철학 체계에는 균열이 생긴다. 참이라 말할 수 있는 건전한 인식은 경험에 기반을 두어야 한다고 칸트는 분명히 말하지 않았던가. 경험적 재료가 없는 순수한 자발성, 다시 말해 어떠한 외부의 자극이 없이 활동하는 순수한 이성의 힘이 가능한가? 가능하다면 그것은 무엇인가? 여기서 칸트가 발견한 것이 바로 도덕성이다. 도덕성은 순수하다. 우리의 욕망은 외부의 자극으로부터 촉발되어 행위를 규정한다면 도덕성의 원천은 순수하게 우리 안에 있다. 조건 없이 가치 있는 행위의 동기는 다른 것과 섞일 수 없다. 이제 논의는 세상에 대한 경험적 지식의 차원에서 도덕성의 차원으로 넘어간다. 도덕성의 측면에서 보면 인간은 예지계의 존재자다. 이 예지계의 존재자가 자신의 내면에 아름답게 빛나고 있는 순수한 자발성에 주목하여 경험적 지식을 산출해 내기 위해 활동하고 있는 자신을 볼 때, 그는 여전히 감성계의 존재자다. 그럼 예지계의 자기는 감성계의 자기를 혐오하는가? 이 질문은 다음과 같은 질문으로 나눌 수 있다. 예지계의 자기는 세상을 인식하기 위해 지성을 사용하는 자기를 혐오하는가? 예지계의 자기는 육신을 이용하여 세상을 느끼는 자기를 혐오하는가? 예지계의 자기는 욕망하는 자기를 혐오하는가? 도덕적 자기는 자신의 동물성을 혐오하지도 않고 부인하지도 않는다. 칸트 철학의 간판인 정언명령을 분석해 보면 이와 같은 사실을 잘 알 수 있다.

우선 '정언명령(kategorischer Imperativ)'이라는 말의 의미부터 살펴보자. 첫째, 정언명령은 '~하라'로 문장이 끝나는 명령문이다. 인간이 온전한 도덕적 존재라면, 도덕적 행위를 하라는 명령은 필요하지 않을 것이다. 공자님 말씀처럼 인간의 마음이 어떠한 경우에라도 규범에 어긋나는 일이 없다(從心所欲不踰矩)면 굳이 누가 우리에게 명령을 하겠는가? 인간이 명령을 듣는다는 말은 그가 유한한 이성적 존재자라는 사실을 의미한다. 둘째, 그런데 명령을 내리는 주체가 인간 자기 자신이다. 자기가 자기 자신에게 도덕적이어야 한다고 명령을 내린다는 것은 자신의 부족함을 인지하고 있고 나아가 도덕성이 무엇인지를 안다는 것을 뜻한다. 더욱 중요한 것은 도덕성의 발원지가 자기 자신이라는 사실이다. 셋째, 이 명령은 무조건적(kategorisch)이다. 욕구와 감각, 외부의 자극이 끼어들 틈이 없다. 종합하여 말하자면 정언명령은 유한한 존재자 속의 무한자의 자기 고백이라 할 수 있다. 이 둘은 자기 안에 공존한다. 이제 정언명령의 내용을 살펴보자. 다음은 정언명령의 여러 형식들 중 가장 유명한 인간성 정식이다. "네 인격 안의 인간성뿐만이 아니라 모든 사람의 인격 안의 인간성까지 결코 단지 수단으로만 사용하지 말고, 언제나 동시에 목적으로도 사용하도록 그렇게 행위하라"(Kant, 1900ff, IV: 429).

위의 문장에 내포된 많은 철학적 의미들이 있지만 지금의 과제인 혐오 논의에 집중하기 위해 위 문장을 다음과 같이 단순화하기로 한다. "너 자신뿐 아니라 다른 사람도 결코 단지 수단으로만 사용하지 말고, 언제나 동시에 목적으로도 사용하도록 그렇게 행위하라."

얼핏 보면 정언명령의 메시지는 인간은 그 자체로 본래적 가치를 지니고 있는 존귀한 존재이기 때문에 수단으로 대우받을 존재가 아니고, 목적으로 대우받을 존재라는 것처럼 보인다. 하지만 좀 더 자세히 보면, 이러한 해석의 공백이 보인다. 좀 더 섬세한 시선으로 '수단으로만', '동시에 목적으로도'에 주목해 보면 다음과 같은 해석이 가능하다. "인간의 자연스러운 본성은 원래 자기 자신과 다른 사람을 수단으로 대하는 것이다. 그러나 그렇게만 사는 것은 또 다른 가치를 충족시키지 못한다. 그러므로 이와 동시에 우리가 도덕적인 존재임을 의식하면서 나 자신과 다른 사람을 그 자체로 가치있는 존재로도 대우해야 한다."

다른 사람을 수단으로 대하는 것은 계산적 지능이 활동한 결과다. 위에서도 드러나듯 칸트는 결코 인간의 계산적 본성을 부인하지 않았다. 오히려이를 당연한 것으로 받아들였기에 도덕이 명령이 된다. 정언명령의 가능 조건은 인간의 계산적 본성에 대한 인정이다. 칸트가 본 인간은 신과 같이 고결한 존재로 남기 위해 계산적 지능을 자기 자신 밖으로 밀어내려고 하지않았다. 칸트적 인간은 감성적 존재자로서의 자기 자신, 자신의 동물성, 계산적 본성을 결코 혐오하지 않는다. 오히려 이를 긍정한다.

이제 마지막으로 인공지능 시대가 칸트의 철학에 내리는 평가를 재평가해 보자. 재차 말하듯 그 평가의 요지는 다음과 같다. "칸트와 같은 인간중심주의적 관점을 취하면 인공지능은 항상 인간의 타자로서 인간과 동일한존재론적, 윤리적 지위를 갖지 못한다. 그러므로 칸트의 사상이 인공지능혐오를 주장하거나 옹호하는 것은 아니라 하더라도 이를 반대하거나 극복하기 위해 도움을 줄 수는 없을 것이다."

앞 장에서 밝혔듯 혐오는 자기 투사의 속성을 갖는다. 우리의 분석에 따르면 인공지능 혐오는 그것과 우리의 닮음에 기인한다. 우리와 닮은 모습은딱 한 가지, 계산적 본성이다. 우리가 느끼기에 계산적 본성은 우리의 존재를 하찮게 만드는 것 같다. 그러나 그 모습 역시 부정할 수 없는 나의 모습이다. 칸트에 따르면 이 모습이야말로 우리가 상식과 과학의 세계인 감성계의 존재자로서 세계와 타자와 관계 맺으며 살아가는 우리의 참모습이다. 또한 예지계의 존재자로서의 인간은 자신의 감성적 본성을 끌어안은 채 자신의 존재 지평을 도덕의 세계로 고양시킨다. 비인간존재자 차별의 선봉처럼 여겨졌던 칸트의 철학에는 인간과 비인간존재자의 화해 가능성이 보석처럼 빛나는 채 숨겨져 있다. 인공지능 혐오는 칸트의 철학 안에서 용해된다.

참고문헌

김종원. 2020. 「샤프츠베리와 허치슨의 도덕감 이론에서 이성의 위치」. ≪철학탐구≫, 제 60
　　호, 63~97쪽.

김진형. 2020. 『AI 최강의 수업』. 서울: 매일경제신문사.

김형주. 2016. 「'인공지능'과 '인간지능' 개념에 대한 철학적 분석 시도=맥카시와 칸트의 지능
　　개념을 중심으로」. ≪철학탐구≫, 제43호, 161~190쪽.

박인찬·하홍규 외. 2022. 『혐오이론 I』. 파주: 한울아카데미.

이초식. 1993. 『인공지능의 철학』. 서울: 고려대학교출판부.

Carnap, R. 1931. "Überwindung der Metaphysik durch logische Analyse der Sprache."
　　Erkenntnis, Vol. 2, pp. 219~241.

Darwin, C. R. 1897. *The Expression Of The Emotions In Man And Animals*. New York:
　　D. Appleton and Company.

Glymour, C., K. Ford and P. Hayes. 1995. "The Prehistory of Android Epistemology."
　　in C. Glymour, K. Ford and P. Hayes(eds.). *Android Epistemology*. Cambridge:
　　MIT Press.

Kant, I. 1900ff. *Grundlegung zur Metaphysik der Sitten(AA4) in Kants gesammelte
　　Schriften(Sog. Akademie-Ausgabe)*. Berlin/New York: Walter de Gruyter.

＿＿＿. 1900ff. *Kritik der reinen Vernunft in Kants gesammelte Schriften(Sog.
　　Akademie-Ausgabe)*. Berlin/New York: Walter de Gruyter.

＿＿＿. 1900ff. *Kritik der praktischen Vernunft(AA5) in Kants gesammelte Schriften(Sog.
　　Akademie-Ausgabe)*. Berlin/New York: Walter de Gruyter.

MacCarthy, J. 2007. "What is artificial Intelligence?" http://jmc.stanford.edu/articles/
　　whatisai.html(검색일: 2022.9.28)

Rozin, P. and A. E. Fallon. 1987. "A perspective on disgust." *Psychological Review*,
　　Vol. 94, No. 3, pp. 23~41.

Shapiro, S. C.(eds.). 1987. *Encyclopedia of Artificial Intelligence*. Hoboken: John Wiley
　　& Sons Inc.

6장

혐오와 정신분석
줄리아 크리스테바의 아브젝트 이론을 중심으로

이재준

1. 글을 시작하며

'혐오'는 무언가를 가까이하기 꺼리거나, 멀리하려는 마음 상태다. 여기서 그 무언가란 누군가에게 직간접적인 위험으로 여겨지거나, 언젠가는 위협이 될지 모른다고 감지된 존재들이다. 그런 존재들에 대해 역겹다거나, 구역질 난다거나, 끔찍하다거나, 심지어 두렵다고 말한다. 혐오는 이런 느낌을 통합해서 일컫는 정서 관념이다. 나아가 그런 느낌과 관념들은 언어 발화를 포함해서 어떤 행위로 나타날 수 있다. 개인적으로든 사회적으로든 혐오를 불러오는 것들을 멀리 밀어내거나, 격리해 버리거나, 심지어 없애려는 행위들이 있을 것이다. 우리는 일상에서, 그리고 역사상 수많은 혐오를 경험하고 경험해 왔다.

혐오의 주요 특징 가운데 하나는 그것이 강한 감각적 반응이나 신체적 변화의 부정적인 심리적 양상이라는 점이다. 이것이 맛과 냄새, 그리고 음식과 관련되어 나타난 정서 관념이라는 사실이 이를 뒷받침한다. 그리고 특정한 물질의 속성, 직접적인 신체 변화와 감각에서 경험하는 차이들로부터 차별로의 번역이 이루어진다. 예컨대 우리말 혐오에 해당하는 영어 표현 '디스거스트(disgust)'의 어원을 살펴보면, 그 말은 르네상스기 프랑스 지역에서 사용한 '디스구스트(desgoust)'에서 비롯된다. '디스구스트'는 처음에는 '너무나 싫은 맛이나 냄새'처럼 사적인 감각을 의미했는데 점차 사회적인 의미로 바뀌어, 근대를 거치면서는 '저급하거나 나쁜 취향'을 뜻하는 미학 용어에 포함되었다. 이미 피에르 부르디외가 잘 보여주었듯이, 혐오는 취향의 감성 경험을 계급들에 분배하여 내면화하는 미학 정치에서 제법 효과적인 장치다. 다양한 혐오 표현들과 행위들은 엄숙주의적인 법이나 제도와 달리 문화적으로 범주화된 장치들로 재구성되어, 사회적 권력관계의 외부 위협에 대항하고 내부의 경계를 유연하게 통제하며 또한 존속시키는 기능을 한다. 위협적인 것으로 규정된 외부에 대한 차별과 배제는 감성적 장치를 통해 마치 간접적인 것처럼 실현된다.

이처럼 기분 나쁘고 역겨운 감성의 차원으로 보일지라도 혐오는 개인적인 느낌을 넘어 충분히 사회적이며 정치적이다. 그것의 현실태인 어떤 장치들은 권력관계적인 것으로서, 소수 인종이나 장애인, LGBT, 바이러스 감염자에서 쓰레기, 오염 물질, 동물, 기계 등의 비인간에 이르기까지 소수자에 대한 폭력적인 차별을 느낌의 차원으로 변형시켜 해당 공동체 문화가 수용할 만한 보편적인 기호들로 재생산한다. 혐오의 감성정치는 공동체가 자기의 외부나 소수자에게 행하는 차별을 더 쉽게 용인할 수 있도록 세련되게 다듬고 세속화된 코드로 재현하는 것이다. 19세기 말까지도 끔찍하게 자행되었던 능지형(凌遲刑)이나 대중문화 형성기에 개최되었던 루이지애나 박람회(Louisiana Purchase Exposition)의 인종 전시관(1904), 반유대주의 전시와 영화 〈영원한 유대인(Der ewige Jude)〉(1938, 1940), 부랑인의 깨끗한 삶(淨化)을 명목으로 설치된 여러 격리시설이 그런 사례에 속한다. 우리는 이런 장치들로부터 사회적으로 소비되는 혐오의 문화 형식을 읽을 수 있다.

그런데 혐오의 감성정치가 사회적으로 실현될 때 특히 두 가지가 눈에 띈다. 무엇보다도 우리는 무언가를 세게 밀어내고 배제하려는 혐오의 힘을 감지할 때 타자와의 커다란 극성을 경험한다. 모든 종류의 위험은 개인적으로나 사회적으로 실제적인 저항과 공격을 낳는 것만이 아니라 공포, 불안, 분노도 수반한다. 이러한 정서들은 극성의 강도를 가변적으로 만든다. 강도가 점점 세질 때 차이가 차별로 바뀌기에 적합한 조건이나 분위기가 된다. 감성정치는 여기서 역행적으로 작동한다. 사회적으로 용인되지 않는 차별을 차이로 가시화하는데, 그러한 차이란 그저 사적이고 주관적인, 사회적으로 통제할 수 없는 감정 문제일 뿐이라고 표명한다. 결국 이것이 현실에서 혐오를 규범적인 삶과 무관한 것처럼 보려는 태도를 정당화한다. 이는 윤리적이거나 법적인 판단에서 합리적이지 않은 감정이나 정서를 배제하려는 관점과 마찬가지로 보인다. 그래서 결국 차별의 사회적 작동에서 혐오는 은폐되거나 분리되고, 이렇게 저렇게 또 다른 혐오가 공공연히 계속 용인된다. 다른 한편, 혐오의 감성정치는 공동체 안에서 혐오와 차별이 가해진 대상들을 수동적인 자리로 배치한다. 이는 혐오와 차별이 어떤 온정주의적인 가치들로 정화될 수 있다는 태도와 관련된다. 즉, 혐오하고 차별하려는 마음은 윤리적으로 비난받아 마땅하며, 반대로 그렇게 내몰린 존재들을 배려해야 한다는 당연해 보이는 주장에서, '차별받는 자'의 수동성은 자연스레 사회 구성원 전체에 내면화된다. 그래서 결과적으로 혐오와 차별에 대한 비판이 반혐오의 정화 의식과 윤리적 카타르시스를 통과할 때마다, 소수자들은 목소리를 잃은 '말할 수 없는 자'가 되고, '고통받는 자의 얼굴'로 살아가게 된다. 이러한 감성정치에서는 그, 그녀, 그것의 차이가 잊히거나 그 잠재성이 은폐된다.

감성정치는 단면적이지 않다. 혐오의 양면성에 따라 생각해 볼 때, 혐오하는 자들에 의해 그들의 바깥으로 밀려난 것들, 즉 혐오를 느끼게 하는 것들은 항상 혐오하는 자를 두렵게 만든다. 여기서도 소수자성의 특이함이 드러난다. 혐오의 감성정치는 한편으로 여러 장치를 구축해서 소수자들에 대한 차별적인 문화 형식을 개인의 감성적이며 사회적 삶에 새겨 넣음으로써 권력관계를 매끈하게 실현한다. 그러나 다른 한편에서 그 장치가 작동할 때마다 포획된 혐오받는 자의 잠재적인 힘은 순응된 삶을 다시 불안하게 만든다.

줄리아 크리스테바의 이론을 '혐오의 정신분석학'이라 부를 수 있을지 모르겠는데, 그것은 이러한 불안이 '나'에게서 밀려난 또 다른 '나', 어떤 사회의 경계로부터 배제되어 외부가 된 내부가 다시 그 내부로 되돌려 주는 힘에 의한 것이라고 말한다. 혐오의 발생에서 혐오하는 자와 혐오받는 자의 관계, 그것은 어떤 위상적인 배치다. 그 배치에서 작동하는 그 외부의 힘들은 친숙한 것이었지만 이제는 알아들을 수 없는 낯설고 두려운 목소리로 발음될 것이다. 아래에서는 사회적 차별의 현실에 양분을 제공하는 혐오의 근원적인 측면들을 살펴본다.

2. 혐오

19세기 진화론은 이미 혐오가 자연주의적 관점에서 '어떻게 우리에게 왔는지'를 설명한다. 찰스 다윈은 인간에게서 혐오를 다양한 정서들과 함께 설명하고 있는데, 그에 따르면 혐오란 "단순히 불쾌한 맛을 내는 무언가를 의미한다. … [그것은 신체적인] 고통도 유발하기 때문에, 그 원인이 되는 것을 밀어낸다거나 그것으로부터 자신을 보호하려는 듯한 몸짓이나 찌푸린 얼굴 표정을 나타낼 수 있다. … [혐오스러운 대상의 경험을] 상상하는 것만으로도 [혐오 정서를] 불러일으킬 수 있다"(다윈, 2014: 286~287).[1] 다윈은 다른 정서들이 습관, 반응(antithesis), 신경계 발화로 나타날 수 있는 것처럼 혐오 역시 고차원적인 복잡한 정신활동이 아니라 외부의 직접적인 위협과 그 정서 경험, 그리고 그것에 따라 학습된 위협에 대처하는 직관적인 행동 양식으로 이해했다. 혐오에 대한 이런 설명에서 특히 다윈이 주목한 것은 정서가 인간만의 고유한 정신적 표현이 아니라는 점이었다. 그에게 혐오는 동물과의 연속선상에서 설명될 수 있는 마음 상태다. 이것은 그가 인간에게서 혐오의 진화를 객관적으로 설명하려 할 때의 배경 근거다. 과학적 대상으로 설명될 수 있는 자립적 존재인 인간 자신은 동물에게서 나타나는 유사하거나 비교될 만한 특성을 공유함으로써 '인간'을 정당화한다. 신과 같은 어떤 초월적 존재로부터의 완전한 구별은 그만한 대가를 치렀다. 아래에서 다시 언급하겠지만, 기독교에서 근원적인 악을 깨닫게 한 것은 사과다. 그것을 먹음으로써 선악을 구별하게 된 인간이 처음 느낀 감정은 유혹의 희열이겠지만, 결국 끝없는 수치심과 자기혐오를 유산으로 남겼다. 또한 이러한 혐오의 경험에서 인간은 신과 자신의 분열과 더불어 자기의 고유한 능력을 처음으로 확인할 수 있었다.

게다가 인간과 동물의 연속성으로부터 진화를 주장했을 때, 다윈은 '인간'을 근원적인 불안에 몰아넣었다. 즉, 수치스러운 동물성을 지녔지만 원래 숭고한 존재인 '인간'이 자기 안의 동물성을 바깥으로 몰아내려 한 오랜 노력을 수포로 만들 저 위협적인 사건 앞에서, 당대인들은 어렵지 않게 다윈을 조롱하며 혐오 장치들로 응수했다. 물론 혐오의 이런 감성정치가 다윈에게서만 작동된 것은 아니다. 울리시스 알드로반디(Ulissis Aldrovandi)나 앙브루아즈 파레(Ambroise Paré) 같은 16세기 근대인들은 기형이나 질병으로 인해 특이한 외모를 갖게 된 인간을 설명하면서 '괴물'이라는 표현을 동원해서 '인간이란 무엇인지'를 규정하려 한다. 이들이 만들어놓은 정상성의 이미지는 인간이 좋아해야 할 범례가 되는데, 좋음이 싫음이라는 감성, 즉 혐

---

1 원문에 따라 번역을 일부 수정했다.

오를 통해 문화로 규범화된다. 미학자인 빈프리트 메닝하우스는 『혐오: 강한 감각의 역사와 이론』(1999)에서 아름다움과 좋음의 미적 경험을 옹호해온 미학 전통이 어떻게 혐오를 배제하거나 수용했는지의 이론적 역사를 다룬다. 혐오는 아름다움의 반대급부로서 아름다움 자체를 옹호하기 위한 논거로 사용되었는데, 다른 한편에서는 오히려 혐오 자체가 미학적으로 중요하게 기능한다. 무엇보다도 혐오의 느낌이 표출하는 감성의 직접성과 물질성은 아름다움의 개념을 옹호하는 재현주의를 위협한다(Menninghaus, 2003: 43f).

　메닝하우스에 따르면, 혐오에 관해 현대 철학적인 논의의 문을 연 것은 현상학자 아우렐 콜나이(Aurel Kolnai)다(Menninghaus, 2003: 16f). 그는 혐오를 인간의 마음(감각)에 현상하는 여러 정서, 특히 어떤 위협적인 상황에 대처하기 위한 정서 중 하나로 배치한다. 그리고 현상학자답게 심리학과 철학의 두 가지 관점을 동시에 투영함으로써, 혐오를 생리심리학적인 감각-지각 현상으로 기술하는 한편 어떤 것에 대한 의식의 지향적인 활동이라고 말한다(Kolnai, 1929: 515; Kolnai, 2004: 30f). 우리는 위협적인 상황에서 회피 반응을 즉각 떠올릴 수 있지만, 그것은 분노나 공포와 마찬가지로 혐오가 현상학적으로 의미를 갖게 되는 조건으로서 매우 중요한 전제다. 그리고 콜나이의 그 논문을 영어로 묶어냈던 캐롤린 코스마이어(Carolyn Korsmeyer)는 그가 혐오를 단순히 부정적인 마음 상태로만 규정하지 않았다는 점에 주목한다. 콜나이는 혐오 정서의 부정적인 특징이 긍정적인 것으로 변형될 가능성을 피력했는데, 이는 그가 혐오를 공포나 두려움처럼 어떤 것에 대한 방어 반응으로 본 것과 관련된다. 방어란 대개 자기 보존을 목적으로 하는 타자 부정이자 자기 긍정의 태도이기 때문이다(Korsmeyer, 2012: 754f). 코스마이어는 일상에서 포착할 수 있는 혐오의 이러한 가변적이며 이중적인 기능과 특징을 살펴봄으로써 예술을 포함한 감성적 표현의 영역에서 혐오가 정당성을 부여받을 수 있다고 본다. 이로써 혐오를 촉발하는 감성적 표현들은 아름다움을 전형화하는 미학 지식의 권력을 비판할 수 있는 역할을 한다.

한편, 혐오는 물질과 생명이 교차하는 존재론적인 부정적 힘들과 그것들의 반복적인 효과라고 말할 수 있다. 스피노자-들뢰즈의 사유에서 '정동 (affect)'은 우리말 번역의 논란에도 불구하고, '힘에 의해 영향을 주고/받음'을 뜻한다. 이는 정서(emotions)라는 말과 구별해서 이 말의 일반적인 사용에도 부합한다. 몇몇 논자들은 '영향을 받아 변화된 양상'을 뜻하는 '아펙시옹(affection)'을 '변용'이라 부르는데, 그 취지가 충분히 이해된다. 따라서 정서란 사실상 영향을 받아 표상된 것, 즉 관념이라고 볼 수 있다(이재준, 2021: 39f). 말하자면 혐오받는 존재에 대해 혐오하는 존재가 있으며, 그/그녀/그것들의 힘에 의한 긍정적이고/부정적인 영향 관계가 있다. 그리고 그것으로 인한 관념이 마음에 떠오른다. '어떤 것에 대한' 공포나 분노처럼 혐오는 그 존재에 대한 부정성의 관계로 논의된다. 하지만 아마도 혐오하는 자에게는 긍정의 힘이, 혐오받는 자에게는 부정의 힘이 작용할 것이다. 그러한 관계에서 혐오는 저것/이것의 존재론적 경계와 위치를 결정하는 중요한 준거가 된다. 이는 특정 사건에 대한 인지적 대처(coping) 과정에서 그 주체가 경험하는 정서에 의해 대상의 값이 결정된다고 주장하는 인지-정서 이론의 경향과도 유사하다. 대상의 값은 주체의 정서에 따라 다양한 방향으로 변경될 수 있다(Lazarus, 1991: 259ff).[2]

그러므로 그 자체로 혐오스러운 물질이 있다거나, 혐오스러운 기계가 있고, 혐오스러운 인간이 있다는 생각은 허무맹랑하다. 즉 혐오라는 정서 표상은 힘 관계의 효과다. 이는 우리가 일상에서 인격을 가진 존재보다는 그렇지 않은 비인간들을 더 직접적이고도 쉽게 역겨운 존재로 호명한다는 사

---

[2] 혐오를 대상과의 관계에서 설명하려는 관점은 콜나이, 코스마이어, 맥긴 등 여러 연구자에게서도 나타난다. 예컨대, 맥긴(McGinn, 2011: 4f) 참조.

실을 생각해 보면 이해될 수 있다. 개똥, 암 덩어리, 오물, 괴물, 썩은 생선 등과 같은 비인간에 대해 우리가 경험해 온 싫고 꺼리는 느낌의 반복적인 습관과 관념, 그리고 그것에 힘입은 표현들은 특정한 누구에게로 전이되거나 투사되어 마치 차별받고 배제되어야 마땅한 존재처럼 사용된다. 다시 말해서 누군가/어떤 것이 자신의 실존을 불안하게 할 만큼 강렬한 위력을 미칠 때, 또한 누군가/어떤 것이 자신을 불안하게 만들거나 공포를 느끼게 할 때, 나는 그 존재와의 관계에서 누군가/어떤 것을 혐오스럽게 느끼게 되는 것이다. 결국 혐오 정서란 어떤 관계적이고, 생성적인 감성의 표상이며 그 직접성과 물질성에서 우리는 혐오의 정동에 대해 이해할 수 있다.

혐오의 느낌에서 우리가 확인할 수 있는 존재론적인 영향 관계, 신체적 변화 등의 특징은 정신분석에서도 매우 중요한 의미를 지닌다. 정신분석에서는 우리가 경험하는 사건들이나 근원적인 억압 구조에서 혐오 정서의 역할이 매우 중요한데, 이는 기억과 표상이 억압되거나 치환될 수 있는 반면 정서는 그렇지 않아서 금지된 것들을 반복적으로 떠올리게 하고 불안과 직접적인 신체 변화를 낳기 때문이다.

3. 아브젝트와 아브젝시옹의 동역학

정신분석은 프로이트 이래 이론과 임상 영역 모두에서 매우 광범위한 확장과 변형이 이루어졌다. 특히 이론 영역에서 들뢰즈, 가타리, 지젝에 이르기까지 라캉의 정신분석 이론을 진지하게 비판해 왔다. 잘 알려진 것처럼 들뢰즈나 가타리는 라캉이 정식화한 상징계의 억압적인 논리 구도를 송두리째 부정한다. 전도시키기 위해서든 재구성하기 위해서든 비판의 초점은 다각적이다. 그렇지만 무엇보다도 오이디푸스적인 가족주의에 묶여 억압과 결핍에 희생된 인간 욕망과 기표를 토대로 삼아 그 욕망을 언어적으로 구조화하는 비극적인 획일성 등으로 향한다. 크리스테바 역시 라캉의 정신분석학을 비판한다. 그녀는 특히 가부장제 가족주의의 유산을 물려받은 라캉에게 반대하는데, 멜라니 클라인(Melanie Klein) 등의 대상관계이론(Object Relations Theory)에서 받은 영향은 의미가 크다.

프로이트의 계승자를 자처한 클라인은 오이디푸스 콤플렉스 이론을 조금 더 심화하려 한다. 그리고 아직 말을 배우지 못한 유아의 행동을 분석하면서 그 콤플렉스가 나타나는 시기를 생후 4개월 전후로 프로이트보다 훨씬 더 앞당겨 잡는다. 이미 매우 이른 시기에 '나'는 불안을 경험하고 그것을 회피하려는 방어기제를 사용하면서 대상에 대한 분리와 관념을 형성한다는 것이다. 프로이트는 꼬마 한스를 분석할 때 아이의 오이디푸스적인 억압과 불안을 분석하기 시작했는데, 그때 한스의 나이는 4세 전후였다. 클라인이 주목한 발달 시기 내지는 자리(position)가 중요한 이유는 이러한 불안이 상징계에서가 아니라 상상계에서도 발생한다는 주장 때문이다(클라인, 2011: 348 아래). 그리고 이 무렵 '나'에게는 아버지가 아니라 어머니와의 관계가 더 직접적이다.

클라인의 이론에서는 젖먹이 어린 '나'가 어머니를 분리하고 대상 관계를 형성한다. 그렇지만 이 어머니 대상은 인격적 관계의 외적인 대상이 아니다. 그보다 그것은 갓난아이가 자기의 안으로 투사하는 어떤 내재적인 관계 표상이다. 이 시기 젖먹이 갓난아이는 어머니와 분리되지 않은 상태로 '나'의 기본적인 자기 보존을 위해 행동하기 때문이고, 그런 '나'는 그 대상을 '어머니'라는 상징으로 경험하지 않기 때문이다. 그래서 아이에게 그 대상은 어머니라는 단일한 이미지가 아니라 자신의 욕구를 충족시켜 주는 쾌와 불쾌의 직접적인 대상, 즉 좋은 젖가슴이거나 나쁜 젖가슴인 부분 대상이다. 유아에게 어머니란 젖가슴과 냄새, 체온 등으로 나타나는 대상들일 뿐이다. 그리고 프로이트가 주목했듯이 1차 나르시시즘 단계에서도 이와 비슷한 방식으로 어린 '나'는 파편적인 관념을 통해 자기를 대상화한다. 만일 갓난아이가 어머니를 전체 대상으로서 경험하게 된다면 이는 젖가슴과의 관계를 끝내고 마치 거울 이미지에서처럼 어머니를 단일한 이미지로 볼 수 있을 때일 것이다. 물론 관계의 해체는 순탄치 않은데, 완전히 충족된 상태라면 굳이 해체할 이유가 없기 때문이다. 관계 해제로 인한 상실감 속에서 온전한 어머니의 이미지를 경험하는 아이 자신은 우울할 것이다.

그러므로 클라인의 주장에서는 프로이트-라캉이 그토록 놓지 못하는 아버지-아들의 관계가 어머니-아이의 관계로 대체된다. 프로이트나 라캉에게서 아버지와 아들은 어머니라는 여성을 놓고 경쟁하는 리비도적 존재들로, 이들의 관계는 근원적인 억압의 원천이다. '나'는 억압과 결핍의 강박으로부터 주체를 용인받고 기표들로 작동하는 거대한 상징계의 사회적 거주자가 된다. 가부장제 가족주의야말로 세계를 지탱하는 구조다. 반면에 거기서 여성의 자리는 주변부로 밀려나고 근원적 관계를 매개하는 부수적인 기능을 한다. 하지만 클라인의 주장에서라면 어머니와 아이의 관계는 프로이트의 아버지-아들의 관계보다도 시기상 더 빠르다. 라캉이 상징계의 논리로 선언한 것들이 전 언어적 단계에서, 그리고 어머니-아이의 관계에서 나타나는 것이다.

클라인의 사유는 상징계 구조 안에서의 억압과 결핍에 지친 욕망과는 다른 욕망의 불안한 운동을 포착한다. 크리스테바는 『공포의 권력』에서 후자에 주목하면서, 주체의 욕망과 그 대상, 그리고 그것들 사이에서 상호 충돌하며 유동하는 힘들의 관계와 그 동력학을 분석한다. 그렇지만 상징계에 도달하지 않은 근원적이며 자유로운 욕망은 결핍을 보충하려는 반복 강박 속에서 충격적인 환상의 기호들을 통해 상상계의 불안한 영토를 소환한다. 크리스테바가 말한 아브젝트는 그 영토의 거주자들이다. 그리고 아브젝시옹은 대상을 생산하려는 충동하는 '나'의 내면적 충격을 고스란히 담아낸다.

크리스테바는 이질성의 잠재된 힘을 강조한 조르주 바타유(Georges Bataille)로부터 아브젝시옹, 아브젝트라는 말을 가져와 사용한다. 그것은

'던져버리다', '폄하하다'라는 14세기 라틴어 동사 '아비체레(abicere)'에서 유래한다. 그녀는 그 말에 '자신을 위협하는 것에 대한 정서적이며 존재론적인 반항'이라는 의미를 부여하는데, 아브젝시옹에서는 내면적인 관념들을 포함해서 타자로부터의 위협적인 억압 관계, 위협적인 것의 메스꺼운 느낌, 혐오의 정동, 자기 존재의 보존 충동을 위한 저항 등과 같은 '나', '위협', '정동', '존재', '반항'이라는 의미들이 교차한다. 이로부터 아브젝시옹이 힘들의 부정적인 작용임을 알 수 있다. 요컨대 아브젝시옹이란 자아 정체성의 발생 이전과 이후, 특히 라캉이 말하는 상상계에 이르기 이전부터 나타나서 상징계로 진입한 이후에도 끊임없이 회귀하여 정체성을 위협하는 존재와 힘, 그리고 그 반대로 그렇게 함으로써 궁극적으로는 그 정체성이 보존되게 만드는 몸/마음의 '역설적인 동력학'이다.

크리스테바에 따르면 아브젝트는 "음식물이나 더러움, 찌꺼기, 오물"과 같은 것이다. 그것은 되돌릴 수 없는 상태의 사체, 피고름으로 엉긴 상처, 썩은 것들에서 나는 냄새 같은 것이다. 이런 부정적인 존재를 밀어냄으로써 "나를 보호하는 근육의 경련이나 구토"와 같은 것으로 나타나는 것이 아브젝시옹이다. 그것은 "나로 하여금 오물이나 시궁창 같은 더러운 것들에게서 멀어지게 하고 피해 가게 만든다." 그것은 "거짓 없고 가식 없는 생생한 드라마처럼 시체와 같은 쓰레기들이야말로 끊임없이 내가 살아남기 위해 멀리해야 할 것들을 가르쳐준다"(크리스테바, 2001: 23~24). 아브젝시옹은 위협적인 것을 배제함으로써 '나'를 보존해 주는, 부정함으로써 긍정하는 힘의 작용이다. 그래서 아브젝시옹은 혐오스러운 것을 배제하는 것만을 가리키지 않는다. 그것은 일면적이지 않으며 밀어냄으로써 싸안으려는 대립적인 힘의 양면적인 작용이다.

마찬가지로 아브젝트를 단지 더러운 존재로 실체화하는 생각은 일면적이다. 아브젝시옹이 자아와 아브젝트의 사이를 횡단하는 동안, 아브젝트는 욕망의 메커니즘 속에서 내가 원했던 것이지만 어느 순간 부적합한 것들로서 여겨지면서 내가 밀어내고 싶어진 존재임이 밝혀진다. 이유기의 갓난아이에게 젖은 먹기 싫고 뱉어내고픈 것이지만 그전에는 욕구를 충족해 주는 좋아했던 대상이었다. 아이가 게워낸 젖이나 생리혈 등을 크리스테바가 가장 원초적인 형태의 아브젝트로 제시한 것은 밀어내고 멀리함의 작용인 아브젝시옹이 갓난아이가 젖가슴에서 경험하는 그것만이 아니라 여성의 임신과 출산, 즉 하나의 몸으로부터 이루어진 존재론적 분열과도 관련된 근원적인 작용이기 때문이다. 그래서 아브젝트는 이중적이다. 배설한 변, 게워낸 토사물, 생리혈, 출산한 아이도 모두 원래 '나'였던 것이거나 적어도 '나' 안에 있던 것들이다. '나'인 갓난아이에게서 아브젝시옹이 파편적인 부분 대상(어머니의 몸)을 밀어내면, 그 대신에 온전한 어머니가 등장한다. 그리고 밀려난 것들은 '나'이지만 '나'가 아닌 경계를 오간다. 만일 갓난아이가 아브젝시옹에 실패한다면, 아이는 자기 정체성을 가지지 못하는 신경증적 혼돈에 빠질 것이다. 이처럼 아브젝시옹은 일종의 자아의 내면에서 발생하는 원초적인 경계 짓기다.

그 경계에서 밀어내는 것과 밀려난 것은 원초적인 정치성을 드러낸다. 아브젝트는 "깨끗하지 않거나 건강하지 않은 것"이라는 의미로 제한되지 않으며, 그보다는 "정체성이나 체계와 질서를 방해하는 것으로서 … 경계와 지위, 규칙을 따르지 않으며 사이에 놓여 있고 모호하며 혼합된 것들"로 보아야 한다(크리스테바, 2001: 25).[3] 아브젝트는 주체 이전에 '나'의 정체성을 위해 배제된 존재로서 주체도 객체도 아닌 '아무것도 아닌 것(non-objet)'이다. 그래서 아브젝트는 그 자체로 상징계 바깥에서 어떤 낯선, 알 수 없는 존재이고, 그것의 특이성이 상징계에 불안과 균열을 낳아 결국 위협적인 것으로 보이게 된다. 아브젝시옹은 "스스로를 인식하거나 욕망하거나 어딘가에 속

---

3 원문에 따라 번역을 일부 수정했다.

한다기보다는 밀려나고 분리되고 방황하는 존재"의 이러한 이질성에 대한 비규정적인 의식이자, 비기표적인 감수성으로 보인다(크리스테바, 2001: 30). 다시 말해서 아브젝시옹으로부터 "육중하고도 갑작스러운 이질성이 출현한다. 전에는 나의 불투명하고 잊고 있던 삶 속에 친근하게 존재했던 그 이질성은, 이제는 나와 분리되어서 혐오스러워지고 나를 집요하게 공격한다. 내가 아니다. 그것도 아니다. 그리고 더 이상은 아무것도 아니다. '무엇인지 알 수 없는 어떤 것'이다"(크리스테바, 2001: 22).[4] 아브젝시옹은 규정되지 않은 것이 아니라 규정할 수 없는 것에 대한 느낌이다.

크리스테바는 '기호계(le semiotique)'라는 개념을 아브젝시옹의 이러한 작동에서 자아가 밀어내려는 비규정적인 힘들이 어떻게 작동해서 어떻게 배치되는지 보여준다. 라캉과 대결하는 가운데 크리스테바는 자아의 발달에서 프로이트의 전 오이디푸스기와 오이디푸스기, 라캉의 상상계와 상징계를 참조하여 이에 대응하는 기호계와 상징계(le symbolique)를 구조화했다. 기호계는 질서와 규칙, 금지와 억압을 내재화하는 상징계와 구별된다. 기호계에서 자아는 '아버지의 이름'을 알지 못하며 어머니의 몸과 불안정하게 물질적으로 결합된 상태로 존재한다. 그곳에서는 법과 질서, 체계가 부재하는데, 그 대신에 환상과 상상이 소비된다. 기호계에서 요동치는 전 오이디푸스적인 충동은 침묵 속에서 이루어지는 물질의 끊임없는 분열이다. 타자인 물질을 대면하는 그곳은 미처 도래하지 않은 주체가 생성될 장소다(크리스테바, 2009: 203 아래). 기호계에서 자아는 미분리되었고 미결정된 물질(어머니의 몸과 자기의 몸)에 대한 전복적이며 파괴적인 쾌락을 아브젝시옹을 통해 추구한다.

그런데 만일 아브젝시옹이 전 오이디푸스기, 기호계에만 국한된 것이고

---

4   원문에 따라 번역을 일부 수정했다.

상징계에서 완전히 전치된 것이라면, 아브젝시옹 과정에서 이루어질 주체-되기란 그저 제한적으로만 설명된 것이 되고 만다. 그래서 크리스테바는 프로이트의 이론을 대상 관계적인 것으로 다시 읽으면서 아브젝시옹의 '주체-되기' 과정을 해명한다. 「꼬마 한스」라는 제목으로 더 잘 알려진 논문 「5세 아이의 공포증 분석(Analyse der Phobie eines fünjährigen Knaben)」(1909)에서 프로이트는 '한스'라는 가명을 사용해서 한 아이가 겪고 있던 신경증적인 공포를 분석했다. 5세이지만 언어 표현 능력이 뛰어난 한스는 3세 무렵부터 과도할 정도로 말(馬)에 대한 두려움을 가지고 있었다. 그가 4세가 되자 말을 보고 기절할 정도로 병세는 더 심각해졌다. 한스의 히스테리를 분석하면서 프로이트는 아이가 두려워한 것은 말이 아니라 아버지의 억압이라는 결론에 이른다. 그가 보기에 말의 이미지는 근친상간에 대한 금지와 아버지의 억압에 대한 상징이었다. 프로이트는 이를 통해서 오이디푸스 콤플렉스에서 거세 공포에 대한 자신의 임상 증거를 확보할 수 있었다. 그리고 그는 한스에 대한 자신의 정신분석이 성공적으로 수행되었다는 확신을 가지게 되었다. 프로이트는 논문의 후기에서 훗날 성장한 한스를 우연히 만났을 때 그가 어린 시절 겪었던 불안을 기억하지 못할 만큼 현실에서 행복한 삶을 살고 있다고 썼다(프로이트, 2019: 182).

반면 크리스테바는 신경증의 극복과 성공적인 삶이라는 결론이 어딘지 석연치 않은 면이 있다고 비판한다. 그녀는 공포증의 은유로서 이 말이 가진 두 가지 측면을 나누어 분석한다. 하나는 프로이트와 한스의 아버지가 행한 정신분석이 말(馬)을 '말할 수 있는 것'이 되게 함으로써(의미 작용 안에 자리하게 함으로써) 공포증을 해소했다는 것이고, 다른 하나는 말이 '아무것도 아닌 것'의 충동적인 기표나 근원적으로 '말할 수 없는 것', 호명할 수 없는 박탈이나 불만, 두려움의 집적물이므로 치료의 완성과 달리 완전히 해소될 수 없다는 것이다. 이 후자의 논리에서 크리스테바는 3세에서 4세 사이에 극에 달한 한스의 신경증이 정신분석이라는 상징계의 논리로 치료되기에는 불충분하다는 점을 분명히 한다(크리스테바, 2001: 69~70). 더럽고, 끔찍한, 그리고 사실상 두려운 말의 모든 것에 대한 오이디푸스적인 공포는 한스에게서 영원히 사라진 것이 아니다. 그것은 거듭 반복되는 근원적인 결핍과 위협으로 한스에게 되돌아올 것이다. 그리고 아브젝트로서 말의 이미지는 호명되는 대상 속에서가 아니라 시니피앙들의 가변적인 상징 관계 속에서 끊임없이 회귀하게 될 것이다(크리스테바, 2001: 79). 기호계에서 경험되어 의식 아래로 침잠한 그것들은 지속적으로 상징계를 괴롭히고, 두렵게 한다. 말하자면 의미 생성은 곧 기호계의 거주자들이 끊임없이 상징계로 유입될 때, 즉 기호계의 위반에 의해 상징계가 갱신될 때 이루어지는 것이다.

따라서 크리스테바에게서 자아는 자신을 전복시키려고 끊임없이 위협하는 아브젝트와 아브젝시옹의 동력학에 의해 거듭 다른 주체가 된다. 이러한 동력학적 운동에는 이질적인 것들의 위협과 위반에 의한 주이상스(Jouissance)가 허용된다. 그런 주체는 초월적 존재(transcendental ego)로 고착되지 않는 가변적인 존재다. 그/그녀는 상징계에서 살아가는 '말하는 주체'이지만 또한 '분열된 주체(le sujet clive)'다. 그런 점에서 크리스테바의 기호분석은 효과적인 체계와 소통을 요구하는 사회적 규범을 지지하면서도 동시에 그것을 갱신하려는 이질성 혹은 부정성으로 향하고 있다(Kristeva, 1986: 30).

결국 크리스테바는 주체를 정립된 존재가 아니라, 무한히 되돌아오는 이 아브젝트들에 대한 반복적인 회피와 거부에 의해(과 함께) 등장하는 후험적인 것, 즉 경험적인 것, 유동적인 것, 과정적인 것으로 정의한다. 그런 한에서 크리스테바의 아브젝트 이론은 '말하는 주체의 되기', '과정의 주체(le sujet en procès)'를 겨냥한 담론으로 볼 수 있다. 그리고 그런 사유를 따라갈 때 우리는 관계적이며 생성적인 과정을 이끄는 한 축으로서 '혐오받는 존재'인 아브젝트의 타자성과 이질성을 만나게 된다.

4. 아브젝트의 이질성

  욕망 담론은 기본적으로 관계적인 존재론을 표명한다. 크리스테바의 아
브젝트 이론도 그렇다. 그 이론의 특이성은 오이디푸스 이전 시기부터 작용
하고 있는 '관계의 동역학'을 분석해 내려 한 것, 그리고 그 동역학적인 효과
를 미학으로 다시 읽어내려 한 점에 있다. 아브젝트 이론은 오이디푸스 삼
각형이 구조화되지 못한 상태에서 어머니와 아이에게 불가피하게 맺어진
관계에 무엇보다도 주목한다. 이 시기 둘의 관계를 특징짓는 것은 불안정한
동일성과 잠재된 차이다. 시니피앙들이 빗겨 가는 그 모호한 세계에 자리
잡은 아이에게 아브젝트는 이중성을 가진다. 한편으로는 자신과 미구분 상
태였던 어머니, 다른 한편으로는 그 동일한 어머니가 일순간 멀리해야 할
타자라는 이중성이 그것이다. 그래서 아브젝시옹은 차이의 근원적인 발생
이다. 크리스테바는 이러한 차이의 발생이 이질성의 사유로 나아갈 수 있음
을 보여준다.

  아브젝트는 비언어적인 것, 상징계 논리의 외부다. 이질성이야말로 바로
이 바깥에 있음을 자신의 근거로 삼는 존재의 특징이다. 크리스테바는 이미
전작 『시적 언어의 혁명』(1974)에서 관계-생성적인 아브젝트의 이질성이 물
질성과 동물성에 연관됨을 보여주었다. 그가 말한 생성의 모태로서의 코라
(chora)는 거울 단계에 이르기 이전 시기에 아이의 몸과 에너지가 피력하는
물질적인 공간, 그것은 어머니의 자궁이다. 기호적인 것들, 혹은 기호계도
처음부터 '말하는 존재'가 거주하는 상징계의 표층 아래에 놓인 이 코라에서
작동했다(매카피, 2007: 46~47).

  무엇인지 알 수 없지만 거부해야 할 아브젝트의 사건들, 그리고 아브젝시
옹의 낯설고 두려운 느낌은 그것이 코라로부터 유래한 것이지만 결국 분리
해 내야 할 근원적 차이라는 것, 타자의 이질성이 존재한다는 것을 뜻한다.
혐오는 이러한 이질성에 대한 감성적인 경험일 것이다. 그것은 두렵고 불안

하며 유쾌하지 않은 느낌이다. 그리고 크리스테바에 따르면 타자의 이질성과 혐오의 변용은 사라지지 않고 주체에게 되풀이해서 영향을 미친다. 그래서 만일 주체에게서 아브젝트, 물질이나 동물과 같은 이질적인 존재가 어느 순간 타자에게로 전이된다면, 더럽고 하찮은 것으로 폄하된 그 타자(즉, 혐오받는 존재)는 주체 자신에게 공포와 불안을 안겨주었던 이질성에 대한 과거 경험의 현재적 변조가 될 것이다. 그런 점에서 상징계에서 살아가는 주체의 혐오는 자기동일성(혹은 정체성)에 저항하는 존재들에 대한 (타자 배제와 자기 보존의) 이중적인 느낌이라고 볼 수 있다. 그것은 신경증적 반응처럼 언어적으로 표현되기 곤란하거나 의미를 결정할 수 없는 아브젝시옹의 감성이다.

끝없이 되풀이되는 타자의 힘으로서 아브젝트, 그리고 주체에게 반복되는 그것의 귀환은 대타자를 향한 욕망이 영원히 충족되지 못한 채 어두운 저 너머를 끝없이 힐끔거리며 바라보는 것과 유사하다. 이는 상징계에 안착한 듯 보이는 주체가 어째서 불명료한 결여, 불안, 공포에 휩싸이는지를 보여준다. 라캉은 이 모호함을 '실재'라는 말로써 설명할 것이다. 그것은 현실의 모든 존재를 살해해 버리는 언어가 미치지 못하는 어떤 근원이자, 현실에서는 시니피앙에 의해 대리됨으로써 배제되어 버린 영역, 그러나 결코 사라지거나 지워지지 않는 존재다(라캉, 2008: 75 아래).

다른 한편 크리스테바는 금지, 위반, 희생 의식 등 신화와 종교적인 서사로 향하면서 개인에게 집중된 듯 보이는 생물학적인 환원이라는 혐의를 벗어나려고 한다. 그리고 이를 통해서 아브젝시옹의 보편적인 메커니즘을 기술한다. 거기에는 아브젝시옹의 반복 혹은 아브젝트의 끝없는 귀환이 있다. 무엇보다도 주체-되기에서 '아버지의 이름'에 이미 익숙해진 그/그녀에게 되풀이해서 되돌아온 아브젝트는 공포와 불안의 직접적인 대상일 수 없다. 두려운 것은 '이름' 아래서 행해지는 법과 명령이다. 언어로 사유하는 주체에게 아브젝트가 어떤 식으로든 표상으로 재생산될 것이기 때문이다. 주체에게 혐오스러운 것들은 위반과 처벌의 한가운데에 있다. 그리고 법과 금지, 위반의 대가로 치러야 할 가혹한 처벌의 근원적인 과거로부터 혐오와 나란히 공포의 느낌이 예견된다.

성서의 창세기 편에서 금기와 위반의 전형을 확인할 수 있다. 뱀의 말을 들은 이브는 금지된 열매를 아담에게 내민다. 금지를 위반하는 결정을 한 것은 아담의 몫이다. 그 둘이 열매를 나눠 먹는 순간, 아담은 이브에 의해, 이브는 뱀에 의해서 악을 행한 존재가 된다. 인간과 뱀에게 처벌이 내려지며 마침내 선과 악 사이에서 방황하는 인간에게는 두려움과 수치심, 그리고 고통이 원죄의 스티그마타로 남는다. 그 후로 신과 인간, 인간과 인간 사이에는 끝없는 차이가 발생한다. 그 차이를 대가로 악이라고 치부된 수많은 혐오 대상과 희생의식(儀式)이 근원적인 죄를 대속한다(크리스테바, 2001: 150). 성서에는 이렇게 기록되어 있다. "그러자 뱀이 여자에게 말했다. '너희는 결코 죽지 않는다. 너희가 그것을 먹는 날, 너희 눈이 열려 하느님처럼 되어서 선과 악을 알게 될 줄을 하느님께서 아시고 그렇게 말씀하신 것이다.' 그래서 여자가 열매 하나를 따서 먹고 자기와 함께 있는 남편에게도 주자, 그도 그것을 먹었다. 그러자 그 둘은 눈이 열려 자기들이 알몸인 것을 알고, 무화과나무 잎을 엮어서 두렁이를 만들어 입었다"(「창세기」, 3장 4~7절).

물론 인간의 정체성 정치에서 위반을 꿈꾸게 한 '뱀'과 '금지된 열매(선악과)'는 불가피하게 멀리해야 할 존재가 되어 상징계 뒤로 숨는다. 인간에게 '열매와 뱀'은 두 개의 얼굴을 한 같은 존재다. 금지는 또한 불가피하게 위반으로 치닫는데, 이것은 바로 '자기'에게로 회귀하려는 근원적인 욕망 때문이다. 그리고 '열매와 뱀', 금지와 위반, 욕망의 이 동력학적인 관계에서 어떤 근원적인 혐오가 구조화된다.

하지만 크리스테바가 주목한 아브젝시옹의 가치는 표상과 재현의 프레임을 뚫고 불쑥불쑥 튀어나오는 아브젝트가 반복적으로 억압되고 구조화되어야 한다는 것에 있지 않다. 오히려 아브젝트는 처벌의 공포 아래서조차 '아버지의 이름'을 위협하는 잠재된 힘이다. 그녀는 아브젝트가 금지에 대한 위반 욕망의 희생물에 지나지 않는다는 것을 유대인 사회에 대한 그리스도의 전복적인 사유와 실천을 통해 설명한다.

유대인 사회에서 성장한 일원이었지만, 동시에 사회 바깥의 이방인이 된 그리스도는 위반과 희생의 논리를 통해 유대교에 고착된 프레임을 해체하고자 한다. 유대인에게 깨끗한 것/더러운 것의 구별, 안/밖의 구별은 매우 중요하다. 그래서 그들은 혐오스러운 것, 더러운 것, 멀리해야 할 것, 이방인을 금지된 존재로 간주한다. 시체처럼 "생명 없는 부패한 육체, 완전히 배설물로 화한 생물, … 그것은 하나님의 말씀 같은 영역에서는 배제되어야 할 존재다." 그리고 만일 외부와 접촉이라는 위반이 발생한다면, 그들이 치러야 할 처벌을 희생 의식이 유예한다(크리스테바, 2001: 166~167). 반면 그리스도는 유대인의 법을 위반한다. 그는 창녀, 시체, 한센병자, 장애인, 이민족 등 금지된 존재들을 환대하고 받아들인 것이다.5 그는 아브젝트를 '안'으로 끌어들이고 차이를 재배치한다(크리스테바, 2001: 175). 그는 이질성의 사유를 실천함으로써 유대인 사회의 혐오 메커니즘을 해체한다.

그리스도의 이질성 사유에서 안과 밖을 구분하는 경계는 바깥을 안으로 끌어들임으로써 해체된다. 자기가 밀어내고 배제한 것, 살과 시체, 혐오스러운 것들이 다시 안으로 들어올 수 있다는 그 가능성만으로도 선명했던 경계는 모호해진다. 공간의 은유로 표현된 크리스테바의 안/밖 논리는 푸코에게서도 나타난다. 그의 헤테로토피아(hétérotopie)는 서로 밀어내는 것들이 힘의 관계를 구축하고 있는 이상적인 공간이다. 하지만 이 공간은 우리

---

5 다음과 같이 말한다. "그리고 나서 예수님께서는 군중을 가까이 불러 그들에게 말씀하셨다. '너희는 듣고 깨달아라. 입으로 들어가는 것이 사람을 더럽히지 않는다. 오히려 입에서 나오는 것이 사람을 더럽힌다.' 그때에 제자들이 예수님께 다가와 물었다. '바리사이들이 그 말씀을 듣고 못마땅하게 여기는 것을 아십니까?'"(「마태오 복음」, 11장 11절).

와 분리되어 저편에 존재할 것으로 상정된 소박한 실재도 아니고 칸트의 이론 철학에서처럼 인식의 가능 조건으로서의 선험적인 형식도 아니다. 헤테로피아는 소유를 욕망하는 권력들이 서로 투쟁하는 지리-역사적 구조다. 그것은 질서정연하고 친숙한 아름다운 공간인 유토피아의 반대편에 있다. 유토피아는 사회 공동체가 상상으로 상정한 법칙의 이념과 같은 것이다. 그래서 실제로는 존재하지 않으면서도 그 공동체를 규정하고 움직인다. 반면 헤테로토피아는 그 법에 의해 밀려난 구체적인 장소다. 요양소, 정신병원, 감옥, 묘지, 보호시설처럼 공동체의 가장자리로 밀려나고, 질서에서 벗어난 무질서하고 모호한 곳이다. 그래서 헤테로피아는 이질성이라는 부정적인 의미로 낙인찍힌 장소일지언정 오롯한 실재다. 푸코는 이질성의 공간인 헤테로토피아를 우리가 살아가는 온갖 일상 장소와 구별되는 '절대적으로 다른 곳'이라고 보았다.

혜테로토피아의 이질성은 근본적으로 혐오하는 자들에게 불안과 위협을 야기하는데, "이는 [이질성의 장소인] 헤테로토피아가 언어를 은밀히 전복하고, 이것과 저것에 이름 붙이기를 방해하고, 보통명사들을 무효가 되게 하거나 뒤얽히게 하고, '통사법'을, 그것도 문장을 구성하는 통사법뿐만 아니라, 말과 사물을 '함께 붙어 있게' 하는 덜 명백한 통사법까지 사전에 무너뜨리기 때문이다"(푸코, 2012: 12).[6] 앞서 크리스테바가 주목한 위반하려는 욕망의 에너지처럼 헤테로토피아의 이질성이야말로 영토화된 질서와 규범에 대항하고 그것들에 위협을 가하는 존재들의 잠재된 힘이다. 그리고 나아가 그 이질성은 자기 이외의 모든 장소에 맞서서 그것들을 지우고 중화시키고 정화하기 위해 마련된 장소들, 일종의 반공간(countre-espaces)으로서 기능한다(푸코, 2018: 13, 16).

---

6   원문에 따라 번역을 일부 수정했다.

나아가 바타유는 위반의 이질성을 문화적인 갱신을 위한 필요조건으로 보았다. 그에 따르면 카니발리즘의 경우에서처럼 그러한 이질성은 특정 사회 공동체가 원하는 세속화 방식으로 역설적인 문화 형식들을 통해 해소된다. 어떤 공동체에서 이질적인 존재는 흔히 금지와 터부의 대상이 된다. 금지의 모든 명령은 이질성의 힘을 무기력하게 만들어 구축된 틀 안으로 포획하려 한다. 그런데 포획의 힘은 동시에 해방의 힘을 위한 역설적인 필요조건이 된다. 금지하려 하면 할수록 위반의 힘은 더욱 세지는 것이다.

따라서 위반의 힘을 길들이고 제약하는 세속적인 의식들과 독특한 표현 형식들이 끊임없이 등장한다. 이로 인해서 금지와 터부로부터 공동체가 욕망하는 것의 최고 형태가 보존된다. 희생 의식이 주는 카타르시스는 이런 세속화의 한 특징이다. 플라톤의 태양이 어둠에 가려질 때, 온 사방에는 죽음의 악취가 풍겨 나오는 광기와 함께 희생 의식이 예술과 문화라는 형식으로 태어나는 것이다. 바타유는 이러한 혐오의 미학만이 유일하게 신성과 세속을 중개하는 위반의 공간을 계승한다고 말한다(페파니스, 2000: 28).

크리스테바 역시 '아버지의 이름'으로 호명되는 질서와 체계를 끊임없이 위협하고 훼손하는 아브젝트의 이질성을 오염과 희생 의식이라는 문화 형식에서 읽어낸다(크리스테바, 2001: 112 아래). 오염이란 어떤 것이 외부로부터 더러워진 존재의 양상이다. 희생 의식은 오염에 대항해서 공동체의 문화를 보전하는 세속화된 형식이다. 그리고 그것은 그녀가 루이-페르디낭 셀린(Louis-Ferdinand Céline)의 작품에서 읽어낸 것처럼 아브젝트의 잠재된 이질성이 미학적인 형식으로 실현됨을 의미한다.

하지만 크리스테바는 또한 이 혐오의 미학에 잠재된 어떤 팽팽한 긴장이 있음을 직감한다. 『공포와 권력』의 마지막 대목에서 이렇게 말한다. "문명으로 규범화된 음침한 표면 밑에 내가 이제 막 발가벗겨 놓은, 문명들이 정화하고 체계화하고 사유함으로써 거리를 둔, … 공포는 그저 생각으로만 맴도는 잔잔한 강물에 불과한 것일까? 나는 차라리 그것을 상처나 아브젝시옹에 대한 유일한 균형추가 될 실망, 박탈 작업으로 이해한다"(크리스테바, 2001: 317). 이러한 끊임없이 회귀하는 아브젝트가 있다면 그에 못지않게 밀어내려는 아버지의 권력이 있다. 그리고 더욱 끔찍한 것은 아브젝트를 흡수해서 동일성의 논리로 귀속시키려는 힘이다. 그러므로 비록 아브젝시옹이라는 부정적인 감성과 미학적 형식들이 혐오받는 존재의 소수자성을 자각하게 만든다고 하더라도(Kristeva, 1986: 35f), 크리스테바는 그러한 이질성이 미학의 틀로 재구축되는 곳에서 별다른 기대를 걸지 않는다.

5. 글을 맺으며

혐오는 우리에게서 사라지지 않고 되풀이되는 불편한 정서다. 현실의 수많은 혐오 표현들은 혐오받는 존재를 공백으로 처리한다. 누군가를 고립시키고, 말할 수 없도록 입을 틀어막는 권력관계가 있고, 거기서 혐오가 유용한 수단으로 활용하는 사건들이 있다. 개인적으로든 집단적으로든 혐오의 장치들이 잘 작동한다.

크리스테바의 아브젝트 이론은 이러한 혐오 장치의 근원적인 특성을 분석한다. 어떻게 인간에게서 혐오하고 혐오받는 존재가 처음으로 구조화되는지, 그리고 그것이 사회에서 어떤 방식으로 회귀하는지를 보여준다. 더욱이 혐오받는 존재의 이질성이 드러내는 잠재력에 주목한다. 이 글은 이러한 이론을 근원적 타자와 이질성에 관한 힘들의 관계론으로 재구성하려 했다. 무엇보다도 아브젝트 이론에서 아브젝트는 '아무것도 아닌 것', 즉 "이것/저것은 무엇이다"라고 규정할 수 없는 '비대상'이며, 그것은 상징계 논리의 바깥이다. 그것은 주체의 언어로는 치환될 수 없는 차이다. 또한 아브젝트란 주체가 온전히 다룰 수 없는 타자이며, 아브젝트 이론은 그래서 타자성에 대한 근본적인 사유이기도 하다. 그렇지만 이 밑바닥 없는 차이로서 아브젝트의 외부성은 내부를 구축하는 불가피한 조건이기도 하다. 이는 그것이 혐오와 공포의 느낌 속에서 위협적이지만 궁극적으로 '말하는 주체'를 보존하기 때문이다. 그래서 주체와 아브젝트의 관계는 역설적인 힘들의 궤적으로 나타나고, 아브젝트 이론은 그런 힘들의 존재론이 된다.

다른 한편 아브젝시옹은 밀어내어 이질적인 타자가 된 근원적인 '나', '나' 아닌 '나'의 잠재성이 주체에게 거듭 귀환하여 실현되는 과정, 그리고 그것에 대한 혐오 느낌이라는 불안한 감성적인 의식이라고 볼 수 있다. 어머니와의 관계에서 처음 마주쳤던 근원적인 타자, 즉 아브젝트를 혐오하면서 훗날 시니피앙에 익숙해진 자아에게 점차 분명해지는 공포가 그러한 느낌이다. 크리스테바는 오이디푸스 이전과 이후를 횡단하면서 이러한 역동적인 느낌들의 감성정치를 추적하고 이질성의 미학을 피력한다. 그녀가 말한 '시적 언어'도 모성적 육체인 코라에 깃든 기호계의 긴장이며, 임신한 여성의 육체는 자연과 문화, 인간과 비인간, 시적 언어와 생물학적 지식 사이에서 느낀 이질성과 타자성의 표현이다(올리버, 1997: 282).

우리는 혐오에 관한 이해에서 두 가지 측면을 고려할 수 있다. 스피노자를 읽은 들뢰즈에 따르면, 누군가에게로 향한 누군가의 혐오 정동은 그것들을 작동시키는 그/그녀/그것에게는 쾌로 느껴지며 또한 이익이지만, 반면에 그 정동으로 인해 배제된 그/그녀/그것에게는 불쾌하게 느껴지며 불이익이다. 이렇게 볼 때 사회적 다수와 소수의 이해관계에서 혐오 장치의 폭력은 제지되어야 한다. 맞는 말이다. 다른 한편으로 크리스테바에 따르면, 혐오의 정동이 작동하는 근원적인 측면에는 주체의 정립을 위해 바깥으로 내몰린 또 다른 '나'인 아브젝트의 잠재성이 있다. 혐오스러운 존재인 아브젝트는 사회적 존재에게 거듭 회귀하면서 억압적인 질서와 규범을 위협한다. 이 점에서 혐오에는 이질성의 전복적인 힘이 있다. 사회적 규범이 아브젝트를 쉽게 용인하지 않는 현실에서 미학은 제법 유용한 정치적 수단이다. 그래서 캐롤린 코스마이어는 『혐오를 음미하기』라는 책에서 혐오의 이런 미학-정치를 옹호한다(Korsmeyer, 2011: 11ff). 다만 크리스테바는 우려 섞인 목소리로, 상징계에서 강한 대립적 힘들의 충돌과 그것의 해소로 이어지는 아브젝시옹이 반복될 때마다, 아브젝트는 주체의 목소리로 기록되고, 시니피앙들로 번역되어, 자칫 미학에 내재된 동일성 논리로 복귀할 수 있다고 말한다.

참고문헌

다윈, 찰스(Charles Darwin). 2014. 『인간과 동물의 감정 표현』. 김홍표 옮김. 서울: 지식을 만드는지식.

라캉, 자크(Jacques Lacan). 2008. 『자크 라캉 세미나 11: 정신분석의 네 가지 근본개념』. 맹 정현·이수련 옮김. 서울: 새물결.

매카피, 노엘[맥아피, 노엘(Noëlle McAfee)]. 2007. 『경계에 선 줄리아 크리스테바』. 이부순 옮김. 서울: 앨피.

올리버, 켈리(Kelly Oliver). 1997. 『크리스테바 읽기: 이중 묶음 풀기』. 박재열 옮김. 대구: 시와 반시.

이재준. 2021. 「혐오의 정동」. ≪현상과 인식≫, 45권 4호, 37~62쪽.

크리스테바, 줄리아(Julia Kristeva). 2001. 『공포의 권력』. 서민원 옮김. 서울: 동문선.

_____. 2009. 『시적 언어의 혁명』. 김인환 옮김. 서울: 동문선.

클라인, 멜라니(Melanie Klein). 2011. 『아동 정신분석』. 이만우 옮김. 서울: 새물결.

페파니스, 줄리언(Julian Pefanis). 2000. 『이질성의 철학』. 백준걸 옮김. 서울: 시각과 언어.

푸코, 미셸(Michel Foucault). 2012. 『말과 사물』. 이규현 옮김. 서울: 민음사.

_____. 2018. 『헤테로토피아』. 이상길 옮김. 서울: 문학과지성사.

프로이트, 지그문트(Sigmund Freud). 2019. 『꼬마 한스와 도라』. 김재혁·권세훈 옮김. 파 주: 열린책들.

Kolnai, Aurel. 1929. "Der Ekel." *Jahrbuch für Philosophie und phänomenologische Forschung*, Vol.10, pp.515~569.

_____. 2004. *On Disgust*. Carolyn Korsmeyer and Barry Smith(eds.). Chicago and LaSalle: Open Court.

Korsmeyer, Carolyn. 2011. *Savoring disgust: The foul and the fair in aesthetics*. Oxford: Oxford University Press.

_____. 2012. "Disgust and Aesthetics." *Philosophy Compass*, Vol.7, No.11, pp.753~761.

Kristeva, Julia. 1986. "World, Dialogue and Novel." in Toril Moi(ed.). *The Kristeva Reader*. New York: Colombia University Press.

Lazarus, Richard S. 1991. *Emotion and Adaptation*. Oxford: Oxford University Press.

McGinn, Colin. 2011. *The Meaning of Disgust*. Oxford: Oxford University Press.

Menninghaus, Winfried. 2003. *Disgust: The Theory and History of a Strong Sensation*. Howard Eiland and Joel Golb(trans.). New York: State University of New York Press.

7장

혐오의 학습과 확장*
미각 혐오 학습을 중심으로

최준식

"냄새가 선을 넘지"
-영화 〈기생충〉에서

혐오는 인간을 포함한 모든 포유동물에게서 발견되는 원초적인 정서인 동시에 행동적 표현이다. 혐오를 일으키는 자극들은 미각과 후각을 통해 1차적으로 처리되고 회피를 통해 우선적으로 표현되며 학습을 통해 다양한 감각과 개념으로 확장된다. 일상에서 사용되는 용어나 문학적 비유로서의 혐오에 대한 이해는 포유동물의 일종으로서 인간이 보이는 혐오 행동에 대한 생물학적 및 심리학적 이해가 바탕이 되어야 한다는 전제에서 이 글을

---

* 이 글을 쓰는 데 있어 고려대학교 심리학부 생물심리실험실의 박사 및 석사 과정 학생들과의 논의가 도움이 되었기에 감사의 마음을 전한다. 또한 삽화를 제작한 임세영에게도 고마움을 전한다.

시작한다. 그러한 전제에 기반하여 이 글의 범위와 필자의 의도에 관해 몇 가지를 정리해서 먼저 말하고자 한다. 혐오를 다루는 많은 저술들에 존재하는 혼동된 정의와 다양한 분석의 층위를 고려하여 중복을 피하고 가능한 한 유용한 정보를 전달하고자 함이다.

첫 번째로 이 글을 쓰는 관점에 대한 전제다. 필자는 실험실에서 연구하는 실험심리학자이며 행동의 뇌신경생물학적 원인에 관심을 가지고 있는 신경과학자다. 따라서 이 글의 범위 역시 실험실에서 수행된 연구를 중심으로 측정 가능한 혐오 반응과 뇌신경회로에 관한 결과들을 요약할 것이다. 그로 인해 결과적으로 이 글이 일반적으로 사회에서 사용되는 용어로서의 혐오보다는 축소된 범위를 다루게 된다 하더라도 이는 재현 가능성(repeatability)을 최우선으로 하는 실험실적인 결과에 기반한 과학적 논리의 전개와 인문학적 상상력을 분리하려는 노력으로 이해해 주기를 바란다.

두 번째로 혐오 자극에 대한 정의다. 혐오가 제대로 정의되기 어려운 이유는 물론 언어의 속성에 필연적으로 포함된 확장성과 변형 방식들에 기인할 것이다. 우리말 혐오라는 단어는 영어의 distaste와도 다르고 disgust와도 구분되는 의미적 상징을 가지고 있다. 게다가 혐오라는 단어가 가진 의미와 사용처는 계속해서 변하고 있다. 최근의 신문기사나 인터넷 미디어에서의 혐오는 단순히 미각이나 후각적 자극의 형태를 넘어서 미움, 차별, 경멸, 분노 심지어는 공포와 같은 여러 인근 정서와 행동양식을 일컫는 데 쓰이고 있다. 예를 들어 '직장 갑질'에 대한 묘사로서 혐오가 사용되기 시작한 것은 비교적 최근의 일로 그에 대한 정서적 반응이 연령, 문화적 배경, 사회경제적 계층에 따라서 매우 다른 양상으로 나타나고 있다. 아직까지 이와 같은 측면에 대한 심리학적인 연구가 진행되지 않은 상황이므로 체계적인 논의는 어렵다고 판단했다. 참고로 필자는 현재 50대 중반으로 필자가 젊었을 때도 "재수없다"든지 "밥맛 떨어진다"는 유사한 표현이 있었으나 그러한 언어적 표현이 요즘의 "극혐"과 동일한 정서적 경험을 유발하는지는 알

도리가 없다. 자유로운 언어적 수사의 확장은 관심 있는 주제에 대한 논의를 풍부하게 해줄 수 있을지는 몰라도 아이디어의 발산보다는 이론의 수렴을 목표로 하는 자연과학에서는 장해가 될 수 있다. 과학적 심리학에서는 객관적으로 측정 가능한 조작적 정의(operational definition)가 보장된 변인들만이 실험실 연구에 사용된다. 실험에 사용되는 감각자극인 단맛(예: 물 1리터에 사카린 10그램을 녹인다)이나 짠맛(예: 물 1리터에 염화나트륨 10그램을 녹인다) 등은 물론 물을 마신 양이나 구역질, 복통과 같은 행동 자극들이 정확히 정의되어야 한다.

세 번째로 인간에게만 존재하는, 혹은 인간의 정신활동에서 유독 많은 부분을 차지하는 의식적 정서 경험에 대한 논의는 제외하고자 한다. 의식적 정서 경험은 혐오 자극의 지각에 동반하는 감각질(qualia)에 대한 논의를 필요로 하며 현재로서는 이를 깊이 있게 객관적으로 다룰 수 있는 과학적 방법론은 존재하지 않는다. 흔히들 기능적 자기공명영상법(fMRI: functional Magnetic Resonance Imaging)이 뇌를 통해 마음을 들여다볼 수 있다고 생각하지만, fMRI는 심리적 상태와 뇌조직의 활성화 사이에 존재하는 상관관계를 살펴볼 뿐 인과관계에 대한 결론을 보장하지 못한다. 인과관계는 뇌의 관련 영역을 물리적·화학적·전기적으로 조작하는 실험을 통해서만 증명될 수 있다. 이 글의 핵심 주제인 혐오 조건화는 파블로프 조건화의 일종으로 의식의 관여 없이 일어나며 따라서 주관적 경험을 배제해도 행동을 통해 측정이 가능하다.

윌리엄 제임스(William James)의 정서이론이 최초로 제시한 바와 같이 무의식적 정서 처리 과정은 의식적 정서 경험에 선행한다. 즉 제임스가 유명한 비유에서 표현한 것처럼 "우리는 곰으로부터 도망가기 때문에 무서움을 느끼는 것이지 곰이 무서워서 도망가는 것이 아니다." 일반적인 상식에는 반하는 이 정서 처리 이론은 현대의 신체 마커(somatic marker) 가설(Bechara and Damasio, 2005)을 비롯해 많은 이론에서 전승되고 있으며 실험실은 물론 임상 장면에서도 효과적으로 활용되고 있다. 무의식적 정서 반응을 생리 반응이나 행동 반응 위주로 고려함으로써 다양한 실험방법, 특히 침습적 연구방법의 적용이 가능한 동물을 정서 연구의 대상으로 삼게 되는 이점을 얻을 뿐 아니라 의식적 정서 경험을 이루는 핵심 요소나 신경회로를 더 정확하게 연구할 수 있다.

참고로 오래전 무의식적 혐오 과정의 강력함을 보여주는 기발한 실험이 폴 로진(Paul Rozin)에 의해 수행되었다. 미국의 대학생들에게 각자가 좋아하는 음료에 바퀴벌레를 잠깐 넣었다 뺀 후에 마실 수 있는지를 물었다. 아마도 누구나 쉽게 짐작하듯이 대부분의 피험자는 음료 마시기를 절대적으로 거부했다. 이 경우 바퀴벌레는 철저히 살균된 상태라고 설명해 주는 것은 전혀 도움이 되지 않았다. 즉 의식적으로는 전혀 오염이나 감염의 위험이 없는 상황임을 인지했음에도 무의식적 혐오 반응을 극복하기에는 역부족이었다(Rozin, Millman and Nemeroff, 1986).

1. 학습된 혐오와 파블로프 조건화: 미각 혐오 학습

미각 혐오 학습(taste aversion learning)은 심리학 실험실에서 혐오의 뇌신경생물학적 메커니즘 규명을 위해 가장 널리 사용되는 절차다. 1966년 심리학자 존 가르시아(John Garcia)에 의해 발견되어 '가르시아 효과'라고도 불린다. 절차적으로 파블로프 조건화의 일종이므로 미각 혐오 조건화(CTA: Con-ditioned Taste Aversion)가 더 구체적인 표현이다. 이는 생물학적 본능이 환경 속에서 어떻게 적응적으로 표현되는지를 극명하게 보여주는 핵심 패러다임이다. 주로 동물을 대상으로 음식에 대한 거부반응을 측정하므로 사실은 혐오학습이라는 말보다는 구역질 학습이라는 표현이 어울리지만 실제로 인간이 보이는 혐오의 기원이 맛과 관련된 감각에 있다고 가정하여 그대로 미각 혐오 학습이라고 표현하고자 한다.

또 한 가지 명확히 할 내용은, 우리가 음식의 호불호를 판단할 때 흔히 일상의 용어로 맛(flavor)이라고 표현하지만 엄밀히 말하면 맛은 미각과 후각의 복합적 경험을 일컬으며 실제 많은 연구에서 굳이 두 가지 자극을 이론적으로 구분하여 사용하지 않는다는 점이다. 사실상 인간이 느낄 수 있는 맛(taste)은 5가지(단맛, 짠맛, 신맛, 쓴맛, 감칠맛)에 불과하여 자연계에 존재하는 무수히 많은 먹잇감의 맛(flavor)들을 구분하기에는 턱없이 부족하다. 따라서 풍부한 자극의 다양성과 그러한 자극들을 감지하기 위해 다양한 감각 변환 수용체(sensory transducer)들이 존재하는 후각이 더 중요한 역할을 한다(코를 막고 사이다와 콜라를 마셔 보라. 두 음료의 차이는 미각만으로는 구분할 수 없다). 이 글의 서두에 인용한 영화의 대사가 시사하는 것처럼 냄새에 의한 혐오는 강력하게 우리의 일상에 침투해 있고 이는 학습된 조건 자극으로서의 냄새가 맛에 못지않은 정서적 반응을 일으킴을 시사한다. 이런 이유로 미각 혐오 학습은 맛 혐오 학습(flavor aversion learning)이라고 하는 것이 더 정확한 표현이지만 연구 논문들에서도 굳이 미각과 맛을 분리하지 않고 사용하는 경우가 많고, 특히 우리말에서 flavor와 taste를 구분하는 단어도 세분화되어 있지 않기에 이 글에서도 두 용어와 정의를 혼용하고자 한다.

〈그림 7-1〉은 동물을 대상으로 한 미각 혐오 학습 절차를 간략히 보여주고 있다. 실험집단의 쥐에게는 단맛이 나는 사카린을 탄 물을 마시게 한 후 독성이 있는 리튬 클로라이드(LiCl: Lithium Chloride)를 주입해서 복통과 구토를 유발한다. 반면 통제집단의 쥐에게는 같은 사카린 물을 마시게 하지만 아무 효과가 없는 생리식염수를 주입한다. 다음 날 양 집단의 쥐에게 사카린 물과 그냥 물 중에서 원하는 대로 마시게 한다. 통제집단의 쥐는 당연히 단맛이 나는 사카린 물을 선호하지만, 복통을 경험한 실험집단의 쥐는 사카린 맛을 피하는 경향을 보이게 된다. 이 학습 절차의 핵심은 사카린과 복통 사이에는 실질적인 인과관계가 없다는 사실이다. 쥐의 마음(혹은 뇌)은 두

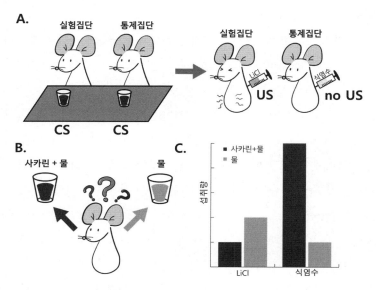

〈그림 7-1〉 미각 혐오 학습의 실험 절차
A. 조건화 과정. 실험집단의 쥐는 사카린을 탄 물을 마신 뒤에 독성이 있는 리튬 클로라이드 (LiCl)를 주입받고 복통을 경험한다. 통제집단의 쥐는 아무 해가 없는 식염수를 주입받는다. B. 테스트 과정: 조건화 다음 날 사카린을 넣은 물과 넣지 않은 물병을 놓아두고 쥐가 마시는 물의 양을 측정한다. C. 조건화된 미각 혐오를 보여주는 결과: 복통을 경험한 집단(LiCl)의 사카린 소모량이 훨씬 적다. 즉 조건 자극인 사카린 맛에 대한 조건 반응인 혐오 반응을 보인다. CS: 조건 자극, US: 무조건 자극. Garcia and Koehlling(1966)을 참고함.

사건의 병인론적 관련성을 알 수 있는 능력도 동기도 없다. 두 사건의 관련성이 파블로프 조건화 학습의 요건을 충족시키는 한 그 관련성은 쥐의 기억과 행동 변화의 일부가 되는 것이다.

1) 파블로프 조건화

미각 혐오 학습은 기본적으로는 파블로프 조건화의 한 종류다. 이제는 생활 속의 용어가 되어버린 파블로프 조건화는 굳이 설명이 필요 없을 정도로 잘 알려진 절차이자 학습 패러다임이다. 개의 입에 무조건 자극(US: Uncon-ditioned Stimulus)인 먹이를 넣어주면 침을 흘리는 무조건 반응(UR: Uncon-ditioned Response)을 관찰할 수 있다. 무조건 반응은 반사 행동과 같이 본능적으로 타고난 반응이다. 이번에는 벨소리와 같은, 그 자체로는 아무런 반응을 일으키지 않는 조건 자극(CS: Conditioned Stimulus)을 US와 같이 제시한다. 몇 번 혹은 몇 십 번의 제시가 반복되면 개는 이제 CS에 대해 침을 흘리기 시작한다. 조건 반응(CR: Conditioned Response)을 학습한 것이다.

파블로프 조건화는 곤충에서 사람에 이르는 모든 동물에게 존재하는 공통적인 학습 메커니즘이다. 심지어는 단세포 생물에게서도 조건화와 유사한 학습 행동이 발견된다. 흔히 파블로프 조건화가 침 흘리기나 눈 깜박임 같은 단순 반사 반응을 학습하는 실험실적인 절차라고 생각하는데, 파블로프 조건화는 그런 정도가 아니라 지구상의 무수한 동물들이 매 순간 환경 내에서 끝없이 변화하는 자극들의 의미를 학습하고 예측할 수 있게 해주는 위대한 학습 메커니즘이다. 우리의 삶은 단 한시도 파블로프 조건화의 결과와 떨어지지 못한다. 파블로프 조건화의 유용성과 광범위한 영향력을 실감하기 위한 예를 하나 들자면, 누구나 잘 아는 '엄마'라는 단어가 제시된다고 하자. 그 사전적 의미를 생각하기도 전에 벌써 심장박동이 느려지면서 (대부분의 경우에는) 어떤 따뜻하고 기분 좋은 정서가 느껴질 것이다. 그러나 한국어를 모르는 외국인이 같은 글자를 보면 당연히 아무 느낌도 없을 것이다. 즉 엄마라는 우리말 단어는 CS이고 '엄마 느낌'은 CR인 것이다. 자 이제 우리가 사용하는 엄청나게 많은 수의 단어와 그보다 더 많은 일상의 대상들에 내포된 정서적 가치들을 상상해 보라. 나의 가방, 나의 집, 나의 아이폰, 나의 선생님, 나의 단골식당, 나의 모든 소유물들…. 이런 대상들로부터 매 순간 경험하는 정서의 단편들과 신체 반응들은 나 개인의 역사에서 직간접적으로 진행된 파블로프 조건화의 결과인 것이다.

2) 미각 혐오 학습의 특징과 의미

단순 반사에서 복잡한 정서에 이르기까지 파블로프 조건화는 몇 가지 중요한 특성을 가진다. 첫째, CS와 US가 여러 차례 짝 지어 제시되어야 한다. 즉 두 자극 간의 수반성(contingency)을 학습하기 위해서는 두 자극의 연합이 우연에 의한 것이 아님을 확인할 수 있을 만큼의 반복된 경험이 있어야 하는 것이다. 둘째, 근접성(contiguity)의 원칙, 즉 CS와 US가 어느 정도 시간적으로 가까워야 한다. 이는 논리적으로 생각해 보면 당연한 법칙인데, 만약 CS와 US의 간격이 멀다면 그 사이에 얼마든지 다른 자극이 끼어들 여지가 있고, 따라서 본래 제시한 CS가 아닌 엉뚱한 다른 CS에 대해 조건화가 일어날 가능성이 점점 커진다. 셋째, CS와 US는 본질적으로 다른 독립적인 자극이며 두 자극 사이에 존재하는 사전 지식이 없이도 이루어진다. 즉 CS는 자체로는 US에 대해 아무것도 예언하지 못하며 이는 조건화 이전에는 CS의 제시가 UR과 유사한 반응을 유발하지 못하는 것으로 증명될 수 있다.

그러나 CTA는 이러한 일반적인 법칙에서 벗어나는 독특한 형태의 학습이다. 첫째, CTA는 단 한 번의 경험으로 학습이 가능하다. 이는 동물행동학에서 많이 연구된 각인(imprinting)과 유사하다고 볼 수 있다(Lorenz, 1935). 동물과 인간 모두 단 한 번의 경험으로 복통과 음식에 대한 연합을 학습할 수 있다. 신입생 환영회에서 막걸리를 너무 많이 마시고 구토를 한 후 며칠 후에 어느 음식점에서 옆 테이블의 주객들이 마시는 막걸리 냄새를 맡는 광경을 상상해 보라. 마찬가지로 실험실 절차(〈그림 7-1〉 참조)에서도 단 한 번의 복통 유발이 학습이 일어나는 충분조건이 된다. 둘째, CS와 US 간의 시간 간격이 길다. 보통 음식을 먹고 복통을 경험하기까지는 몇 시간 이상이 걸린다. 일반적인 파블로프 조건화라면 학습이 일어나지 않을 시간 간격이지만 미각 혐오 학습은 근접성을 필요로 하지 않는다는 특성이 있다. 셋째, 미각 혐오 학습은 미각과 후각에 대해서만 일어난다. 심지어는 시각자극이나 청각자극이 더 유리한 조건으로 제시되어도 미각과 후각에만 조건화된 혐오를 보인다.

이상의 특성들은 미각 혐오 학습이 생물학적으로 준비된 학습(biologically-prepared learning)의 일종임을 보여준다. 즉 개체는 학습의 기본적인 전제 조건이 이미 유전자에 프로그램된 상태로 태어나며, 미각 혐오 학습은 이 경계 안에서 구체적인 내용을 더하는 과정이라는 것이다. 그 기본적인 전제조건이 개체에게 알려주는 것은 자연 상태에서 복통을 일으키는 원인이 될 만한 것은 음식일 수밖에 없다는 사실이다. 즉 동물은 복통이라는 US에 대해 경고 신호가 될 수 있는 자극은 미각과 후각일 것이라는 학습 프레임을 미리 가지고 태어나며, 이는 진화의 역사에서 무수히 증명되고 정교화되면서 유전자에 각인되어 전해진 핵심 정보라고 할 수 있다.

생물학적으로 준비된 학습이 가지는 한계는 CTA의 실험실 절차 자체가 인과성이 없는 자극 조합을 사용한다는 사실로도 쉽게 파악이 된다. 가르시아의 실험실에서 행해진 초기 연구들에서 US로 사용된 자극은 지구상의 어떤 동물도 감지하지 못하지만 몸에 매우 해로운 감마선 조사(gamma radiation)다. 감마선은 몸살과 구토 같은 증상을 유발하지만 동물은 (사람도 마찬가지로) 그 인과관계를 알 도리가 없으므로 감마선 조사 전에 먹은 음식에 대해 혐오 반응을 보이게 된다(만약 동물이 감마선을 감지할 수 있다면 음식이 아닌 몸에 조사된 감마선이나 그에 사용된 장비를 원인으로 지목했을 것이다). 사실 이러한 준비된 학습을 한계라고 표현하는 것은 어폐가 있다. 이는 단 한 번의 연합으로도 학습이 일어나는 고도로 적응된 학습 메커니즘이며 따라서 확률적으로 원인일 가능성이 극히 희박한 감각자극을 자동적으로 연합에서 배제하는, 극도의 효율성을 가진 학습 메커니즘이라고 평가해야 할 것이다. 음식에 대한 백과사전이 없던 몇 만 년 전을 생각해 보라. 한번 새콤한 열매를 잘못 먹고 배앓이를 했던 원시인이 같은 열매를 다시 먹는 실수를 하지 않는 것은 생존에 큰 도움이 되었을 것이다. 반면 눈에 보이지도 않는 전자

파가 구토를 유발할 가능성에 대해서는 불과 백 년 전까지만 해도 전혀 걱정할 필요가 없었던 것이다.

3) 간접경험의 역할: 관찰 조건화에 의한 미각 혐오 학습

사실 단 한 번만으로도 학습이 가능하다고는 하지만 CTA는 상당한 위험성을 내포한 학습이다. 어쨌든 새로운 음식을 먹어본다는 것은 몇백 칼로리 정도의 이득에 대한 기대와 잘못하면 길거리에 무방비 상태로 쓰러져 있을 수 있는 가능성을 교환한다는 의미이기에 개체로서는 가능한 한 모든 학습 기회를 활용하는 것이 도움이 될 것이다.

관찰 조건화(observational conditioning)는 인간을 포함한 사회적 동물들이 정서를 학습하는 파블로프 조건화의 한 형태다. 조건 자극과 무조건 자극이 연합된다는 점은 여타의 조건화 과정과 동일하다. 단 여기서의 US는 자극에서 직접 경험하는 UR이 아니라 사회적 관찰의 대상이 보이는 정서 표현이고 UR은 그 대상으로부터 전염된 유사한 정서 반응이다. 관찰 조건화의 핵심 요소인 반응 전염(emotional contagion)은 사회적 동물들에게서 널리 관찰되는 현상으로 상대방의 정서를 관찰하는 동안 자동적으로 유사한 정서 상태에 이르게 됨을 일컫는다. 상갓집에서 눈물을 흘리는 상주를 보면 나도 모르게 눈물이 나오는 경험이 있을 것이다. 실제로 망자와는 아무런 개인적 인연이 없는데도 말이다. 또 TV의 코미디 드라마는 일부러 반응 전염을 노리고 웃음소리를 끼워 넣는다. 다른 사람의 웃음소리를 들으면 반응 전염에 의해 나도 모르게 웃거나 드라마를 더 웃기게 지각하게 되는 것이다. 이러한 반응 전염에 의해 조건화가 이루어지는 과정을 〈그림 7-2〉에 도해했다. 전 세계적으로 모든 문화에 존재하는 배설물에 대한 혐오 반응은 2~3세 정도에 생기기 시작한다. 이때가 보통 배변훈련을 하는 시기에 해당하며 배변 훈련의 가장 큰 공통 요소는 배설물에 대한 성인의 혐오 반

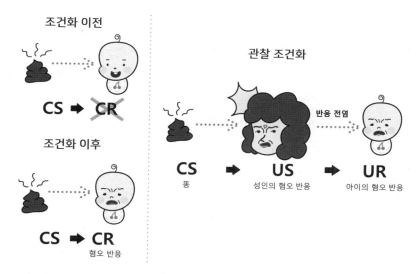

관찰 조건화

반응 전염

CS ➡ CR

조건화 이후

CS ➡ US ➡ UR
똥   성인의 혐오 반응   아이의 혐오 반응

CS ➡ CR
혐오 반응

〈그림 7-2〉 관찰 조건화에 의한 미각 혐오 학습

조건화 이전에 어린 아기는 배설물에 대해 타고난 거부 반응이 없다. 아기가 자라면서 보이는 배설물에 대한 혐오 반응은 파블로프 조건화인 관찰 조건화에 의한 결과인 것이다. 조건화는 반응 전염(emotional contagion)에 의해 매개된다. 즉 CS인 배설물을 접할 때마다 성인이 보이는 혐오스러운 표정이나 혐오스러운 언어 표현(US) 등에 의해 아기도 혐오 반응(UR)을 보인다. 이런 과정이 반복되면 나중에는 아기가 CS인 똥만 보아도 조건화된 혐오 반응(CR)을 경험하게 된다.

응인 것이다.

관찰 조건화의 장점은 명백하다. 스스로를 위험에 빠뜨리지 않고도 위해할 가능성이 있는 자극의 속성을 배울 수 있다는 점이다. 한편으로는 직접 경험이 없는 상태에서 집단이나 문화적 혐오를 그대로 따라가게 되는 단점도 동시에 가지고 있다.

4) 학습된 혐오 자극의 사회적 전달

인간의 경우 학습된 내용의 전달은 주로 언어를 통해서 이루어진다. 그러나 언어가 없는 동물들에게서도 사회적 전달(social transmission)이 가능하다는 연구 결과들이 있다. 특히 음식 선호(food preference)의 사회적 전달에 대해서는 상당히 많은 실험 결과가 쥐나 마우스와 같은 동물들에게서도 신뢰할 만하게 관찰됨을 보고하고 있다. 음식 선호의 사회적 전달을 본 전형적인 실험실 연구들에서 새로운 음식을 먹은 쥐와 같은 집에서 생활한 쥐는 그 음식을 처음으로 제공받았을 때 한 번도 먹어본 적이 없는 새로운 음식에 거부감을 보이지 않았다. 쥐들이 어떤 기호를 이용해서 학습된 내용을 공유한다고 볼 수는 없기에 전달된 '지식', 즉 새로운 음식이 해롭지 않다는 정보의 전달은 아마도 그 새로운 음식의 냄새가 같이 사는 쥐를 매개로 해서 경험되었기 때문인 것으로 보인다(Posadas-Andrews and Roper, 1983).

이러한 실험실 증거들은 혐오 자극의 사회적 전달도 가능할 것이라고 추정하게 한다. 그러나 동물을 대상으로 한 연구들은 상반된 결과들을 보인다. 한 실험에서는 CTA에 의해 맛 혐오를 경험한 쥐와 함께 생활한 쥐에게서 유사한 혐오 경향성을 관찰했다(Kuan and Colwill, 1997). 〈그림 7-3〉에서 보여주는 바와 같이 일반적으로 시범자 쥐가 먹은 음식에 대해서는 선호 경향성을 보이지만 만약 시범자 쥐가 먹은 음식이 복통을 유발했다면 그 음식에 대한 선호가 줄어든다. 그러나 유사한 절차를 채용한 다른 실험들에서는 오히려 복통을 유발한 음식에 대해서도 선호가 관찰된 것으로 보아(Galef and Whiskin, 2000), 사회적 전달의 수단이 고도로 발달되지 않은 쥐들에게서는 관찰자에게 전달되는 정보의 정확성이 불분명한 것으로 보인다.

이러한 동물 대상 실험 결과의 불분명함에도 불구하고 정보 전달 방식의 다양성이 확보된 인간의 경우는 학습된 혐오의 사회적 전달이 분명히 효과적이다. 오히려 언어 사용이 불가능한 동물에게서도 사회적 전달의 가능성이 있다는 사실은 인간의 경우에도 비언어적 소통, 예를 들어 보디랭귀지나 표정을 통해서 전달되는 혐오나 선호의 효과가 상당히 강력할 수 있음을 시사한다.

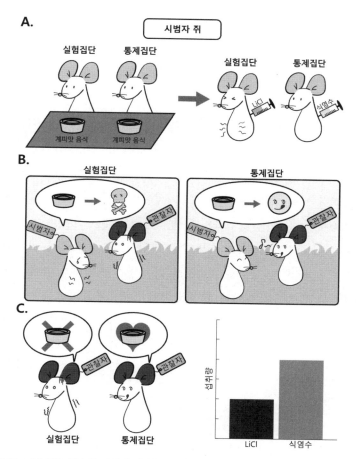

〈그림 7-3〉 미각 혐오 학습의 사회적 전달을 보여주는 실험 절차

A. 미각 혐오 학습: 시범자 쥐가 계피맛이 나는 음식을 먹고 리튬 클로라이드(LiCl)를 주입받고 복통을 경험한다. 시범자 쥐는 계피맛에 대한 미각 혐오를 학습한다. 통제집단의 시범자 쥐는 생리식염수를 주입받는다. B. 사회적 학습: 미각 혐오 학습을 한 시범자 쥐와 관찰자 쥐가 15분간 상호작용을 한다. C: 미각 혐오의 사회적 전달을 보여주는 결과: 시범자 쥐가 복통을 경험하지 않은 경우와 복통을 경험한 경우를 비교하면 복통을 경험한 시범자 쥐와 상호작용한 관찰자 쥐는 계피맛 물을 더 적게 마신다. Kuan and Colwill(1997)을 참고함.

3. 미각 혐오 학습의 확장

1) 일반화

일반화(generalization)는 처음에 조건화된 자극과 유사한 자극에 대해 조건 반응을 보이는 현상을 일컫는다. 조건 자극과 유사하면 유사할수록 조건 반응의 크기도 커진다. 막걸리를 마시고 토했다면 아마도 다음번에는 쌀로 만든 술보다는 위스키나 와인이 마시고 싶어질 것이다. 일반화의 적응적 가치는 명백하다. 한 번도 경험하지 못한 자극에 대해서 적절한 반응을 할 수 있게 해준다. 한편으로 과도한 일반화는 다양한 유사 자극들을 변별하지 못함으로써 일괄적인 반응으로 대응하게 되는 실수를 범하게 할 수 있다. 예를 들어 브로콜리를 싫어하게 된 어린아이가 콜리플라워도 비슷할 것으로 믿고 절대 먹지 않는 경우를 들 수 있다. 또한 인간의 경우 지나친 일반화는 아래 추가로 설명한 것과 같은 인종 차별의 기저가 될 수 있다.

2) 잠재 억제

위에서 전술한 것처럼 미각 혐오 조건화가 단 1회의 경험만으로도 학습이 일어나는 강력한 메커니즘이고 복통이나 몸살감기와 같은 신체 증상은 개체의 일생에서 매우 자주 발생하는 사건들인 만큼 우리가 일상의 많은 음식이나 냄새에 대해서 지나친 혐오를 발전시킬 가능성이 있다. 한 번 학습된 혐오는 거의 일생 동안 지속되기도 하는 만큼, 극단적으로는 나이가 들면서 거의 모든 음식과 냄새에 대해 혐오를 보이는 우울한 시나리오도 상상할 수 있을 것이다(실제로 혐오에 대한 민감성은 나이가 들면서 오히려 줄어든다).

잠재 억제(latent inhibition)는 이에 대해 조절 작용을 한다고 볼 수 있는 학습 메커니즘이다(Lubow, 2009). 즉 아무런 나쁜 결과가 연합되지 않고 어떤 맛이 반복적으로 제시된다면 동물은 추후 이 자극이 복통과 연합되어도 CTA를 발전시키지 않는다. 즉 일상에서 익숙한 맛은 혐오에 대한 면역을 형성하게 되는 것이다. 앞에서의 막걸리 예를 들면 사실 막걸리를 마시면서 먹은 음식에는 물도 있고 밥도 있고 김치도 있었지만 이미 물, 밥, 김치에 대해서는 잠재 억제에 의한 학습이 이루어진 상태이기 때문에 상대적으로 생소한 맛과 냄새를 지닌 막걸리에 대해서만 조건화된 혐오가 이루어진 것이다. 따라서 잠재 억제는 혐오 학습이 과도하게 확장되고 혐오 반응이 변별력을 가지도록 하는 역할을 한다.

3) 사회적 차별과 다른 인종 효과

인종차별 혹은 인종 혐오는 전 세계적으로 오래된 사회적 문제다. 이에 대한 도덕적 판단은 차치하고, 이를 학습 메커니즘 측면에서 본다면 과도하게 일반화된 혐오 조건화라고 볼 수 있다. 특히 북미의 흑인 차별에 대한 연구가 많이 진행되었는데, 이들 연구는 흑인에 대한 편견이 무의식적 연합(예: 흑인-폭력)의 결과이며, 따라서 대부분의 시민이 의식적으로 표현하는 바와 다르다는 사실을 밝혀냈다(Greenwald and Banaji, 1995). 이러한 무의식적 처리를 지지하는 결과로 실제로 흑인에 대해 차별적 판단을 내리는 경우 혐오 정서 및 혐오 학습과 관련된 부위인 도피질(insula) 및 편도체(amygdala)에서의 활성화가 관찰되었다(Phelps et al., 2000). 이들 뇌 부위는 무의식적 정서 자극의 처리를 담당하며 의식적인 정보 처리를 담당하는 대뇌피질 영역과 독립적으로 기능할 수 있다(LeDoux, 1998).

인종차별을 설명하는 이론 중에 가장 설득력 있는 이론은 "다른 인종 효과(ORE: Other Race Effect)"로서 우리가 익숙하지 않은 다른 인종이나 외부 집단에 대해서는 상세한 정보나 미묘한 차이점을 무시하려는 경향성을 의미한다(Meissner and Brigham, 2001). 즉 과일반화(overgeneralization)에 의한 정보

처리의 오류 경향성이다. 다시 북미의 예를 들면 흑인에 대해서 가지고 있는 고정관념은 흑인들도 다른 인종과 마찬가지로 다양한 직업과 다양한 성격을 가지고 있다는 사실을 무시하게 만든다. 심지어는 흑인들의 외모에 대해서도 이런 ORE가 적용된다(즉 다 비슷하게 생겼다). 그래서 가끔씩 신문에는 범죄 현장의 목격자가 엉뚱한 사람을 단지 흑인이라는 사실만으로 범인으로 지목했다는 기사가 뜨기도 한다. 고무적인 사실은 이러한 ORE가 생각보다 쉽게 적극적인 상호작용에 의해 극복될 수 있다는 점이다(김혁 외, 2022).

4) 혐오 학습과 강박장애

강박장애(OCD: Obsessive-Compulsive Disorder) 환자들은 원치 않은 생각 (강박적 사고)과 자동화된 특정 행동(충동적 행동)에 시달린다. 생각보다 흔해서 전체 인구 중 1~2% 정도가 이 질환을 경험한다. 가장 흔한 종류의 OCD 타입이 오염에 대한 우려와 씻는 것에 대한 강박적 행동을 포함한다는 사실만 보아도 OCD와 혐오 정서의 관련성은 직관적으로도 명백하다. 그러나 실제로 OCD에 관한 연구 및 이론의 대부분은 불안 및 공포 학습과 관련되어 발전했다. OCD와 관련되어 지목된 뇌 영역 중 하나는 우측 전두엽이며 이 영역은 불안과 공포는 물론 다양한 부적 정서 경험과 관련이 있는 것으로 보아 OCD 환자들이 경험하는 정서 역시도 이러한 부적 정서가 혼재된 상태일 것으로 추정된다. 오염과 관련된 OCD는 불안장애의 하나로 분류되며, 실제로 공포증(phobia) 환자들이 호소하는 공포는 높은 혐오 민감성 및 혐오 정서의 경험과 밀접한 관련이 있다(Cisler, Olatunji and Lohr, 2009). 즉 OCD는 혐오와 공포가 만나는 접점을 보여주는 정신질환이라고 할 수 있다.

이와 관련하여 최근 들어서는 OCD를 공포 조건화보다는 혐오 조건화의 관점에서 보는 연구들이 진행되고 있다. 인간을 대상으로 하는 혐오 학습 실험에서는 흔히 혐오 반응을 일으키는 자극, 특히 오염 및 전염과 관련된 혐오 자극(배설물, 토사물 등)의 이미지를 US로 사용하여 조건화를 본다. 이는 시각적 동물인 인간의 속성을 백분 활용하는 절차인데 CS로는 사람의 얼굴 이미지를 사용했을 때 US와 짝 지어진 얼굴 CS를 더 혐오스러운 것으로 평가하는 경향이 나타났다. 이러한 혐오 파블로프 조건화 상황에서 OCD 경향성이 높은 피험자들은 더 빠른 조건화 학습을 보여주지는 않았지만 소거(extinction)에서 더 느린 결과를 보였다. 이는 OCD 경향이 어느 정도는 학습된 혐오 자극에 대한 소거 학습의 결함에 기인할 수 있음을 시사하는 결과다(Armstrong and Olatunji, 2017).

4. 간략한 결어

이상으로 인간을 비롯한 대부분의 동물들에게 존재하는 학습 메커니즘으로서의 미각 혐오 및 그 확장된 형태들을 개관했다. 어쩌면 인간의 혐오 관련 정서와 행동을 설명하기에는 너무도 단순한 메커니즘이 아닌가라고 생각할 수도 있겠지만 인간이 보이는 혐오의 다양성 — 도덕적 혐오를 포함한 — 역시도 이들 기본 학습 메커니즘에 의존할 것이라는 가정은 타당하다. 즉 미각 혐오 학습에 관련된 학습 메커니즘과 이를 처리하는 뇌신경 회로가 인간의 문명화와 맞물려 복잡한 양상으로 표현된 것으로 해석할 수 있다. 인간에게만 존재하는 도덕적 혐오도 진화 생물학에서 제안한 바와 같이 일종의 '전 적응(preadaptation)' 과정으로 설명할 수 있다. 정확한 변별보다는 빠른 학습에 최적화되어 진화한 미각 혐오 학습 시스템이 이제는 맛과 냄새의 감각 범주를 벗어나 시각, 청각, 촉각의 다양한 감각은 물론 추상적인 행동이나 미적인 판단까지 받아들이고 처리하게 된 것으로 파악할 수 있다. 따라서 학습의 기본 법칙들은 유효하며 혐오의 부작용과 그에 대한 대응도 이들 법칙을 기반으로 하여 고안될 수 있을 것이다.

참고문헌

김혁·이강희·김현택·최준식. 2022. "한국인과 한국에 거주하는 외국인 간의 타인종 얼굴에 대한 ERP 요소의 홍분성 조절 비교". ≪인지과학≫, 33권 2호, 95~107쪽.

Armstrong, T. and B. O. Olatunji. 2017. "Pavlovian disgust conditioning as a model for contamination-based OCD: Evidence from an analogue study." *Behaviour Research and Therapy*, Vol.93, pp.78~87.

Bechara, A. and A. R. Damasio. 2005. "The somatic marker hypothesis: A neural theory of economic decision." *Games and economic Behavior*, Vol.52, No.2, pp.336~372.

Cisler, J. M., B. O. Olatunji and J. M. Lohr. 2009. "Disgust, fear, and the anxiety disorders: a critical review." *Clinical Psychology Review*, Vol.29, No.1, pp.34~46.

Galef, B. G. and E. E. Whiskin. 2000. "Demonstration of a socially transmitted flavor aversion in rats? Kuan and Colwill(1997) revisited." *Psychonomic Bulletin & Review*, Vol.7, No.4, pp.631~635.

Garcia, J., and R. A. Koelling. 1966. "Relation of cue to consequence in avoidance learning." *Psychonomic Science*, Vol.4, No.1, pp.123~124.

Greenwald, A. G. and M. R. Banaji. 1995. "Implicit social cognition: attitudes, self-esteem, and stereotypes." *Psychological Review*, Vol.102, No.1, pp.4~27.

Kuan, L. A. and R. M. Colwill. 1997. "Demonstration of a socially transmitted taste aversion in the rat." *Psychonomic Bulletin & Review*, Vol.4, No.3, pp.374~377.

Ledoux, J. 1998. *The Emotional Brain: The Mysterious Underpinnings of Emotional Life*. New York, London, Toronto & Sydney: Simon and Schuster.

Lorenz, K. 1935. "Der Kumpan in der Umwelt des Vogels. Der Artgenosse als auslösendes Moment sozialer Verhaltensweisen." *Journal für Ornithologie*, Vol.83, pp.137~215, 289~413.

Lubow, R. E. 2009. "Conditioned taste aversion and latent inhibition: A review." in S. Reilly and T. R. Schachtman(eds.). Conditioned Taste Aversion: Behavioral and Neural Processes. Oxford & New York: Oxford University Press.

Meissner, C. A. and J. C. Brigham. 2001. "Thirty years of investigating the own-race bias in memory for faces: A meta-analytic review." *Psychology, Public Policy, and Law: An Official Law Review of the University of Arizona College of Law and the University of Miami School of Law*, Vol.7, No.1, pp.3~35.

Phelps, E. A., K. J. O'Connor, W. A. Cunningham, E. S. Funayama, J. C. Gatenby, J. C. Gore and M. R. Banaji. 2000. "Performance on indirect measures of race evaluation predicts amygdala activation." *Journal of Cognitive Neuroscience*, Vol.12, No.5, pp.729~738.

Posadas-Andrews, A. and T. J. Roper. 1983. "Social transmission of food-preferences in adult rats." *Animal Behaviour*, Vol.31, No.1, pp.265~271.

Rozin, P., L. Millman and C. Nemeroff. 1986. "Operation of the laws of sympathetic magic in disgust and other domains." *Journal of personality and social psychology*, Vol.50, No.4, p.703.

8장

혐오와 비판이론*

편견을 통한 사회적 증오 행위의 정당화와 그에 대한 대응

권오용

1. 비판이론과 증오

최근 유행하고 있는 '혐오'라는 개념은 특정한 대상에 대한 역겨움의 표현으로 '미움'의 감정이 기저에 깔려 있으며, 이 점에서 강력한 미움의 감정인 '증오'와 관련이 있다. 증오는 하나의 감정으로서 개인적인 것이다. 증오가 집단적-사회적으로 분출된다고 하더라도 그 시발점은 개인이기 때문이다. 그러나 다른 한편으로 개인은 그 자체로서 사회적 존재이며, 사회적 삶은 그의 생애 전반을 차지하고 있다. 그러므로 개인의 감정을 자연적인 것으로 평가하기보다는 개인의 정신세계에서 증오가 생성되는 과정에 전체

---

* 이 글은 권오용, 「증오의 생산, 대상, 정당화 - 프롬, 짐멜, 아도르노를 중심으로」, ≪사회이론≫, 제58호(2020)에 게재된 논문을 수정·보완한 것이다.

사회가 연관되는 메커니즘에 대한 논의가 필요할 것이다. 이러한 변증법적 관점에서 볼 때 비판이론은 상당히 매력적인 인식적 틀로 기능할 수 있다.

　비판이론은 유럽의 근대적 시민사회가 질적인 변화를 겪던 시기에 이러한 사회의 총체적 변화를 이해하기 위한 노력의 결과라고 할 수 있다. 제1차 세계대전의 의미 없는 대량 학살은 시민사회의 자기 파괴적 경향을 보여주었고, 러시아혁명의 스탈린주의화는 사회주의적 대안의 실패를 노정했다. 이에 비판이론가들은 19세기에 높이 떠받들어진 정신, 즉 시민사회의 개인주의나 사회혁명의 전망의 힘이 더 이상 현실세계에서 작동하지 않는다는 것을 깨닫게 되었으며, 미국에서의 망명생활을 통해 이것이 일시적이거나 예외적인 현상이 아님을 깨닫게 되었다. 그러나 이들은 과거와 완전히 단절되어 새로운 인식을 추구하거나, 과거에 매달려 현실의 변화를 가벼이 취급하지 않았다. 이들은 인간의 해방이라는 목표를 내려놓지 않고 현실에 대한 새로운 접근법을 발전시키면서 철학과 구체적 사회연구의 결합을 추구했다. 그 결과 비판이론은 내용적으로 여러 이론적 경향들을 포괄하는 유연성을 확보하게 되었으며, 주체/대상 변증법과 구체적 시간 개념에 의해 제한된 비초월적 진실 개념을 가지고 특수 속에 보편이 재인식 가능하게 등장한다는 원칙을 세우게 되었다. 좀 더 구체적으로, 호르크하이머는 철학적 이론에 기초하여 개별 학문적 연구를 수행하고 이 연구들을 끌어들여 현재를 이해하는 데 활용하고자 했으며 이 과정을 비판이론 특유의 표식으로 만들고자 했다. 철학과 개별 연구의 결합은 비판이론이 "전체의 변화를 목표로 삼기(Horkheimer, 1980: 263)" 때문에 시도될 수 있었으며, 이 점에서 비판이론은 한 분야의 '모든 사실'을 포착할 수 있는 "일반 개념(Horkheimer, 1980: 276)"을 세우는 것을 최종 목적으로 하는 전통적인 이론과 구분된다는 것이다. 이 점에서 비판이론의 철학과 경험연구의 결합은 비판적 합리주의 등의 그것과 근본적인 차이를 보인다. '해방'이라는 철학적 목적에 의해 조직되는 경험연구는 '완벽한 인식'에의 추구로부터 시작된 경험연구의 도입과는 구분되기 때문이다. 여기에 호르크하이머는 프롤레타리아의 선험적 혁명 주체 지위를 포기하면서 기존의 사회운동, 특히 노동운동에 의한 이론의 도구화 가능성을 차단하고자 했다. 몇 가지 다른 이유도 있지만, 호르크하이머가 마르크스주의나 사적 유물론 같은 용어가 아닌, 비판이론이라는 명칭을 사용한 것은 바로 이 해방적 논의에 대한 지식인의 자율성 확보와도 연관된다(Negt, 1999: 15). 실천을 통한 해방의 시도가 역사적으로 실패했음이 명확해졌으나 인간을 지배하고 착취하는 현실은 그대로 존재하는 현실 속에서, 호르크하이머는 인간 해방의 목표를 포기하거나 기존에 실패한 방식을 답습하지 않고, 사회 변혁을 추구하는 이론적 인식과 사회적 현실에 대한 정확한 이해를 결합시키고자 했다.

여기서 사회적 현실에는 비단 사회구조나 제도뿐만 아니라 지극히 개인적인 심리의 영역도 포함한다. 개인과 전체 사회는 변증법적으로 매개관계이므로 이분법적으로 분리되지 못하기 때문이다. 이에 비판이론은 개인의 정신과 생애과정의 연관을 간파한 프로이트의 정신분석학을 적극적으로 활용했다. 이 글에서는 특히 '미움'과 같은 감정을 다룬 연구들 중에서 대표적인 사례로서 비판이론적 심리학자 에리히 프롬(Erich Fromm)의 「자기도취와 자기애(Selfishness and Self-Love)」(Fromm, 1939) 연구와 1940년대 사회연구소의 대표적 공동 작업인 권위주의적 인성에 대한 연구(Adorno et al., 1950), 그리고 전후 독일 극우주의에 대한 아도르노의 강연(Adorno, 2019)을 중심으로 다루도록 하겠다.

2. 개인적 증오의 사회적 성격

1) 근대적 개인에 내면화된 증오

우선 「자기도취와 자기애」에서 프롬은 인간사회가 개인의 자기애를 체계적으로 금지해 왔음을 지적한다. 이는 '이기적으로 굴지 말라'는 명제가 사회 전반에서 일상적으로 통용되고 있으며, 특히 아이들을 양육할 때 부모가 항상 강조한다는 점에서 드러난다. 이 명제는 언뜻 "사려 깊게 행동하고 다른 사람을 생각하라"라는 의미를 가진 것으로 보이지만 사실은 "네가 스스로 원하는 것을 하지 말고 부모의 권위 앞에서 네 자신의 의지를 꺾어라"(Fromm, 1939: 4)라는 의미를 갖고 있다. 여기서 부모의 권위는 차후 사회의 권위로 대체되어 성인이 된 개인의 사고와 행위를 끊임없이 통제한다. 그리하여 자신을 버리고 외부의 권위에 복종하는 인성은 이기적이지 않은 것으로 긍정적인 의미를 갖게 된다. 그러나 근대 사회에 진입하면서 이와는 정반대의 현상이 나타났다. 근대 경쟁 사회의 기초는 극도의 이기주의로 구성되어 있기 때문이다. "나 자신의 이득에 집중하고 무엇이 너에게 최선일지 생각하고 행동하면, 결국 다른 모든 사람들에게 이득이 되어 돌아온다"(Fromm, 1939: 5)라는 명제는 개인의 이기주의적 행위를 공공복리 발전의 기초로 삼는다는 점에서 두 가지 상반되는 원칙이 동시에 존재하는 모순적 경향을 보인다.

마치 신경증적 증상과도 같은 이러한 모순이 존재할 수 있는 이유로 프롬은 이 명제가 가진 사회적 기능을 들었다. 각 개인이 스스로 자신의 이득을 획득하기 위해 노력해야 한다는 명제는 근대 경제구조의 근간을 이루는 이른바 '자력구제'의 원리를 발현시키는 자극제다. 또한 '이기적이지 말라'는 명제는 자력구제의 원리를 실현하는 데 있어 두 가지 사회적 기능을 내재하고 있다. 우선 "간신히 먹고사는 사람들에게 자신의 소원을 포기하는 것을 미덕으로 전환"(Fromm, 1939: 5)시켜 사회가 개인에게 가하는 폭력을 인지하지 못하도록 방어함으로써 사회적 반감 형성을 방지하는 기능을 한다. 다음으로 사회 속에 존재하는 혜택받은 소수에게는 이른바 '세계 내적 금욕(innerweltliche Askese)'을 강조하여 이들의 "에너지를 노동과 의무 달성으로 전환"(Fromm, 1939: 5)시킴으로써 사회의 지속적인 발전을 유도했다.

이기주의가 근대 경쟁사회의 구성원리로 자리 잡았다는 사실에서 우리는 근대적 개인에게 자기애의 경향이 증가한다고 생각하기 쉽다. 하지만 근대 개인은 전통적·종교적 속박을 벗어나면서 얻은 자유의 대가로 전통과 종교가 주는 삶의 안정과 미래에의 확신을 상실하면서 존재론적 불안을 본질적으로 내재하게 되었다. 이 불안을 해결하기 위해 근대적 개인은 과거 전통 사회에서 개인 외부에 존재했던 권위를 내재화하여 자기 자신을 향한 불신과 적대의 정신을 갖게 된다. 이렇게 "남에게 관심이 없고 오직 자신의 이득을 불안 속에서 추구하는"(Fromm, 1939: 6) 근대적 인간형은 자기애와 동일하다기보다는 오히려 자기애가 부족함을 보여주고 있는 것이다. 프로이트는 자아도취이론(Freud, 1946)을 통해 자신을 스스로 욕망하는 자기 욕망과 사랑에 빠지는 현상이 동일한 것임을 보여주었다. 즉 사랑에 빠지는 현상은 자기애의 허약함을 보여주는 것으로서, 스스로에 대한 사랑과 대상에 대한 사랑은 상호 대체 관계에 있는 것이다. 여기서 중요한 점은 우리 자신도 우리의 감정과 태도의 '대상'이라는 점이다. 그리고 프롬은 이를 사랑과 반대되는 감정인 증오에도 동일하게 적용된다고 보았다. "자신에 대한 증오는 타인에 대한 증오와 상호 대체 될 수 없"(Fromm, 1939: 7)는 것이다.

타인에 대한 증오는 반응적 증오(reactive hatred)와 성격에 의한 증오(character conditioned hatred) 두 가지로 구분된다. 반응적 증오는 "지향하는 대상이 공격당할 때 나타나는 반응"(Fromm, 1939: 7)으로서 삶과 타인, 이상에 대한 긍정적인 태도를 전제한다. 이 증오 속에서 증오의 대상인 '공격하는 존재'는 제거되어야 하며, 이러한 내재적 파멸성에 의해 반응적 증오는 사랑의 반대 지점에 위치한다. 반응적 증오가 특정 행위에 대한 대응으로서 일시적인 특성을 가지고 있다면, 성격에 의한 증오는 "어린 시절 겪는 여러 경험에 대한 심리적 반응 과정이 누적되면서 성격 구조에 뿌리내린 증오"(Fromm, 1939: 8)로서 지속적인 특성을 갖는다. 반응적 증오가 표출되기 위해서는 그 대상과 이유가 필요한 데 반해서, 성격에 의한 증오는 "성격 자체에 적의가 내재"되기 때문에 증오를 표출할 이유가 없어도 발견되는 "근본적으로 기꺼이 증오할 준비가 된 상태"(Fromm, 1939: 8)를 의미한다.

그 발현 방식에 있어서도 반응적 증오와 성격에 의한 증오는 차이가 있다. 전자는 특정한 상황이 증오를 일으킨다면, 후자는 잠재된 적의가 상황에 의해 발현된다. 성격에 의한 증오가 분출될 때 내부에 억눌려 있던 감정의 표출을 통해 홀가분함을 느끼게 되는데, 이는 반응적 증오에서는 찾아볼 수 없는 현상이다. 증오의 분출이 만족감을 불러오는 것은 외부적-객관적이라는 측면에서는 비합리적이지만, 증오를 분출하는 사람 자신의 입장에서 보면 합리적인 것이다. 그러므로 이 상황은 비정상적이라고 할 수 없는, 하나의 현실적 특성이 된다.

두 증오는 그 대상에 있어서도 차이를 보인다. 반응적 증오가 지향하는 대상을 공격하는 특정 개인에게로 향한다면, 성격에 의한 증오는 공통의 생활 경험에 의해 형성되므로 특정한 집단을 대상으로 발현될 수 있다. 집단 구성원들의 생활 경험은 이들이 처한 사회경제적 상황을 공유하기 때문이다. 예를 들면, 어린 아이는 학교에 가기 전 가정생활에서부터 사회의 지배적인 정신에 물들게 된다. 이 지배적 정신의 현현으로서 부모는 아이에게 사회적, 계층적으로 지배적인 "분위기"를 매개하게 되며, 이에 따라 가족은 사회의 "심리적 대리인"이 된다(Fromm, 1939: 9). 이렇듯 집단 구성원의 다수가 함께 공유하는 성격 구조라는 의미에서 특정 집단에 증오가 만성적으로 내재될 수 있다. 이 과정 속에서 증오는 집단 구성원 개인의 성격 구조의 일부가 되며, 증오의 대상은 이차적인 역할에 머물게 된다. 즉 "유보된 증오는 늘 그곳에 있으므로 증오의 대상은 사회적 맥락과 상황에 따라 유연하게 등장하게 되는 것"(Fromm, 1939: 10)이다. 프롬은 칼뱅, 루터, 홉스, 칸트 등 근대를 대표하는 여러 인물들의 사상 속에서 증오는 항상 존재하고 있음을 지적하고 있는데, 이를 통해 우리는 증오가 근대 문화의 근간에 자리하고 있음을 유추해 볼 수 있다.

2) 체제 순응적 증오 표출과 정당화의 중요성

이렇듯 근대적 인간의 마음속에 증오가 도사리게 되면, 증오의 유무가 아닌 그 발현 방식이 중요한 의미를 획득하게 된다. 증오는 기본적으로 파괴적인 감정이기 때문에 증오의 주체가 현실과 맺는 관계를 차단할 정도로 급진적인 방식의 발현을 회피해야 하기 때문이다. 격렬한 증오의 급속한 표출은 개인적 수준에서는 신경쇠약이나 피해망상 같은 정신질환으로 비화할 수 있고, 집단적 수준에서는 사회의 혼란과 위기, 나아가 최악의 경우에는 사회 붕괴까지 야기할 수 있다. 그러므로 집단적인 증오가 개인 및 사회의 파괴 행위로 이어지지 않고 체제 순응적으로 발현될 필요가 있다. 체제 순응적인 증오의 표출에서 가장 중요한 요소는 바로 '정당화(Rechtfertigung)'다. 사회적으로 정당화되는 증오는 체제에 위협이 되지 않을 것이기 때문이다. 사회적 정당화는 국가기관이나 미디어, 학교 등을 통해 공식적으로 진행되기도 하지만, 대부분 개인의 일상생활 속에서 공공연히 표출됨으로써 사적인 영역에서 이루어진다. 그리고 '편견'은 이러한 증오의 사회적 정당화에 이용되는 대표적인 정신적인 구성물이다.

강요된 증오의 표출이 아닌 일반 시민들이 체제순응적 증오 표출에 '자발적'으로 참여하게 한다는 점에서 편견은 비판이론의 증오 연구에서 중심적인 비중을 갖게 되었다. 제2차 세계대전으로 인한 미국 망명 시기 프랑크푸르트 사회연구소에서는 편견에 대한 일련의 연구시리즈(Studies in Prejudice)

가 기획되었다. 이 연구 시리즈의 주요 관심사 중 하나는 유대인에 대한 억압을 공공연히 정당화하는 나치 독일과 전쟁 중인 미국에서도 반유대주의가 견고하게 작동하고 있다는 데 있었다. 반유대주의는 합리적 근거 없이 허구로 구성된 편견이지만, 오늘날에도 여전히 애용되는 집단적 증오의 정당화 기제다. 그러므로 반유대주의의 특성과 작동 방식을 집중적으로 탐구한 권위주의적 인성 연구(Adorno et al., 1950)는 편견이 증오를 정당화하는 방식을 살펴보는 데 중요한 시사점을 제공한다.

1940년대 당시 미국에는 제2차 세계대전으로 수많은 유럽의 유대인들이 망명을 통해 모여들었고, 미국 사회의 내부인들은 이전과는 비교할 수 없을 정도로 유대인과의 직접적 만남을 경험하기 쉬웠다. 실제 이방인과의 만남과 교류는 기존에 존재하던 이방인에 대한 고정관념과 합치하지 않는 경우가 많기 때문에 실제 경험과 고정관념은 "갈등 상황"(Adorno et al., 1950: 608)에 놓이게 된다. 그러나 고정관념이 현실적 경험과 합치하지 않는다고 해서 기존 고정관념의 수정이나 폐기로 이어지는 것은 아니며, 오히려 고정관념의 현실적 준거가 사라짐으로써 고정관념이 자기 멋대로 강화될 가능성도 있다. 실제로 권위주의적 인성 연구에서 수집된 인터뷰 사례들에서 확인된 점은, 현실과 고정관념의 갈등이 해결되는 과정에서 상대방을 존중하는 민주적 가치보다 문화 기저에 깔린 반유대주의가 더욱 강력하게 작동했다는 사실이다. 이는 결국 파괴적인 행위로 발전할 수 있는 기반이 되며, 반유대주의는 현실과의 관계가 단절된 채 왜곡된 고정관념, 즉 편견의 한 전형을 보여준다.

이러한 왜곡을 가능케 하는 조건 중 하나는 미국 사회의 주요 규범 중 하나인 민주주의가 유발하는 내적 갈등이다. 민주주의적 규범 체계 속에서 사람들은 증오를 공공연히 표출할 수 없다. 민주주의는 타인에 대한 존중을 기반으로 하기 때문에, 민주주의적 사회적 규범은 타인을 존중하는 행동을 해야 한다는 일종의 사회적 압력으로 작용하게 된다. 그러나 증오와 같은 공격적 감정은 표출되지 않은 채 사라질 수 있는 성질의 것이 아니다. "한 사람이 자신의 공격성을 잘 참으면 참을수록 그 자신의 관념에는 스스로의 자아에게 향하는 공격적 성향이 증가하게 된다"(Freud, 1940: 284). 그러나 민주주의의 사회적 압력 속에서 지배적 문화의 기저에 깔린 이방인에 대한 적대적 감정을 있는 그대로 드러낼 수는 없게 되었다. 여기서 반유대주의와 같은 편견의 기여점, 즉 증오 표출의 정당화 기능이 사회적으로 형성된다.

3. 증오의 정당화로서 편견

1) 편견의 특성

타인 존중을 강제하는 민주사회에서 유대인과 같은 특정 집단이 집단적 증오의 대상이 될 수 있는 이유는 이들이 단순히 이방인이기 때문이 아니라 그들이 '사회 내부의 적'으로 지목되기 때문이다. 이러한 '선택'은 반유대주 의가 일반적인 피해망상증과는 구별되는 지점을 형성한다. 피해망상증이 타인 전반을 향하는 데 비해 반유대주의는 다른 종류의 사람들이 아니라 유독 '유대인'이라는 범주의 사람들에게만 집중적으로 나타는 것이다. 이렇듯 특정인만을 괴롭히려는 경향을 보이기 때문에 반유대주의는 "부정적으로 사랑에 빠진 상태"(Adorno et al., 1950: 611)와 닮아 있다. 그러나 편견이 특정 집단을 사회 내부의 위험한 이방인으로 지목하는 과정에서 이들을 이방 인으로 규정하도록 하는 특수성은 실재적, 구체적이지 않으며, 오히려 허구적, 피상적인 것에 가깝다. 그러므로 특정 집단을 '내부의 적'으로 규정하는 내용은 상호 모순적이고 사실에 합치하지 않는 결과를 야기하며, 이 과정에서 적대 집단의 성격으로 제시되는 항목들은 비현실적인 상상의 결과가 된다. 이러한 모순과 상상의 결합체로서 편견은 이념이나 과학이 아닌 일종의

"세계관(Weltanschauung)"의 특성을 갖는다. 즉 "차갑고, 소외되었으며, 많은 부분에서 이해할 수 없는 세계에서 노력 없이 얻을 수 있는 '길잡이'로서"(Adorno et al., 1950: 608) 기능하는 것이다.

이 세계관에 따라 특정한 집단에게 파괴해야 할 '적'으로서 특별히 과도한 힘이 부여되는 것이 일반적이다. 이들이 실제로는 사회적으로 상대적인 약자임에도 불구하고 이 세계관 속에서는 사악함과 전능함을 가진 것으로 가정된다. 이러한 불균형성이 반유대주의에서도 확인된다. 유대인에 대한 고정관념 속에서 유대인은 금융업을 통해 축적한 자본을 가지고 정재계에 영향력을 미치는 존재다. 유대인 출신 금융업자와 기업인의 숫자를 감안할 때 이러한 고정관념은 일정 정도 현실적인 측면을 반영하고 있지만 반유대주의적 세계관 속에서는 그들의 영향력이 전 사회적 지배로 확대 재생산된다. 유대인에 대한 반감이 클수록 유대인의 힘의 크기는 더욱 강한 것으로 상상된다. 반유대주의의 전형적 주장 중 하나인 "유대인은 어디에나 있다(Jews are everywhere)"라는 문장은 유대인에게 "위험하고 기이하면서 어디에나 존재하는 성질"(Adorno et al., 1950: 614)을 부여하고 있는데, 여기서 우리는 유대인에게 편재성이 부여되어 있음을 알 수 있고 이는 유대인에게 보통의 인간이 가질 수 없는 전능성이 적용된 사례라는 것을 알 수 있다.

위와 같은 전능성에 입각하여 재생산되는 유대인의 사회 지배라는 반유대주의적 망상은 "민주주의의 폐지와 강자의 지배라는 생각 속에 자신의 반(半)의식적 소망을 누적시킨 사람들"(Adorno et al., 1950: 614) 스스로의 투사(projection)적 측면을 가진다. 편견에 사로잡힌 주체 자신의 특성이 유대인에게 전가되는 것이다. 개인적 경험을 반유대주의적 세계관과 연결시키는 습관은 이들에게 망상적 태도가 있음을 보여주고, 일어나지도 않은 일을 근거로 유대인에 대한 차별을 정당화하는 것에서 편집증적 정신상태와의 유사성을 보여준다. "극단적으로 편견에 사로잡힌 사람은" 모든 것을 포괄하고 확인하며 예외를 인정하지 않는 "'심리적 전체주의'로 나아간다"(Adorno et al., 1950: 632). 그러나 그렇다고 해서 반유대주의를 비롯한 증오의 정당화 체계를 정신병적 증상으로 환원할 수는 없다. 사회적 증오 표출의 정당화가 정신병적 증상이라면 정신병 특유의 비적응성에 따라 반유대주의자들은 정상적인 사회생활이 불가능했을 것이다. 그러나 반유대주의가 퍼져 있는 정도에 비례해서 정신병의 발병 사례가 관찰되지 않으므로 우리는 이 사람들이 현존하는 사회 구조에 이미 적응해 있으며 사회생활을 영위하는 데 문제가 없다는 결론에 도달한다. 여기서 다음과 같은 두 가지 의문이 발생한다. 현실적 기반이 없고 부적응성과 연계된 관념에 기여하는 것이 어떤 장점을 가지는가? 반유대주의적 사고방식은 사람들에게 무엇을 제공하며, 어떤 목적에서 이용되는가?

2) 편견의 기능과 작동방식

앞서 살펴보았듯이 편견은 개인이 복잡한 세계를 이해하기 위해 정신적 노력을 과도하게 투여하는 것을 방지해 주는 기능을 갖는다. 사회의 작동이 개인의 즉각적 경험의 범위에서 벗어날 때 개인은 혼란을 느끼게 된다. 모든 사회 과정이 본질적으로 "초개인적인 법률에 복속된"(Adorno et al., 1950: 618) 현대 사회에서 개인은 사회 과정의 객체가 되며, 이에 따라 사회 속에서 개인은 지적으로 소외된다. 이러한 소외 속에서 개인들은 삶의 방향을 상실하게 되고 이와 함께 미래에 대한 두려움과 불확실성을 갖게 된다. 현대 사회를 살아가는 평범한 개인은 자신이 잘 모르는 공간 속에서 살아가게 되며, 그 결과 자신의 삶 자체를 근원적인 불안 속에서 인식하게 된다. "정치인과 관료에 대한 안 좋은 이미지나 모든 문제나 사건의 원인을 개인의 인성 탓으로 돌리는 개인화(personalization) 경향"(Adorno et al., 1950: 618) 등과 마찬가지로, 유대인과 같은 특정 이방인 집단에 대한 부정적 형상화 또한 사회에 대한 무지와 그로 인한 개인적 삶에 대한 두려움이 투사된 결과로 이해될 수 있다. 편견에 높은 정도로 사로잡힌 사람들에게 이러한 형상화는 극단적으로 나타나는데, 이 과정에서 편견의 대상이 되는 이방인 집단은 다른 종류의 범주들보다 훨씬 더 개인화되는 경향이 강화된다. 이는 이방인과 내부인이라는 구별 기준 자체가 피상적이기 때문이다. 강화된 개인화 경향에 따라 편견의 희생자들은 그 사회적 지위나 생활방식이 아닌, 그 인간 자체가 부정적인 존재가 된다. 다시 말해 정치인과 관료의 경우에는 그 사회적 존재가 부정적인 데 비해 유대인은 그 '인간 존재 자체'가 부정적이 된다. 그러므로 편견의 대상이 되는 이방인은 그가 사회적으로 어떤 행위를 하는지와 관련 없이 모든 종류의 증오의 희생자가 될 수 있다. 이러한 방식으로 반유대주의는 사회적 소외를 겪어야만 하는 사람들이 "가장 쉽게 이용할 수 있는 공식"(Adorno et al., 1950: 619)이 된다. 유대인이 온갖 모순과 부정의의 원흉으로 지목될수록 사회생활에서 사람들이 느끼는 현실의 어두운 면이 다양하다고 할 수 있다. 반유대주의에서 유대인은 갈 곳을 잃은 사람들의 증오가 향할 수 있는 하나의 표적으로서 제시되고 있다. 편견은 "단번에 지적인 평정 상태를 제공하는 위대한 만병통치약"(Adorno et al., 1950: 619)이 된다.

이와 함께 반유대주의적 편견은 낮은 사회적 지위를 가진 사람들이 자신의 지위를 정당화하는 데 이용되기도 한다. 당시 미국의 "체제 순응적인 소수자 집단, 예를 들어 자신을 미국인으로 인식하는 이민 2세대와 동성애 집단에서 공통적으로 강력한 반유대주의적 성향이 발견"(Adorno et al., 1950: 611)되는데, 이 공통성은 위 소수집단들 사이의 연대성의 결과라기보다는 자신의 낮은 지위와 그로 인한 문제를 유대인의 존재로 돌리는 책임 전가의 형식을 띤다. 여기서 우리는 반유대주의적 편견이 사회적 자기 인식에서 비롯되었음을 알 수 있다. 즉, 사람들이 "자신의 집단적 위치를 돋보이게 하기 위해"(Adorno et al., 1950: 611) 반유대주의를 활용하는 것이다.

편견은 지적 노력을 절약하는 편의성으로 무장하고 있기 때문에 무의식적으로 작동하며, 이는 개인이 생활 속에서 유대인과의 접촉이 증가하여 고정관념에 반하는 경험적 사례가 누적된다고 해서 극복될 수 있는 성질의 것이 아니다. 그러므로 편견의 억제나 소멸을 개인적 접촉의 증가를 통해 달성하려는 시도는 효과적일 수 없다. 편견은 적극적으로 박해의 대상을 찾는 경향과 결합되므로 심리적인 선호와 연관되고 반유대주의적 편견에 사로잡힌 주체는 그 내용이 상상된 것이고 유대인과 접촉한 각자의 경험이 진실을 보여준다는 것을 이미 은연중에 파악하고 있기 때문이다. 그럼에도 불구하고 "좀 더 깊은 심리적 이유로 인해 그는 고정관념에 의존하기를 원한다"(Adorno et al., 1950: 628). 그렇기 때문에 그는 편견을 자신의 고유한 의견으로 주장하면서, 자신의 편견에 반대되는 경험들을 거부하는 것이다. 내부 집단의 우월과 외부 집단의 열등을 강조하는 수사가 상투적으로 반복되면서 편견의 우월성이 만들어진다. 이러한 우월성은 지적 능력과는 관계가 끊어져 있어 온전히 "감성적, 나르시시즘적 희열" 제공에 복무하며, 이 희열은 "합리적 자기비판의 방벽을 쳐부수"(Adorno et al., 1950: 629)게 된다. 여기서 우리는 편견이 심리적 욕망의 산물임을 알 수 있다.

이러한 욕망에 의해 편견으로 인한 박해에 대한 무의식적 거부감도 정당화될 수 있으며, 이는 기존 편견이 재차 강화되는 계기가 되기도 한다. 편견이 가진 "내적인 힘"(Adorno et al., 1950: 630)은 바로 여기에 있다. 증오의 분출을 자제시킬 수 있는 무의식적인 거부감마저도 편견을 강화하는 에너지로 사용하기 때문이다. 이로써 편견을 가진 사람은 편견의 대상을 박해하는 사람이자 동시에 그 대상이 과연 편견의 대상자가 될 수 있는지 선별하는 사람이 된다. 선별과 박해가 모두 권력의 실현 과정에서 나타나는 행위 유형임을 상기할 때, 편견에 사로잡힌 사람은 두 가지 유형의 권력을 독점하는 존재가 되려는 성향을 표출하고 있다. 이러한 방식으로 "권위주의적 성격에 의해 초자아가 징발된"(Adorno et al., 1950: 630) 상황 속에서 증오는 그 파괴적 성격이 극대화된다. 나치 치하의 독일에서도 볼 수 있듯이, 나치 이

전에 존재했던 독일 사회의 유대인에 대한 "문화적 차별"은 순식간에 "파괴 욕망에 기반한 충족될 수 없는 지속적인 적대적 태도"(Adorno et al., 1950: 630)로 전환되었던 것이다.

3) 편견에 의한 박해행위의 정당화

편견에 의한 박해의 정당화 방식과 관련하여 권위주의적 인성 연구에서 언급된 대표적인 것들을 살펴보면, 우선 편견의 희생자들이 박해를 스스로 자초했다는 클리셰(cliché)가 있다. 이는 가해자와 피해자의 자리를 바꿈으로서 박해를 정당한 것으로 만든다. 이는 고전적 자유주의에 입각한 "가난한 자들에 대한 동정 금지(no pity for the poor)"(Adorno et al., 1950: 631) 원칙을 변용한 것으로서 편견이 자본주의 사회에서 체제 순응적으로 존재할 수 있음을 보여준다. 또한, 편견의 희생자들에게 도덕적으로 당할 만한 이유가 있었다는 허구적 원인을 덧씌움으로써 파괴적 행위에 대한 무의식적인 거부감을 회피할 수 있게 된다. 무의식적 검열을 피해 스스로 극단화된 편견은 어떠한 끔찍한 종류의 박해도 정당화시킬 수 있게 되고 이방인이 된 죄와 그에 따르는 처벌의 관계는 완벽한 불균형 상태에 놓이게 된다. 작고 가벼운 불평, 예를 들어 이방인들이 주류사회에 적응하려 하지 않고 자신의 문화적 정체성을 지키려 한다는 볼멘소리는 곧 사회에서의 완벽한 배제 — 완전 추방 혹은 몰살 — 라는 가장 야만적인 결론에 도달하게 된다. 이러한 죄와 벌의 비논리적 불균형 관계는 편견 속에서 정지된 초자아의 제한에 힘입어 지속적으로 재생산되고 자동적·강박적으로 강화된다. 편견의 대상이 주체와의 공통점과 연관성을 완전히 상실하여 이들의 물리적 제거가 아무런 고뇌 없이 이루어질 수 있게 되기 때문이다.

편견의 작동방식은 흔히 이방인의 명칭에 '문제'라는 개념이 결합되는 방식에서도 엿볼 수 있다. '문제'라는 용어는 중립적인 분석을 요구하는 과학적인 개념이지만, 일상적인 수준에서 사용될 때에는 부정적인 의미를 갖는다. 예를 들어, 반유대주의에서 주장하는 이른바 '유대인 문제'는 유대인과 비유대인 사이의 관계와 관련된 문제라는 중립적인 의미를 갖지만, 이 용어가 일상생활에서 쓰이게 되면 유대인의 존재 자체가 문제가 되는 의미의 "치환"(Adorno et al., 1950: 620)이 나타난다. 이러한 측면에서 유대인 문제를 주장하는 사람은 전체 사회를 위협하는 문제를 판정하는 존재로서 심리적 우월성을 가질 수 있다. 여기서 문제는 언제나 그에 대한 해결책을 요구하는 것이므로, 유대인을 박해하는 행위를 '유대인 문제'의 '해결책'으로 정당화할 수 있게 해준다. 그러므로 유대인 문제의 해결을 부르짖는 것은 그들의 존재를 살아 숨 쉬는 인간이 아니라 해결책을 통해 조작 가능한 "사물"(Adorno et al., 1950: 620)로 왜곡, 축소하는 것이 된다.

사회문제를 판단한다는 심리적 우월감과 폭력적 가해행위의 정당화를 동시에 제공하는 편견의 기능은, 편견과 개인적 경험이 합치하지 않을 때 나타나는 긴장을 해소하는 과정에도 적용된다. 주류 사회에 잘 적응한 이방인과 그렇지 않은 이방인을 구별하는 것이다. 여기에는 편견이 초자아를 징발하는 방식이 구체적으로 드러난다. 편견에 사로잡힌 사람은 '착한 이방인'과 '나쁜 이방인'을 구분하여 마치 자신이 객관적인 판단을 내리는 것처럼 행동한다. 그러나 이러한 행위는 다시 모순에 빠진다. 편견의 대상은 그 존재 자체가 문제가 되므로 그것을 구분하는 기준은 명확하게 나타날 수 없다. 그리고 '나쁜 이방인'으로 지목된 사람들이 사라지면, 박해의 화살은 남아 있던 '착한 이방인'으로 향하게 된다. 이렇듯 편견에 의한 박해는 제한된 대상에서 시작되어 전체로 확대되는 패턴을 보여주며, 이 과정은 이방인 전체가 모두 제거되어야만 끝나게 된다.

증오의 파괴적 속성을 완전하게 실현시키는 데 있어 등장하는 무의식적 죄책감은 상대방의 죄로 투사된다. 예를 들어 유대인은 절멸되어야 하기 때문에 이들이 "살해당해야만 하는 이유"(Adorno et al., 1950: 633)를 찾고자 하는 것이다. 박해의 정당화에 기여해야 하기 때문에 편견 속에서 제시된 이방인의 특성은 실제 특성과 관계없이 조작된다. 예를 들어 유대인은 천부적으로 성(性)적인 "공격성"을 가지기 때문에 유대인에 의한 "인종 오염"(Adorno et al., 1950: 643)이 올 것이라는 공포가 있다. 그러나 인종 오염까지 시킬 수 있는 강력함은 어디까지나 도덕주의적 공격의 도구가 되어야 하기 때문에 그 강력함이 조절되어야 한다. 그래서 유대인 여성의 순종적이고 따스한 면이 동시에 부각된다. 이러한 면에서 "남성을 위해 모든 것을 하는"(Adorno et al., 1950: 643) 유대인 여성의 이미지는 긍정적인 것이지만 동시에 전혀 긍정적이지 않은 것이다. 또한 유대인이 개인으로서 활동하는 것이 아니라 자신들의 연줄을 중심으로 단결하여 자신의 집단적 이득을 위해 활용하는 "배타성"(Adorno et al., 1950: 642)의 이미지는 주어진 사회체제를 거스르는 이들의 강력함과 연관된다. 또한 가족을 중심으로 한 강력한 연줄은 동시에 따스한 가족 분위기와 가족 구성원들의 협력과도 연관되기 때문에 이러한 가치는 "미국 문명에 의해 형성되고 기술적 합리성에 복종하는"(Adorno et al., 1950: 643) 사람들에 의해 거부되는 가치로서, 이는 미국 문명에 적응하지 못하는 유대인의 문화적 열등성과 나약함을 포괄한다.

편견이 나타나는 양상은 계급별로 차이를 보일 수 있다. 노동계급에게 유대인은 자본가, 즉 노동자에게 지시를 내리는 사회적 권력의 이미지를 가진다. 그러나 중간계급에게 유대인은 자본가가 아니라 음험한 사기꾼이나 장사치 정도로 인식된다. 이들은 '게으른 사람'들로서 자신의 연줄을 가지고 활동하면서 노력에 비해 과도한 혜택을 누린다는 것이다. 이러한 차이는 강조점의 차이일 뿐 본질적인 것이 아니다. 노동계급과 중간계급 모두 유대인이라는 존재를 "올바르고 정직한 노동"(Adorno et al., 1950: 639)에서 분리하고 있으며, 이는 '부정적 성질'을 부각시켜 박해와 차별을 정당화하는 데 있어 기능상 동일한 것이기 때문이다. 중요한 점은 위와 같은 이방인의 부정적 특성들이 편견 속에서 이방인의 존재 그 자체의 본성으로, 즉 변화 불가능한 것으로 규정된다는 것이다. 편견 속에서 이방인은 '갱생'이 불가능한 존재이기 때문에, 이른바 이방인 문제의 '해결'은 '절멸'이라는 최악의 잔혹성으로 귀결된다.

그러나 수많은 사람들의 집단적인 살해는 아무리 편견 속에서 죄와 벌이 불균형 상태에 놓여 있다고 해도 쉽게 정당화될 수 없는 충격적인 사건이다. 사회 구성원들은 편견이 제공하는 세계뿐만 아니라, 자신이 실제로 살아가는 세계에서도 살고 있기 때문이다. 실제 세계에서 경험하는 사례는 편견의 세계에서 주장된 것과는 모순을 일으키며, 편견이 강력할수록 현실의 갈등은 증폭될 것이다. 이러한 상황에서 개인이 실제로 경험하는 현실을 거부하도록 강제하려는 시도는 장기적으로 성공하기 어려울 것이다. 그러므로 편견이 지속적으로 권위주의적 욕망과 증오를 안정적으로 유지하고 재생산하기 위해서는, 편견을 가진 개인이 지속적으로 자신의 편견에 부합하는 사회적 경험을 누적시킬 필요가 있다. 사회 구성원들이 가진 편견을 동원하여 자신의 정치권력이나 경제적 이득, 또는 사회적 명망을 추구하려는 사람들은 바로 이러한 경험을 제공한다. 바로 특정 이방인 집단을 '사회 내부의 적'으로 규정하고, 이들의 부정적 본성을 주장하면서 차별과 박해를 정당화하는 '선전선동(propaganda)'이 그것이다.

4) 편견의 사회적 동원 수단으로서 선전선동

그렇다면 편견에 근거한 선전선동은 구체적으로 어떠한 방식으로 이루어지는가? 전후 독일 극우주의에 대한 강연(Adorno, 2019)을 중심으로 이를 살펴보고자 한다. 최근 그 정치적 입지를 넓힌 독일을 위한 대안당(Alternativ für Deutschland)이 약진하기 이전에 독일 극우주의의 대표 단체는 독일민족민주당(NPD: Nationaldemokratische Partei Deutschlands)이었다. NPD는 1964년 창당 후 민주주의 선거제도 아래에서 빠르게 성장했다. 창당 후 1년 만에 치러진 총선에서 NPD는 2.0%를 득표했으며, 그 후 2년간 총 11개의 주 중 6개의 주에서 지방의회에 진입했다. NPD는 현대 민주주의 선거제도에서 성공을 거두었으며 이로써 특정 집단에 의한 국가 권력의 통제를 추구하는 고전적 파시즘과는 차별화되는 '새로운 극우주의'가 탄생했음을 보여주었다. 이 성공의 열쇠는 바로 나치 과거에 대한 불인정과 외국인에 대한 편견을 부추기는 선전선동이었다.

이러한 종류의 선전선동은 불리한 논쟁에 직면해서는 자신의 입장을 강조하면서 구체적인 논쟁을 회피하고자 한다. 그리고 법적으로 문제가 될 발언을 교묘히 빠져나가면서 암시적 효과를 노리는 표현들을 누적적으로 사용한다. 이러한 간단하고 표준화된, 모두가 알고 있는 단순한 트릭이라도 그것이 지속적으로 반복되면 확실한 "프로파간다적 가치"(Adorno, 2019: 44)를 갖게 된다. 이 과정에서는 항상 개별 사례, 특히 확인되지 않은 숫자들이 대량으로 동원되어 반대자들이 대응하기 어렵게 만든다. 통제되지 않은 사례들을 대거 끌어들임으로써, 이러한 주장에는 일종의 특별한 권위가 부여된다. 진실을 독점하고 있다는 인상을 주기 때문이다. 다수의 통제 불가능하며 편향된 사례들을 이른바 "살라미 전술"(Adorno, 2019: 45)을 이용하여 끊임없이 내놓음으로써 개별 사실을 사회적 맥락에서 유리시키고, 이를 선동에 이용하는 것이다.

특히 심각하게 받아들여야 할 또 하나의 장치는 바로 "사람은 누구나 사상을 가져야 한다"(Adorno, 2019: 47)라는 주장이다. 이 주장은 무지를 비난하는 것처럼 보이지만 여기서 사상이란 객관적 내용을 갖는 정신적 구조물이 아니라 실용주의적, 혹은 화용론적 의미에서의 사상이기 때문에 그 사상의 내용과는 무관하다. 오히려 극우주의자들은 자신들도 자신의 사상이 있으므로, 그 사상의 진실 여부와는 상관없이 다른 정치인, 운동가들과 동일한 가치를 지닌다고 선전하는 것이다. 이러한 점에서 위와 같은 주장은 "통속적 관념론의 원형(Prototyp des Vulgäridealismus)"(Adorno, 2019: 47)인 것이다. 극우주의자들은 사회적 콤플렉스를 건드리면서 사람들을 동원하지만, 이 과정에서 사실은 아무런 의미를 갖지 않는다. 예를 들어, 세계 그 어떤 나라도 제2차 세계대전 중 있었던 일에 대해 독일에 사과를 요구한 적은 없다. 그러나 이러한 사실에도 불구하고 신극우주의자들은 "우리는 더 이상 죄책감을 가질 필요가 없다"라고 줄기차게 주장하고 있다. 이 주장 속에는 "언제까지 사과해야 하나?"(Adorno, 2019: 51)라는 물음이 내재되어 있지만, 이 물음은 사실관계를 확인하려는 것이 아니라, 독일인의 열등감을 자극하기 위한 것이다.

이러한 유형의 선동 기술들은 1930년대 독일 국가사회주의와 이탈리아 파시즘에서도 적극적으로 사용되었을 만큼 오래된 것이다. 그러나 동시에 시대적·사회적 변화에 따라 편견에 의한 선동 방식도 변화한다. 예를 들어 1960년대에 등장한 독일의 신(新)극우주의자들은 민주주의적 가치 중 하나인 표현의 자유를 들먹이며 증오 표현을 공개적으로 할 수 있는 자유를 요구한다. 이는 민주주의적 활동 규칙에 적응해야 한다는 강요가 이들의 행동 방식을 변형시켰음을 의미한다(Adorno, 2019: 36). 민주주의적 활동 규칙은 현대 사회에서 거스를 수 없는 법칙으로 작동하고 있기 때문이다. 과거 독일 국가사회주의 추종자들에게서 볼 수 있는 공공연한 반민주주의적 행위 유형과는 반대로, 신극우주의자들은 '진정한 민주주의자'로 행세하면서 그들과 다른 주장을 펴는 사람들을 민주주의의 적으로 몰아간다. 그러나 이러한 전략은 곧 모순에 직면하게 된다. 선동적 내용들이 예전과 같이 아무런 제약 없이 전파될 수 없기 때문이다(Adorno, 2019: 37). 이 외에도 과거 나치와는 달리 새로운 극우주의는 제국주의적 요소, 즉 "'내일은 세계 지배'와 같은 전망을 갖지 않는다"(Adorno, 2019: 40). 그러나 파시즘에서 중요한 것은 맹목적 실천, 무조건적 지배 등이며 정신과 이론은 부차적인 것에 불과하기 때문에, 현대 사회의 신극우주의가 아무런 전망이 없다는 점은 역으로 다양한 상황에 적용될 수 있는 유연성을 부여한다. 당시 NPD의 성공은 바로 이 유연

한 선전선동의 성공이며, "극우주의는 프로파간다와 동일"(Adorno, 2019: 41)
하다는 본질을 극명하게 보여준다.

4. 증오의 정당화와 동원에 대한 대응 방안

1) 편견에 휩쓸리지 않는 인성: 지성적 개입의 가능성

지금까지 살펴본 바와 같이, 파괴적 감정인 증오는 체제 순응적 표출을
위해 편견을 이용하고, 편견은 증오 행위의 정당화에 기여한다. 이렇게 볼
때 우리는 사회적 증오에 대응하기 위해 그것을 정당화하는 편견에 대응할
필요가 있음을 알 수 있다. 정당화되지 않은 증오는 체제 순응적일 수 없게
되어 억제될 것이기 때문이다. 그렇다면 우리는 이러한 증오와 증오 행위의
정당화에 기여하는 편견에 어떻게 대응할 수 있을 것인가?

이와 관련된 사회연구소의 권위주의적 인성 연구의 또 다른 성과는, 편견
을 이용한 선전선동이 사회적 조건 속에서 활발해진다고 하더라도 모든 사
회 구성원들이 하나도 빠짐없이 편견에 사로잡혀 소수자와 이방인을 박해
하는 데 뛰어들지는 않는다는 점을 명확히 했다는 점이다. 위 연구에서 수
집된 인터뷰 자료에서 편견에 영향을 덜 받는 소수의 사람들이 확인되었던
것이다. 이들은 소수이지만 존재한다는 것이다. 이들은 반유대주의자들이
주장하는 유대인의 문제가 사실은 그들 "자신의 문제"(Adorno et al., 1950:
644)임을 인식하고 있었다. 이들은 사회적 집단으로서의 유대인이라는 개
념 자체가 본질적인 것을 의미한다고 보지 않았으며, 그러므로 유대인을 이
방인으로 지목하는 것을 무의미한 것으로 파악했다. 이러한 경우에서는 사
회적 주류에 내재된 인종적 범주로서 유대인의 개념은 받아들일 수도 있지
만, 이것이 증오 표출의 대상으로 이용되지 않을 수 있게 된다. 예를 들어

특정 인종이 가진 긍정적이거나 부러운 측면에 초점을 맞추는 고정관념의 경우 차별과 배제에 이용되는 편견과는 다른 사회적 결과를 가져올 것이다.

편견에 사로잡히지 않은 사람들은 "투사적 상상과 자동화된 판단을 거부"(Adorno et al., 1950: 647)하고 있으며, 감정적 차가움이나 무심함과 연관되지 않았다. 그리고 세계에 대한 긍정적 시각과 타인에 대한 연민이 있었다. 이들에게 "정의의 관념"은 편견에 사로잡힌 사람들과는 달리, "나와 타인을 동시에 떠올리는 경향"(Adorno et al., 1950: 647)을 보였다. 편견에 사로잡히지 않는 사람들은 자기성찰적, 자기비판적 사고방식을 가지고 있으며 표피적인 이데올로기나 나르시시즘적 만족에 그치는 것이 아니라, 자신의 감정을 구체적인 행위를 통해 현실화하고자 한다. 예를 들어 이들이 사회적 약자나 소수자에게 갖는 연민의 감정은 해당 약자 및 소수자의 사회적 상황을 개선시키려는 행동으로 나타나게 되는 것이다.

또한 이들은 "역사적, 사회학적 시각"(Adorno et al., 1950: 644)을 가지고 소수자를 인식하고 있었다. 소수자들이 어느 날 갑자기 등장하여 악행을 저지르는 것이 아니라, 그들이 사회 내부에 이방인으로 존재하게 된 경위와 그들의 사회적 위치, 그리고 제도 등을 함께 파악하는 것이다. 이 과정을 통해 편견에 휩쓸리지 않는 인성은 숙명론이나 성악설과 같이 한 가지 원인으로 모든 것을 설명하는 방식을 신뢰하지 않는 것으로 이어진다. 그러므로 이방인에 대한 편견과 같이 특정인의 속성을 그 출신이나 혈통, 문화 등의 '한 가지 원인'을 가지고 설명하는 방식은 비현실적인 것이 되고, 큰 영향력을 행사하지 못한다. 집단 내부의 적을 단순하게 특정하는 것을 거부하기 때문에 이들은 파괴 욕망과도 거리를 두고 있으며, 합리적인 통찰과 변화에 열려 있는 태도를 가지고 있었다. 역사적·사회학적 시각을 통해 모든 인간이 특정 사회적 맥락 속에서 비슷하다는 점을 인식하는 것은 사회문제를 해결하기 위해 인간을 희생시키는 방식을 거부하는 감수성과 연관되며, 이를 통해 특정 인종에 대한 박해의 위험성이 머릿속에 자리 잡게 된다. 편견에 휩쓸리지 않는 사람들이 이방인이나 사회적 약자 등 타인에게 연민을 보이는 경향도 바로 인종적 박해로는, 즉 이방인의 희생으로는 아무런 문제도 해결할 수 없다는 점을 인식하는 데에 기반한다.

이러한 과정을 통해 편견에 대한 '내성'을 갖게 된 사람은 편견에 사로잡힌 사람과는 달리 편견의 대상이 되는 집단 혹은 개인과의 접촉을 통해 획득한 경험을 기존의 고정관념을 극복하는 데 사용하게 된다. 개인적인 접촉이 이루어지기 전에는 어쩔 수 없이 사회적인 맥락 속에서 가질 수밖에 없었던 고정관념이 현실적 경험 사례에 비추어 교정되고, 이 경험이 반복되면서 최종적으로 고정관념이 변화할 수 있는 가능성을 보여준다. 낮은 권위주의적 인성을 가진 사람에게는 "경험의 변증법"이 오히려 "그 자체의 견고성을 통해 현실에의 감염"(Adorno et al., 1950: 619)을 막아주는 것이다.

이러한 편견에 휩쓸리지 않는 반권위주의적 인성은 어디에서 얻어지는 것인가? 우리는 사회적 증오의 유형을 살펴보면서, 증오가 사회구조적으로 내재될 수밖에 없는 환경을 살펴본 바 있다. 사회내재적 증오는 그것이 제대로 표출될 경우 사회구조가 정의롭지 않다는 사실을 드러낼 수 있고, 이 부정의를 만들어내는 구조를 바꾸는 원동력이 될 수 있다. 그러나 실제로는 이 부정의의 생산구조를 그대로 가져가면서 그로 인한 사회적 증오가 '체제 순응적'으로 표출될 수 있도록 정치적·사회적 부담이 적은 이방인들이 증오 표출의 표적이 되는 일이 많다. 그러나 그럼에도 불구하고 적지 않은 사람들이 편견에 휩쓸리지 않았다. 이러한 사실을 통해 우리는 사회적 증오가 표출되는 메커니즘에 개입할 수 있는 여지를 발견하게 된다. 사람들이 현재의 체제 속에서 갖게 되는 증오가 현 체제의 기본 구조에 의해 생산되는 것이라면, 현재의 체제를 극복하는 것이 이 증오를 진정으로 극복하는 것이 될 것이다. 그러나 이 본질적인 해결이 이루어지기 전에라도 우리는 우선적으로 체제의 구성원리 속에서 생산되는 증오가 엉뚱한 사회적 약자 및 소수자, 이방인에게로 향하도록 하는 체제 순응적 증오 표출을 시도하는 움직임과 맞설 필요가 있다.

2) 편견과 그 동원의 사회적 조건 탐구

편견에 기초한 선전은 아무런 사회적 맥락 없이 등장하지 않으며, 이를 가능케 하는 사회적 조건이 필요하다. 파시즘이 사회 전체적으로 확산되어 국가 그 자체가 되었던 1930년대는 과거의 일이 되었지만, 파시즘을 불러온 사회적 조건들이 현존한다면 편견을 통한 증오의 표출은 언제든지 나타날 수 있다. 그러므로 1960년대 독일 사회에서 신극우주의자들의 성공은 "파시즘의 사회적 조건들이 예전과 같이 유지되고 있다"(Adorno, 2019: 9)는 것을 보여준다. 파시즘 시기의 사회적 조건이란 19세기의 자유주의적 자본주의가 세계대공황에 의해 더 이상 지속 가능할 수 없게 되면서 대자본과 국가의 결합이 나타난 경제적 상황에서 형성되었다. 국가가 적극적으로 기업의 이익을 대변하면서 정치에서 경제 문제가 전면으로 부상하고, 기업은 불안정한 경기에 대한 대응력을 키우기 위해 대규모의 기업 집단 클러스터를 구축했다. 과거에는 원리적으로 분리되어 있었던 국가가 자본의 이해관계를 위해 활동하고, 자본 그 자체의 대규모 집적이 일어나게 되었다. 이러한 "자본의 집중 경향"(Adorno, 2019: 10)은 정치 및 경제 체계의 작동 방식뿐만 아니라 사회 구성원들의 심리적 수준에까지 영향을 미친 근본적인 변화였다. 자본의 집중은 지금까지 "주관적인 계급의식상 시민계급에 속하는 계층들"(Adorno, 2019: 10)이 자신의 사회적 특권을 영구적으로 상실할 수 있는 가능성을 높이며, 이에 따라 이들은 자신의 사회적 지위가 추락할지도 모른다는 불안에 시달리게 된 것이다. 이러한 존재론적 불안은 노동자에게도 적용된다. "기술발전에 의한 실업의 유령"이 점점 더 강하게 배회 중이며, "자동화의 시대"에 노동자들은 이미 자신을 "잠재적 잉여"(Adorno, 2019: 12), 즉 잠재적 실업자로 느끼고 있다. 당시 맹아의 형태로 나타난 초국가적 기관에 의한 개입도 불안의 원인으로 지적된다. 즉 유럽경제공동체(EWG)에 의한 농업 분야의 개입만큼이나 그에 대한 농업 종사자들의 불안은 현실적인 것이다(Adorno, 2019: 13).

이렇게 보았을 때, 편견을 이용한 선전선동은 "전체 사회적 발전의 결과에 대한 일종의 공포"(Adorno, 2019: 14)를 그 사회적 기반으로 한다고 할 수 있다. 그리고 현존하는 국가와 체제에 순응적이면서 사회적 불안의 원인을 좌파와 외국인 같은 전형적인 이방인으로 지목하여 자신의 영역을 확산한다. 불안이 전체 사회에 퍼져 있기 때문에 이 편견에 의한 선동에 경도되는 사람들도 전체 사회 영역에 산재해 있으며, 따라서 증오의 표출은 일부 사람들의 문제로 축소될 수 없는 것이다. 그리고 편견을 이용한 선전선동의 성공은 한두 가지 요인으로 환원될 수 없다. 처음 파시즘이 출현했을 때 그 주요 원인으로 1930년대 세계 경제 대공황을 지목하는 경향이 있었으나, 과거 파시즘과 본질적으로 동일한 작동 방식을 가진 1960년대의 신극우주의는 경제 호황기에 성공을 거두었다. 또한 편견을 이용한 선전선동의 도구들이 이미 과거 이탈리아와 독일의 파시스트들에 의해 사용되었다고 해서 무솔리니와 히틀러, 괴벨스 등 당대 선동가들의 비범함도 그렇게 과대평가될 필요가 없을 것이다. 대중 동원은 대중들의 완전한 거부나 반대 속에서는 이루어질 수 없으며, 이들이 제시하는 이야기를 그럴싸하게 받아들이고 민감하게 반응하는 청중들이 없었으면 성공할 수 없었을 것이기 때문이다.

그러므로 편견을 통한 증오의 동원에 대해서는 세심하고 종합적인 접근이 필요하다. 불황과 같은 한 가지 원인에 모든 책임을 돌리는 도식적 관점이나 이에 따른 경솔한 대응 양식을 경계해야 할 것이다. 절망적인 경제적 상황이나 특출 난 선동가 이외에도, 편견이 표출하는 증오의 파괴적 성격은 권위주의적 인성을 가진 사람들이 갖는 "참혹함에의 기대"(Adorno, 2019: 19)에도 기인한다. 편견에 사로잡힌 사람들은 사회적 재앙을 "원하는" 사람들로서, "세계 멸망의 판타지"(Adorno, 2019: 19~20)를 갖는다. 그러나 이러한 파멸에의 회구는 그 "객관적인 기초"를 갖는다. 아무런 전망이 없고 사회적 기반의 변화를 원하지 않는 사람에게는, 사실 모든 것의 붕괴 말고는 다른 선택지가 남아 있지 않다. 이 사람은 자신의 사회적 상황으로부터 파멸, 자신이 속한 집단뿐만 아니라 "전체의 파멸"(Adorno, 2019: 20)을 원하게 된다.

여기에 독일 사회와 같이 '단결'에의 집착, 독자행동을 허용하지 않는 경향이 지배적인 사회에서는 일종의 '밴드왜건 효과(bandwagon effect)'가 함께 작동하여 편견을 통한 증오의 동원이 강력한 사회운동으로 발전될 가능성이 높아진다. 따라서 이러한 특정 사회의 경향이 '민족성'과 같은 집단적 본성에 기인한 것으로 보기는 어렵다. 이러한 시각은 사람들의 행위 양식을 집단적 본성이란 변화 불가능한 것에 기반하는 것으로 보기 때문에, 편견이 박해의 희생자들에게 들이대는 잣대와 차별성을 가질 수 없다. 오히려 이러한 집단적 특성을 바르게 인식하기 위해서는 그것이 해당 사회가 경험한 근대화의 과정 속에서 '구성된' 것이라는 인식이 필요할 것이다. 예를 들어 독일은 영국이나 프랑스에 비해 근대화가 늦었고, 나폴레옹의 정복 전쟁에서도 볼 수 있듯이 정체성 문제에 관해 지속적인 공포에 시달렸다. 그렇기 때문에 "민족의식에 과도한 가치를 두는 성향"(Adorno, 2019: 22)이 등장할 수 있었고 외부 침략에 맞서 '단결'할 것이 강조되었으며, 이를 통해 이방인에 대한 편견을 이용하는 선전선동이 성공할 수 있는 사회적 조건이 마련되었던 것이다.

3) 현실적 결과를 통한 설득과 지성적 대항 수단의 개발

체제 내적 증오를 이방인에 대한 증오로 환치시키고 이를 통해 정치적 이득을 취하고자 하는 선전선동에 올바르게 대응하기 위해서는 편견이 사회 구성원들의 존재론적 불안이라는 사회적 조건 속에서 나타난다는 점에 주목할 필요가 있다. 민주적인 사회에서는 사상과 발언의 자유라는 가치 때문에 편견과 선동에 대한 즉각적 탄압이 불가능하며 공공의 가치를 거스르는 행위도 사회적으로 유행할 수 있다. 편견에 사로잡힌 사람은 자신이 다른 사람의 말에 좌우되지 않는 진실 되며 독립적인 인격체로서 "스스로를 공공 사회에 비해 우월한 존재로 느끼며, 자신의 편견을 끊임없이 강화시켜 일종의 불변의 진리와도 같이 만든다"(Adorno et al., 1950: 628). 이러한 과정을 거쳐 편견에 사로잡힌 사람은 자신의 생각에 아무런 의심이나 비판을 시도하지 않음으로써 자신의 "정신적 노력을 재차 절약한다"(Adorno et al., 1950: 628).

이 과정에 따라 편견과 현실이 상호 합치하지 않아 발생하는 갈등은 종국에는 편견에 유리하게 합리화된다. 그리고 개인은 일상 속에서 편견과 현실을 지속적으로 마주하게 되기 때문에 이 합리화 과정은 지속적으로 반복되고 강화된다. 따라서 편견을 가진 사람이 아무리 그에 반하는 사회적 경험을 많이 한다고 해도 그의 편견이 수정될 여지가 생기지 않는다. 반대로 그의 편견은 시간이 지날수록 강하고 견고해질 것이다. 이러한 상황에서 우리가 특정 편견과 그 선동을 윤리적이지 못하다고 비난하거나 일부 '얼간이'들의 문제로 애써 축소하려 한다면, 우리는 편견의 선동이 가져오는 비극을 막을 수 없다. 이 전략은 과거 나치의 집권 과정에서 볼 수 있듯이 성공하지 못했기 때문이다.

오히려 우리는 증오를 부추기는 선동에 조응하는 인간형, 즉 편견에 사로잡혀 있고 권위주의적이며 억압적인 성격을 가진, 정치경제적 관점에서 반동적인 인간형은 자신의 명확한 이해관계가 얽혀 있는 영역에서는 자신의 편견과는 "완전히 반대로 행동"(Adorno, 2019: 52)을 한다는 점에 주목할 필요가 있다. 즉, 편견이 정당화하는 이방인에 대한 증오 표출이 사실은 아무런 문제도 해결할 수 없으며 오히려 문제를 악화시킬 것이라는 사실을 강조하는 것이 편견에 기초한 선동에 대응하는 한 예가 될 수 있다.

또한 편견을 부추기는 선동의 결과가 어떠했는지 밝히는 것도 중요한 대항 수단이 될 것이다. "극우주의 정치가 자신의 지지자들을 악으로 이끌었고, 이 악은 처음부터 기획된 것이었으며, 규율, 복종, 질서정연함, 군사적 성격 등 극우주의의 매력을 불러일으키는 모든 것들이 철저한 이해관계의 산물임을 미리 알리는"(Adorno, 2019: 28) 것이다. 편견과 그것을 통한 선동이 완전히 허위에 불과한 것은 아니지만, 문제는 이 몇몇 진실들이 허위의식에 이용되는 과정에서 등장하는 데 있다. 그러므로 편견을 이용하는 선전선동에 대항하기 위해서는 진실이 거짓을 위해 악용되는 사례들을 찾아내어 그것에 반박할 필요가 있다고 아도르노는 주장한다(Adorno, 2019: 39). 이와 함께 '암시'와 같은 극우주의의 선동 기법 등을 철저히 연구하여 대항수단을 개발(Adorno, 2019: 35~36)함으로써 이 기술들을 확실하게, 손에 잡히도록(tangible) 구체화하고, 이들에 끔찍한 이름을 붙여 자세히 묘사하고, 대중들이 그 심리학적 트릭을 알아채고 거부할 수 있도록 도와야 한다고 역설했다(Adorno, 2019: 52).

편견을 이용하는 선전선동의 목적은 심리학적-이데올로기적인 것이 아니라 현실적-정치적 이득을 취하는 것이다. 그러나 이 현실적 이득을 위해 선전선동은 사회 내부에 존재하는 증오를 동원하고 이를 위해 허구적인 이유를 양산한다. 그러므로 그에 대한 올바른 대항은 "진정한 비이데올로기적 진실을 가지고 이성의 관통력"(Adorno, 2019: 55)을 통해, 즉 지성주의적인 방법으로 가능하게 된다. 그렇게 함으로써 우리는 편견에 휩싸여 선동에 현혹되는 사람들을 일종의 "교화 불가능자"(Adorno, 2019: 16)로 치부하는 태도를 지양할 수 있다. 예를 들어 1960년대 독일에서 신극우주의에 빠져든 사람들은 1945년의 패전으로 사회경제적 붕괴를 집단적으로 경험한 사람들이었으며, 이들에게는 독일이 다시 올라서야 한다는 강력한 감정이 깃들게 되었다(Adorno, 2019: 16). 여기서 우리는 편견과 선전선동의 내용 그 자체에 대한 연구도 중요하지만, 편견에 휩싸여 선전선동을 적극적으로 수용하는 사람들이 어떠한 '집단적 경험'을 했고 그에 따라 어떠한 감정을 공유하게 되었으며, 그리고 그 감정 중 어떤 부분이 편견 및 선전선동과 상호 연관되었는지 등을 세심하게 관찰하여 확인할 필요가 있음을 알 수 있다.

5. 마치며

비판이론적인 증오 개념은 증오의 사회성에서 출발한다. 증오는 개인적인 감정이지만 사랑하는 존재가 공격받을 때 나타나는 반응적 증오와는 달리, 사회적으로 조건 지어진 생활 경험에 의해 생성되는 성격에 의한 증오에서 우리는 증오의 사회적 성격을 확인할 수 있다. 사회 구성원들에게 증오가 내재된 이상, 누가 증오의 대상으로 지목되는가의 문제는 그리 중요하지 않다. 외국 출신 주민뿐만 아니라 사회주의자, 동성애자, 장애인, 여성 등 민족적으로 동일한 집단에게도 증오는 표출될 수 있다. 증오의 주요 대상은 동일한 생활공간을 공유하지만 내적으로 동화되지 못한 '이방인' ─ 외국인이 아니다 ─ 이기 때문이다.

증오를 정당화하는 편견은 민주적인 사회의 가치를 거부하는 권위주의적 인성과 관련이 있으며, 이 인성의 심리적 소망을 강화하는 방식으로 굳어진다는 점을 확인할 수 있다. 이 글에서 다룬 작업들이 기반하는 사회적 조건은 비단 1940년대 미국 사회에만 적용되는 것은 아니다. 사회연구소 구성원들이 간파했듯이 당시 미국 사회는 19세기 근대문명을 넘어서는 새로운 사회의 전망을 이미 구현하고 있었다. 미국 사회에서 나타나는 현상은 곧 전 세계로 확산되어 새로운 형태의 사회 구조를 일반화하게 될 것이었다. 이 예상은 오늘날에도 그대로 적용되어, 2020년대의 세계는 1940년대 미국 사회의 특성이 한층 더 강화된 형태로 현실화되었다. 하루가 다르게 복잡해져 가는 현대 사회는 일반적인 개인이 이해할 수 없는 수준에 도달했기 때문에, 개인이 세계를 이해하기 위해서는 편견이나 고정관념이 필수 불가결한 측면이 있다. 그러나 세계화를 통해 이방인과의 접촉이 증가하는 현실 속에서 이 편견과 고정관념은 현실과 지속적으로 어긋나게 된다. 또한 현실 사회주의권의 붕괴로 인해 서구 민주주의는 세계적으로 유일하게 정당한 정치체계로 받아들여지게 되었다. 그러므로 현대 사회에서는 1940년대 미국사회와 마찬가지로 타인을 존중해야 한다는 정언명령이 증오를 공공연히 드러낼 수 없는 사회적 압력으로 작용하고 있다. 이러한 사회에서 개인의 증오는 날것 그대로 표출되기 어려우며 이는 편견이 작동하는 기반이 된다.

얼핏 보기에 '유대인'이라는 '이방인'이 존재하지 않는 '단일민족' 국가인 한국의 상황은 서구 사회와 다르다고 생각할 수도 있다. 현재 세계적으로 확산되는 증오의 표출 대상이 주로 외국인이므로 외국인 인구의 비율이 아직은 그리 높지 않은 한국 사회와는 현실적으로 무관한 이야기로 받아들여질 수도 있다. 그러나 우리는 유럽의 유대인들이 유럽 사회의 구성원이었다는 사실을 상기할 필요가 있다. 반유대주의는 같은 사회의 일원인 유대인을 사회의 '내부의 적'으로 규정하고 탄압하는 것을 정당화했던 것이다.

한국의 경우에는 분단과 한국전쟁을 거치며 공산주의자에게 '민족 반역자'의 죄명이 덧씌워진 '빨갱이'라는 자체적인 '내부의 적' 역할이 부여되었다. 무고한 사람들을 '빨갱이'로 지목하여 박해하는 행위는 이승만, 박정희, 전두환 등으로 대표되는 권위주의적 정권을 비호하기 위한 도구로 이용되었으며, 그 결과 '빨갱이'는 국가 차원의 관제사회운동을 통해 사회적 '이방인'으로 자리 잡게 되었다. 그러므로 한국 사회는 근대화 과정 속에서 사회적 증오의 대상과 그 정당화인 편견, 그리고 편견의 사회적 동원 양식으로서 선전선동이 작동하는 사회가 되었다고 할 수 있다. 이는 민주화 이후에도 한국 사회에서 끊임없이 북한의 존재를 내부 정치의 무대로 소환시킬 수 있게 되었다. 친북좌파, 종북좌파와 같은 용어들은 그 논리적, 내용적 무의미성에도 불구하고 강력한 현실 정치적 힘을 동원할 수 있었던 것이다. 현재에도 이 용어들을 자신의 권력 획득을 위한 선전선동의 수단으로 이용하는 세력이 무시할 수 없는 정치세력을 형성하고 있다. 또한 최근 한국 사회에 진입한 탈북인, 외국인 노동자 및 난민 등에 대한 증오의 표출과 박해, 그 정당화와 사회적 동원이 지속적으로 증가하고 있다.

우리는 이 우려스러운 상황을 일종의 "자연재해(Adorno, 2019: 55)"로, 즉 무언가 '자연스러운' 것으로 받아들여서는 안 될 것이다. 왜냐하면 이러한 태도에는 일종의 '단념'이 숨어 있으며, 이 단념을 통해 인간은 스스로를 실천적 주체에서 배제하기 때문이다. 사회적 증오가 야기하는 문제는 현실적인 것이다. 현실의 문제는 복잡한 이해관계와 사회심리학적 연관으로 얽혀 있으므로, 이들을 단번에 해결하는 '만병통치약'이나 '마법' 같은 것은 존재할 수 없다. 그러므로 우리는 이제까지 등장한, 그리고 어쩌면 앞으로도 지속적으로 등장할 사회적 증오의 표출과 정당화, 사회적 동원 시도들에 대해 쉽게 지치지 않고 끊임없이 대항할 수 있어야 한다. 중요한 것은 증오와 그것을 정당화하는 정신적 구성물의 내적 논리와 사회, 경제, 사회심리학적 뿌리를 탐구하고 그 역사적 변화 과정에 주목하는 것이다. 이러한 지속적인 분석과 비판을 통해 사회적 증오에 대한 '패배주의적'인 태도를 극복할 수 있을 것이다.

참고문헌

Adorno, Theodor W. 2019. *Aspekte des neuen Rechtsradikalismus*. Frankfurt am Main: Suhrkamp.

Adorno, Theodor W., Else Frenkel-Brunswik, Daniel Levinson, and Nevitt Sanford. 1950. *The Authoritarian Personality*. New York: Harper & Brothers.

Freud, Sigmund. 1940. "Das Ich und das Es." *Gesammelte Werke Bd. 13*. London: Imago.

_____. 1946. "Zur Einführung des Narzissmus." *Gesammelte Werke Bd. 10*. London: Imago.

Fromm, Erich. 2004. "Selfishness and Self-Love." *Psychiatry. Journal for the Study of Interpersonal Process Vol.2*. Washington: The William Alanson Psychiatric Foundation. https://lioncel.tripod.com/sitebuildercontent/sitebuilderfiles/frommselfishnessandselflove.pdf(검색일: 2020.6.25)

Horkheimer, Max. 1980. "Traditionelle und Kritische Theorie." in Institut für Sozialforschung(ed.). *Zeitschrift für Sozialforschung. Jahrgang 6/1937*. München: Deutscher Taschenbuch Verlag.

Negt, Oskar. 1999. "Über Sinn und Unsinn philosophischer Schulbildungen." in D. Claussen, O. Negt, and M. Werz(eds.). *Hannoversche Schriften 1. Keine Kritische Theorie ohne Amerika*. Frankfurt/Main: Neue Kritik.

9장

혐오와 비인간화

코로나19 맥락에서 본 차별과 배제의 정치

하상응

1. 들어가며

코로나19라는 감염병의 전 세계적 확산은 여러 가지 사회문제를 야기했다. 이에 많은 사람들이 사회의 병리 현상을 점검하고 그 해결책을 찾으려고 노력하는 중이다. 급속도로 늘고 있는 환자와 사망자들을 감당하는 능력이 국가마다 차이가 나는 사실을 주목하는 사람들은 보건 정책과 의료 체계의 건전성 관점에서 문제를 진단하고 있다. 사회적 거리두기와 봉쇄 조치로 인해 생기는 피해가 사회집단별로 비대칭적이라는 사실에 관심을 두는 사람들은 노동시장 내 구조적 문제와 경제 불평등을 해소하기 위한 노력이 부족했음을 지적한다. 일반인들이 정부의 방역 조치를 따르는 정도에 국가별 차이가 있음을 흥미롭게 바라보는 사람들은 이 기회에 정부에 대한 신뢰 및 사회 자본이 견실하게 유지되지 못했던 문제의 원인을 파악해야 한다고 생각한다. 이와 같이 의료 체계, 노동시장, 시민사회 등의 차원에서의 문제를 되짚어 보아야 한다는 데에는 이론의 여지가 없다. 엄밀한 분석과 건전한 판단을 한다는 전제하에, 이러한 노력들은 구체적인 정책의 변화를 가져올 수 있을 것이다. 하지만 사회 구조에 직접적인 변화를 추구하는 정책적 시사점을 주는 문제들 외에도 코로나19가 가져온 다른 중요한 사회문제가 있다. 바로 차별(discrimination)과 배제(exclusion)의 논리의 확산과 강화다.

예방책과 치료 방법이 명확하게 마련되지 않은 감염병이 확산되는 상황은 그 자체로 공포심을 유발한다. 아직 감염병에 걸리지 않은 사람들은 바이러스에 노출된 사람들로부터 물리적으로 멀어져야 할 필요가 있음을 본능적으로 깨닫는다. 확진자들이 자발적으로나 타의에 의해 격리되어야 감염병 확산을 막을 수 있기 때문이다. 문제는 이 과정에서 확진자들에게 낙인을 찍을 개연성이 높다는 것이다. 도대체 코로나19라는 감염병은 왜 생겼는가? 누가 코로나19에 걸릴 가능성이 높은 일상생활을 하고 있는가? 감염병이 가져온 엄청난 피해를 누구에게 보상받아야 하는가? 이와 같은 질문들을 던지는 일 자체는 자연스럽다. 하지만 이 질문에 대답하는 과정에서 특정 사회집단이 희생양이 되곤 한다. 코로나19가 전 세계적으로 확산되던 2020년 봄에 많은 나라에서 중국계나 동아시아계 사람들에 대한 증오 범죄(hate crimes)가 이례적으로 많이 보고되었다.[1] 감염병의 발원지가 중국의 우한(Wuhan)시라고 알려졌기 때문이다. 우리나라에서도 코로나19를 "우한 폐렴"이라고 지칭하면서 사회 저변에 깔린 반중 정서(anti-Chinese sentiments)를 자극하여

---

1   동아시아계 사람들에 대한 증오 범죄가 가져온 문제점들에 대한 연구로는 다음이 있다. Hannah Tessler, Meera Choi and Grace Kao, "The Anxiety of Being Asian American: Hate Crimes and Negative Biases During the COVID-19 Pandemic," *American Journal of Criminal Justice*, Vol.45(2020), pp.636~646; Katherine J. Roberto, Andrew F. Johnson and Beth M. Rauhaus, "Stigmatization and Prejudice During the COVID-19 Pandemic," *Administrative Theory & Praxis*, Vol.42(2020), pp.364~378.

2020년 국회의원 선거에서 유리한 고지를 점령하고자 한 정치인들이 있었다. 그리고 코로나19와 더불어 사는 삶이 일상화되는 과정에서 정부의 방역지침을 어기고 대면 예배를 강행한 특정 종교집단들이 공격의 대상이 되기도 했다. 피시방 혹은 클럽에서 집단 감염이 발생하면 젊은 세대가, 마을회관에서 집단 감염이 발생하면 노년층이, 특정 보수적 이념 성향을 가진 사람들이 모인 야외 집회에서 잡단 감염이 발생하면 보수 세력 전체가 도마 위에 올랐다.

특정 사회집단을 차별하고 배제하는 행위는 어제 오늘 일이 아니다. 코로나19가 사회문제가 되기 전, 이미 차별과 배제의 논리는 위험할 정도로 강화되어 있었다. 이것이 현재 사회과학 분야에서 가장 많은 관심을 끄는 자유민주주의 위기의 핵심적인 내용이다.[2] 왜 일부 정치인들과 유권자들은 자신과 다른 입장을 취하는 사람들의 의견을 더 이상 경청하지 않는가? 왜 서로 다른 의견과 가치관을 가지고 있는 집단이 상대방을 경쟁(competition)의 대상으로 보지 않고 절멸(extermination)의 대상으로 보는가? 왜 극우주의 정당이나 트럼프와 같은 포퓰리스트들이 많은 유권자들의 지지를 얻는가? 이러한 질문에 대한 답을 찾는 과정에서 학자들은 ① 자유무역의 확산에서 비롯된 경제 불평등 심화, ② 자유로운 이주에서 비롯된 국가정체성에 대한 위협, ③ 미디어 환경의 변화에서 비롯된 확증 편향(confirmation bias)의 증가라는 사회 현상을 주목하게 된다. 글로벌 노동시장에서 경쟁력이 떨어짐에 따라 주류로서의 지위를 잃고, 언어, 문화, 관습이 다른 이민자들이

---

2 자유민주주의의 위기의 원인을 잘 설명한 저작들로는 다음이 있다. Tom Ginsburg and Aziz Z. Huq, *How to Save a Constitutional Democracy*(Chicago: University of Chicago Press, 2018); Steven Levitsky and Daniel Ziblatt, *How Democracies Die* (New York: Broadway Books, 2018); Adam Przeworski, *Crises of Democracy* (New York: Cambridge University Press, 2019).

늘어감에 따라 다양성을 포용해야 한다는 "정치적 올바름(political correctness)"을 강요받는 데에 불만을 느끼는 사람들이 이념적으로 편향된 하나의 입장을 옹호하는 내용을 반복적으로 전달하는 대중매체를 소비한 지 오래다. 이들은 언제든지 자신과 입장이 다른 사람들을 차별하고 배제할 준비가 이미 되어 있었다. 이 와중에 코로나19라는 또 하나의 위기가 덮친 것이다.

　이 장에서는 코로나19 시대에 차별과 배제의 논리가 정치의 장에서 어떻게 강화되는지를 살펴본다. 특히 혐오(disgust)와 비인간화(dehumanization)라는 개념에 주목한다.[3] 한 인간이 자신의 준거집단(reference group)을 설정하고 그 집단에 대한 정체성을 갖는 것은 자연스러운 현상이다. 집단 정체성(group identity)이 형성되면 자신이 속한 집단과 자신이 속하지 않은 집단에 대한 고정관념(stereotype)이 생긴다. 이 고정관념에 의거하여 자신이 속하지 않은 집단, 즉 외집단(out-group)에 대한 편견(prejudice)이 생길 수 있고, 이것이 행동으로 옮겨지면 외집단을 차별(discrimination)하게 된다. 외집단을 차별하는 행위는 그것이 한 사회의 제도에 내재화되지 않는 한 법과 관습에 의해 제어되는 것이 일반적이다. 그런데 외집단에 대해 혐오감을 느끼고, 외집단 구성원들을 인간으로 취급하지 않는 비인간화 단계로까지 악화되면 차별 행위가 곧 외집단을 절멸시키고자 하는 구체적인 폭력 행위로 비화될 수 있다. 지난 세기에 드물지 않게 목격한 인종 청소(ethnic cleansing)

3　인간의 감정 중 하나인 영어 단어 'disgust'는 '역겨움'이나 '혐오'로 번역된다. 이 장에서는 '혐오'를 사용한다. 번역 방식이 다양하기는 하지만, 개념을 정확하게 이해하기만 한다면 원활한 의사소통에 무리가 없다. 역겨움이나 혐오는 특정 대상에 대한 반감 때문에 회피하려는 감정을 의미한다. 반면 증오(hatred)는 특정 대상에 대한 반감 때문에 오히려 그 대상을 쫓아다니면서 절멸시키려는 감정을 의미한다. 혐오와 증오의 차이에 대한 구체적인 설명은 다음의 저작에서 확인할 수 있다. Berit Brogaard, *Hatred: Understanding Our Most Dangerous Emotion*(New York: Oxford University Press, 2020); 윌리엄 이언 밀러, 『혐오의 해부』, 하홍규 옮김(파주: 한울아카데미, 2022).

는 혐오와 비인간화에 의해 증폭된 차별 행위의 가장 극단적인 모습이다. 이미 겪고 있었던 자유민주주의의 위기에 코로나19라는 시련이 겹친 지금 이 상황에서 집단 정체성이 외집단 절멸 행위로 진화하는 것을 막기 위해서는 혐오와 비인간화에 대한 이해가 절실히 필요하다.

2. 차별과 배제의 논리: 집단 정체성에서 절멸까지

한 인간을 규정하는 방식은 다양하다. 첫 인상을 보고 규정할 수도 있고, 오랜 시간에 걸친 교제를 통해 규정할 수도 있다. 그 사람의 말을 듣고 규정할 수도 있고, 말 대신 행동을 관찰하여 규정할 수도 있다. 또 다른 방법은 그 사람이 어느 집단에 소속된 구성원인지를 보는 것이다. 사람은 사회생활을 하면서 살기 때문에, 성격, 기호, 가치관 등에 의거해 자발적으로 선택한 집단의 구성원이 되거나 어쩔 수 없는 구조적 요인에 근거해 특정 집단의 구성원이 된다. 본인이 속한 집단에 대한 심리적 애착을 느끼는 경우, 집단 정체성이 형성된다고 말한다. 예를 들어 한국에서 태어나 한국에 대한 편안함 내지는 소속감을 느끼면 한국인으로서의 정체성을 갖고 있는 것이다. 본인의 가치관에 근거해 자발적으로 이슬람교로 개종한다면 이슬람교도로서의 정체성을 갖게 된다. 집단 정체성은 자아(the self)를 정의하는 하나의 중요한 요인이기 때문에, 자신이 속한 집단에 애착을 갖지 않음에도 불구하고 정체성이 강요되거나 자신이 준거집단으로 여기는 집단에 정체성을 갖지 못하도록 사회나 국가가 방해하는 경우 큰 심리적인 공황 상태에 빠질 수 있다. 전통적인 가부장 문화를 받아들이지 못하는 장손에게 가문의 유산은 부담스럽기만 하다. 반면 생물학적 여성(혹은 남성)이 자신을 남성(혹은 여성)이라고 여기는 경우, 자발적인 성정체성의 선택이 용납되지 않는 사회에서는 큰 어려움이 따른다. 집단 정체성은 기본적으로 구별 지음(distinction)을 전제로 한다. 내가 속한 집단은 내가 속하지 않은 집단과 다르다는 인식은 집단 정체성이 형성됨과 동시에 자동적으로, 그리고 무의식적으로 만들어진다. 이렇게 내가 속한 집단인 내집단(in-group)과 다른 사람들이 속한 집단인 외집단이 구분된다.

내집단-외집단 구분은 각 집단에 대한 고정관념(stereotype)을 낳는다. 고정관념이란 사회에서 통용되는 특정 사회집단의 성격과 특성이다. 잘 알려진 고정관념으로는 "남성이 여성보다 수학을 잘하고 여성이 남성보다 언어 능력이 뛰어나다", "백인이 흑인보다 아이스하키를 잘하고 흑인은 백인보다 농구를 잘한다"와 같은 것들이 있다. 고정관념은 그 자체로 악의적인 내용을 담고 있는 것은 아니다. 집단 간 차이를 지적하되, 어떤 집단이 다른 집단보다 우월하다는 수직적 혹은 위계적인 질서를 반드시 상정하지는 않는다. 그렇기 때문에 고정관념에 의해 규정되는 집단의 구성원들도 그 고정관념을 수용하는 경향이 있다. 예를 들어 일반적으로 남성이 여성보다 수학을 잘한다는 고정관념은 남성뿐만 아니라 여성도 공유하고 있다. 마찬가지로 흑인이 백인보다 농구를 잘한다는 고정관념 역시 흑인뿐만 아니라 백인도 공유하는 내용이다.

사회에 통용되는 고정관념의 대상이 되는 집단의 구성원이 그 고정관념을 내재화하고 있다는 사실은 사회심리학에서 이미 확인된 내용이다.[4] 여학생들을 무작위로 두 집단으로 나누고, 같은 문제로 구성된 수학 시험을 치르도록 하는 실험 과정에서 한 여학생 집단에게는 '남학생들이 이 시험을 어렵게 생각했다'는 정보를 제공해 주고, 다른 여학생 집단에게는 그러한

---

4 고정관념의 대상이 되는 집단이 고정관념에 따르는 행동을 무의식중에 취하는 현상을 '고정관념 위협(stereotype threat)'이라고 부른다. 이에 대한 자세한 설명은 다음의 저작에서 찾아볼 수 있다. Claude M. Steele, *Whistling Vivaldi: How Stereotypes Affect Us and What We Can Do*(New York: W. W. Norton & Company, 2011).

정보를 제공해 주지 않았다. 나중에 평균 시험 성적을 비교해 보니 남학생들의 시험 난이도 인식 정보를 받은 여학생들 집단의 성적이 그렇지 않은 집단의 성적보다 낮게 나왔음을 확인할 수 있었다. 이는 시험 난이도 인식 정보가 내재된 고정관념('남성이 여성보다 수학을 잘한다')을 환기시켰기 때문이라고 해석할 수 있다. "남학생이 어렵다고 생각한 수학 문제인데 여학생인 내가 과연 잘 풀 수 있을 것인가"라는 고정관념이 여학생들의 실력 발휘를 방해했다는 말이다. 이렇듯 고정관념은 내집단이 외집단을 비하하기 위해 고안된 것이라기보다, 사회에 통용되는 집단의 특성을 지칭하는 것이다. 이러한 맥락에서 고정관념은 사회 내에 존재하는 다양한 집단들을 구분하기 위해 사용되는 특징을 요약해 놓은 것이라고 보는 것이 바람직하다.

하지만 고정관념은 쉽게 편견으로 이어질 수 있다. 편견은 내집단 중심주의(in-group favoritism)와 외집단 편견(out-group prejudice)의 형태로 발현된다. 고정관념이 수평적 집단 구분을 위한 것이라면 편견은 수직적 집단 구분을 위한 것이다. 다시 말해 편견은 내집단이 외집단에 비해 우월하다는 신호를 주기 위해 활성화되는 태도다. 그리고 편견은 고정관념과 달리 편견의 대상이 되는 사람들에 의해 공유되지 않는다. "부산 사람들은 시끄럽다"라고 서울 사람들이 말하는 행위, "흑인들은 게으르다"라고 백인들이 말하는 행위, "여성들은 감정적이다"라고 남성들이 말하는 행위 등은 편견에서 비롯된 발언들의 대표적인 예다. 이 발언은 서울 사람들이 부산 사람들보다, 백인들이 흑인들보다, 남성들이 여성들보다 우월하다는 내용을 담고 있고, 그 내용은 부산 사람들, 흑인들, 여성들에 의해 공유되지 않는다.

편견은 의식적 편견(explicit prejudice)과 무의식적 편견(implicit prejudice)으로 나뉜다. 의식적 편견은 외집단을 멸시하는 표현을 공공연하게 드러내는 것을 의미한다. 자신이 속한 집단보다 외집단이 열등하다는 주장이 담긴 모든 말과 글에서 의식적 편견을 찾아볼 수 있다. 반면 무의식적 편견은 본인 스스로는 인지하지 못하지만 은연중에 편견을 드러내는 것을 의미한다.

무의식적 편견은 감추어진 편견(hidden prejudice)이다. 사람의 말과 행동만으로는 잘 짐작해 낼 수 없는 종류의 편견이다. 무의식적 편견이 있는지의 여부는 심리학자들이 개발한 과학적인 도구를 사용해 밝혀낸다.[5] 문제는 무의식적 편견이 의식적 편견과 비슷한 정도로 외집단에게 상처를 줄 수도 있다는 점이다. 자신도 모르는, 그리고 다른 사람들이 겉으로만 봐서는 모르는 무의식적 편견이 활성화되면 의식적 편견과 유사한 효과를 일으킨다는 말이다.

---

5 무의식적 편견을 찾아내기 위해 사용되는 가장 일반적인 방법으로는 '내재적 연관 검사(IAT: Implicit Association Test)'가 있다. 피실험자는 서로 다른 세 개의 검사를 수행한다. 하나는 컴퓨터 화면 중앙에 나타나는 사진(꽃, 구더기, 산불, 홍수, 자고 있는 아이 등)을 화면에 보이는 두 개의 형용사(좋다-나쁘다)를 기준으로 분류하는 작업이다. 예를 들어 꽃이 화면에 나타나면 '좋다'로 분류하고 구더기가 나타나면 '나쁘다'로 분류하는 것이다. 두 번째 검사에서는 화면 중앙에 흑인 얼굴과 백인 얼굴이 무작위로 나오는데, 이것을 앞에서와 비슷한 방식으로 '흑인', '백인'으로 분류하는 작업을 수행한다. 마지막 세 번째 검사에서는 앞에서 했던 두 가지 내용이 섞여서 제시된다. 따라서 분류 작업에 필요한 지시 사항이 ① '좋다/백인'-'나쁘다/흑인' 혹은 ② '좋다/흑인'-'나쁘다/백인'의 방식으로 제시된다. 만약 자고 있는 아이가 화면에 나오면 백인-흑인 정보는 무시하고 좋다-나쁘다 정보에 근거해 분류하면 되고, 흑인 얼굴이 화면에 등장하면 좋다-나쁘다 정보는 무시하고 백인-흑인 정보를 이용해 분류하면 된다. 흑인에 대한 무의식적 편견을 갖고 있는 피실험자는 '좋다/백인' 조합은 자연스럽게 느끼는 반면, '좋다/흑인' 조합은 부자연스럽다고 생각할 수 있다. 이 경우 백인 얼굴이 등장했을 때와 흑인 얼굴이 등장했을 때 통계적으로 유의미하게 분류 작업에 시간 차이가 생길 수 있다. '좋다/백인'이 선택 가능한 상황에서 백인 얼굴이 나타나면 자연스럽게, 신속히 분류를 할 것이고, '좋다/흑인'이 선택 가능한 상황에서 흑인 얼굴이 나타나면 상대적으로 신속하게 분류하기가 어려울 것이기 때문이다. 이 설정에서 '흑인-백인' 대신 '남성-여성', '이성애자-동성애자', '뚱뚱한 사람-마른 사람' 등을 넣으면 다른 종류의 무의식적 편견을 측정할 수 있다. 내재적 연관 검사에 대한 자세한 설명은 다음의 저작에서 확인할 수 있다. Mahzarin R. Banaji and Anthony G. Greenwald, *Blind Spot: Hidden Biases of Good People*(New York: Delacorte, 2013).

의식적 편견은 또 다시 노골적 편견(blatant prejudice)과 상징적 편견(symbolic prejudice)으로 나누어볼 수 있다. 노골적 편견은 외집단에 대한 편견을 '싫다-좋다'의 기준으로 표현하는 것이다. 예를 들어 "동성애자들은 불결하다"와 같은 발언이 이에 해당한다. 반면 상징적 편견은 외집단에 대한 편견을 '옳다-그르다'의 기준으로 표현하는 것이다. "부산 사람들은 시끄럽다"라는 말의 이면에는 "공공장소에서는 정숙해야 한다"라는 가치 판단이 담겨있다. "흑인들은 게으르다"라는 말에도 흑인들이 백인들에 비해 평균적으로 사회적 지위가 낮은 사실을 흑인들의 노력 부족으로 돌리는 규범적 판단이 담겨 있다. 마찬가지로 "여성들은 감정적이다"라는 말 역시 사회생활에서 생기는 갈등 해결은 냉정하고 이성적인 판단에 근거해야 한다는 가치관의 반영이다. 그렇기 때문에 상징적 편견을 표출하는 사람들은 자신들이 특정 집단을 비난하고 있다고 생각하지 않는다. 대신 보편타당한 사회 규범에 근거하여 특정 집단의 잘못된 행동과 관행을 지적하고 있다고 생각한다. 따라서 상징적 편견을 표현하는 사람들은 자신의 행동이 인종주의, 성차별주의 등과 거리가 멀다고 믿는다.

기본적으로 편견은 내집단이 우월하고 외집단이 열등하다는 인식이기 때문에 위험하다. 하지만 엄격히 말해 편견은 여전히 태도(attitudes)일 뿐, 실제 행동(behavior)으로 옮겨진 상태는 아니기 때문에 즉각적인 악영향을 주지는 않는다. 외집단에 대한 편견을 갖고 있고 가끔 그것을 공개적으로 표출한다고 해도, 직접적이고 물리적인 가해로 이어지지 않을 수 있기 때문이다. 물론 편견이 외집단에 대한 노골적 편견을 담은 혐오 표현의 형식으로 발현되면 심각한 사회 갈등을 야기할 수 있다. 그러나 외집단에 대한 상징적 편견을 조리 있게 표현하는 경우에는 역설적으로 사회문제에 대한 진지한 토론과 숙의가 가능하다. 게다가 편견이 일방적으로 사회 소수자에게만 부과된다는 통념도 재고할 필요가 있다. 많은 경우 편견은 서로 경쟁하는 구도를 띤다. "부산 사람들은 시끄럽다"라는 서울 사람들의 편견에 대항하여 부산 사람들은 "서울 사람들은 깍쟁이다"라는 편견으로 맞설 수 있다. "여성들은 감정적이다"라는 편견에 대해서도 "남성들은 감수성이 부족하다"라는 편견으로 맞받아칠 수 있다. 통상적인 기준으로 보았을 때 부산 사람들과 여성들이 각각 서울 사람들과 남성들에 비해 사회 소수자라고 볼 수 있다. 하지만 사회 소수자들이 외집단에 대한 편견을 표현하지 않는 것은 결코 아니다. 사회 주류 집단이 소수자에 대해 편견을 표현하는 것이 문제가 된다면, 소수자가 사회 주류 집단에 대해 편견을 표현하는 것 역시 문제가 된다.

안정된 사회는 사회 내에 존재하는 집단들 간의 편견을 잘 관리하는 사회다. 외집단에 대한 편견의 표현을 완전히 규제할 수는 없다. 그렇다고 해서 편견의 표현을 방치하면 노골적 편견으로 인한 상처가 쌓이게 되고, 임계점이 넘었을 때 큰 사회문제가 될 수 있다. 자유민주주의의 핵심적인 이념 중 하나인 '표현의 자유(freedom of speech)'가 보장되는 정도가 국가마다 다른 이유가 여기에 있다. 대부분의 나라에서 특정 사회집단에 대한 혐오 표현은 법적으로 금지되어 있다. 독일의 경우 제2차 세계대전 당시 유대인 학살의 악몽을 되풀이하지 않기 위해 사회 소수자에 대한 혐오 표현을 비교적 엄격히 규제하고 있다. 반면 표현의 자유가 가장 광범위하게 보장되는 나라들 중 하나인 미국에서는 '즉각적인 불법 행위(imminent lawless action)'를 유발할 위험이 있는 발언을 제외하고는 모두 원칙적으로 수정헌법 제1조의 보호를 받는다.[6] 그렇기 때문에 2020년 제3차 대통령 후보 토론회에서 트럼프 대통령이 극우 성향의 백인우월주의 집단에게 "물러나 준비하고 기다려라(stand back and stand by)"라는 말을 한 행위, 그리고 코로나19가 심각하

---

6 '즉각적인 불법 행위'를 유발하는 표현을 제외한 모든 표현이 수정헌법 제1조에 의해 보장된다는 내용은 미국 연방대법원의 브랜던버그 대 오하이오(Brandenburg v. Ohio) (1969) 판결에 명시되어 있다.

지 않다고 생각하는 자신의 입장에 반해 강한 봉쇄 조치를 취한 민주당 소속 미시간 주지사를 비난하면서 트위터에 "미시간을 구하라(Save Michigan)"라는 선동적 발언을 올린 행위 모두 법적인 문제로 비화되지 않았던 것이다. 논란의 여지는 있지만, 트럼프 대통령의 발언들이 즉각적이고 구체적인 폭력 행위를 유발한다고 보기 어렵다는 판단이 있었기 때문이다.

편견이 관리되지 않아 구체적인 행동으로 옮겨지게 되는 경우, 차별이 나타난다. 차별은 외집단 소속 구성원들에게 구체적인 불이익을 주는 행위다. 차별은 개인 차원의 차별(individual discrimination)과 제도화된 차별(institutional discrimination)로 나누어볼 수 있다. 개인 차원의 차별은 말 그대로 한 개인이 외집단 구성원을 차별하는 것을 의미한다. 남성 인사 과장이 능력 있는 여성 지원자를 의도적으로 탈락시키는 행위, 보수적인 개신교 신자 부동산 중개업자가 동성 커플을 고객으로 받지 않는 행위, 영남 출신 유권자가 호남 출신 후보를 지지하지 않는 행위 등이 이에 해당된다. 보통 개인 차원의 차별에서 가해자는 그 사회의 주류 집단 소속 구성원이고 피해자는 여성, 소수인종, 성소수자, 이민자와 같은 사회 소수자다. 하지만 엄연히 개인 차원의 차별이기 때문에 반대의 경우도 있을 수 있다. 예를 들어 여성운동 단체에서 남성 회원을 받지 않는 경우가 그러하다.

한편 제도화된 차별은 사회 내에 만연된 개인 차원의 차별 중 일부가 제도로 굳어진 상황에서 발생한다. 직장에 육아휴직 제도가 오랫동안 없었던 것은 노동시장에서 여성을 차별한 행위가 제도화되었기 때문이고, 대학에서 신임 교원을 채용하는 공지를 한글로만 올리는 행위는 외국인을 후보로 고려하지 않는 차별적 행위가 제도화되었기 때문이다. 개인 차원의 차별과 달리 제도화된 차별은 개인의 노력으로 쉽게 개선되지 않는다. 미국에서 공권력이 오랫동안 흑인을 차별한 상황이 흑인 경찰청장이 임명된다고 해서 바로 바뀌지 않는다. 여성 직원에 대한 사내 차별이 여성 임원 비율이 늘어난다고 해서 즉각적으로 사라지지 않는다. 조직 및 제도 자체에 이미 차별이 내재화(internalization)되어 있기 때문이다. 제도화된 차별을 없애기 위해서는 사회 전체 차원의 노력이 요구된다.

제도화된 차별과 개인 차원의 차별을 구분하지 못하게 되면 불필요한 분란이 생기게 된다. 남녀차별이 오랜 기간에 걸쳐 제도화된 사회에서 차별의 피해자인 여성이 모든 남성 개개인을 잠재적 범죄자로 몰아세우거나, 흑백차별이 뿌리 깊은 미국에서 흑인이 모든 백인을 싸잡아 비난하는 행위는 역효과를 낼 수 있다. 일반적으로 제도화된 차별이 고착된 사회에서 차별의 피해자는 사회 주류 집단이 특권(privilege)을 누리고 있다고 주장한다. 하지만 사회 주류 집단은 일상생활에서 자신이 별다른 특권을 누리고 있다고 생각하지 않는다. 잘 알려진 미국의 예를 하나 들어보자. 1896년 미국 연방대법원은 남부 지역에서의 흑백분리 관행이 수정헌법 제14조에 위배되지 않는다는 분리차별원칙(separate but equal doctrine)을 명시했다.[7] 따라서 1896년에 남부에서 태어난 백인은 일상생활에서 흑백분리를 당연한 것으로 여기면서 살았을 것이다. 분리차별원칙이 연방대법원에 의해 폐기된 때는 1954년이다.[8] 지금 기준으로 보면 당시 미국 남부 백인들이 분명히 특권을 누렸다고 판단할 수 있다. 하지만 거의 60년 동안 흑백분리를 '자연스러운 것'으로 받아들인 백인들은 1954년 연방대법원의 결정에 격렬히 저항한다. 당시 대부분의 남부 백인들은 분리차별원칙에 의해 정착된 흑인에 대한 제도화된 차별이 있음을 인식하지 못했던 것이다.[9]

---

7 흑인과 백인에게 각각 동등한 질의 서비스와 시설이 제공된다는 전제하에 흑백분리는 수정헌법 제14조에 보장된 "동등한 대우(equal treatment)" 원칙에 위배되지 않는다는 미국 연방대법원 판결은 플레시 대 퍼거슨(Plessy v. Ferguson)(1896) 판결이다.

8 분리평등원칙을 폐기하고 흑인과 백인에게 동일한 서비스와 시설이 제공되어야 한다는 인종 통합(racial integration) 원리를 확정지은 미국 연방대법원 판결은 브라운 대 교육위원회(Brown v. Board of Education)(1954) 판결이다.

9 흑인에 대한 제도적 차별을 공고히 유지하려는 백인들의 노력을 역사적으로 점검한 저작

많은 차별 행위는 차별의 대상인 외집단을 제거하기 위한 목적은 없다. 외집단은 나름의 기능을 한다. 가부장적 권위주의가 팽배한 사회에서 여성의 노동은 그 사회 제도를 재생산하기 위해 필수불가결한 요소다. 과거 미국에서 흑인에 대한 차별은 노예제라는 경제 질서를 유지하기 위한 방편이었다. 하지만 일부 차별 행위는 외집단의 절멸(extermination)을 전제로 수행된다. 이교도에 대한 차별, 동성애자에 대한 차별, 보균자에 대한 차별 등이 이러한 종류의 차별이다. 외집단의 절멸을 추구하는 차별 행위는 외집단에 대한 혐오와 외집단의 비인간화 작업에 기반을 두고 있다. 한 개인의 집단 정체성이 고정관념, 편견, 그리고 차별로 이행된 후, 외집단에 대한 혐오감을 느끼면서 비인간화하는 단계에까지 이르게 되면 외집단을 배제하고 절멸시키기 위한 대량 학살(mass killings)로 이어질 수 있다. 따라서 혐오와 비인간화가 활성화되는 것을 막는 작업이 매우 중요하다.

3. 혐오와 비인간화

2015년 개봉된 영화 〈인사이드 아웃(Inside Out)〉은 성장기 10대 소녀의 감정 변화를 묘사하면서 이야기를 풀어가고 있다. 이 영화에 등장하는 주인공들은 5가지 인간의 감정인 기쁨(joy), 슬픔(sadness), 분노(anger), 두려움(fear), 혐오(disgust)다. 이렇게 5가지로 감정의 수를 제한한 이유는 심리학자들 간에 일반적으로 공유되는 견해를 따랐기 때문이다. 감정은 "외부 자극에 대한 즉각적이고 무의식적인 반응"이라고 정의된다. 기쁨과 같은 긍정

으로는 다음이 있다. Carol Anderson, *White Rage: The Unspoken Truth of Our Racial Divide*(New York: Bloomsbury, 2016).

감정(positive affect)은 우리가 수행하는 일이 방해받지 않고 수월하게 진행되거나, 바라는 바를 성취할 때 느끼는 감정이다. 한편 슬픔과 같은 부정 감정(negative affect)은 우리가 아끼는 대상을 잃어버리거나 우리의 노력이 보상받지 못할 때 느끼는 감정이다. 분노는 기본적으로 우리의 앞길을 가로막는 장애물에 대해 느끼는 부정 감정이긴 하나, 그 장애물에 당당하게 맞설 수 있다는 무의식적인 믿음에 근거한 감정이다. 우리 앞을 가로막는 장애물이 우리가 감당하기 어려운 것이면 분노 대신 두려움을 느낄 가능성이 높다. 마지막으로 혐오는 우리에게 해를 끼칠 것이라고 여겨지는 대상을 회피할 때 느껴지는 감정이다.

혐오라는 감정은 인간의 건강과 생존을 위협하는, 눈에 보이지 않는 병원균 및 바이러스를 무의식적으로 피하기 위한 동기에서 비롯된다고 한다. 몸에 이미 들어온 병원균과 싸우는 생물학적 면역 체계와 구분하기 위해, 병원균이 있다고 의심되는 대상을 '몸으로' 피하는 기제를 심리학에서는 행동면역체계(behavioral immune system)라고 부른다. 인간이 오감을 통해 병원균의 존재 여부를 파악하는 데에는 한계가 있기 때문에, 일반적으로 행동면역체계는 우리에게 생소한 자극을 모두 회피하는 방향으로 작동하게 된다. 예를 들어 평소에 보지 못했던 화려한 색의 버섯은 우리의 건강을 손상시킬 가능성을 배제할 수 없기 때문에 피해야 되는 대상이 된다. 문제는 이러한 행동면역체계가 물건이나 장소가 아닌, 다른 종교, 인종, 국적을 갖는 사람들에게까지 적용될 수 있다는 점이다.

혐오를 연구하는 사회과학 분야에서 축적된 경험 연구의 결과 중에는 흥미로운 것들이 많다. 그중 하나가 바로 혐오의 경향성이 높은 사람들이 성소수자와 이민자와의 접촉을 회피하려고 하는 경향을 보인다는 것이다.[10]

---

10 예를 들어 다음의 연구들이 있다. Lene Aarøe, Michael Bang Petersen and Kevin

이 연구 결과는 일부 사람들이 성소수자나 이민자 자체에 혐오감을 느낀다는 이야기가 아니다. 이 결과가 의미하는 바는 다음과 같이 조심스럽게 해석되어야 한다. 우선 혐오감을 유발하는 자극에 민감한 사람과 상대적으로 그러한 자극에 둔감한 사람을 상정한다. (이러한 차이는 아마도 유전적 요인에 의해 결정되었을 것이다.) 이 중에서 혐오감을 쉽게 느끼는 사람들은 상대적으로 더 활성화된 행동면역체계를 가지고 있다고 볼 수 있다. 행동면역체계는 병원균에 의해 감염되는 것을 피하기 위해 낯선 것, 이질적인 것, 익숙하지 않은 것들을 피하게 만든다. 성소수자와 이민자는 일반적으로 그 수가 많지 않은, 이질적인 존재다. 따라서 혐오감을 쉽게 느끼는 사람들은 자신들의 의사와 상관없이, 행동면역체계가 활성화되어 즉각적으로 무의식중에 성소수자와 이민자를 회피하는 태도를 보인다.

혐오는 분노와 명확하게 구분된다. 분노는 회피(aversion) 동기가 아니라 접근(approach) 동기와 연관된 감정이다. 어떤 대상에 대해 분노를 느낀다는 것은 그 대상에게 행동의 교정을 요구하는 무의식의 발로다. 즉, 화를 냄으로써 자신이 불쾌하다는 것을 명확하게 밝히고, 그 메시지를 상대방이 받아들여 앞으로는 분노를 자극하는 행동을 하지 않기를 기대하는 경우에 작동하는 감정이다. 반면 혐오는 상대방에게서 개선의 여지를 바라지 않는 감정이다. 상대방이 보여주는 이질성 때문에, 피하고, 배척하고, 소외시키고자 하는 행동이 혐오감에서 비롯된 결과다. 그리고 어떤 대상에 대해 혐오

Arceneaux, "The Behavioral Immune System Shapes Political Intuitions: Why and How Individual Differences in Disgust Sensitivity Underlie Opposition to Immigration," *American Political Science Review*, Vol.111(2017), pp.277~294; Jarret T. Crawford, Yoel Inbar and Victoria Maloney, "Disgust Sensitivity Selectively Predicts Attitudes toward Groups that Threaten (or Uphold) Traditional Sexual Morality," *Personality and Individual Differences*, Vol.70(2014), pp.218~223.

감을 느낀다는 것은 그 대상을 자신과 동등한 지위에 있다고 생각하지 않고, 절멸의 대상으로 삼는다는 말과 일맥상통한다.

'나와는 다른, 열등한' 대상으로서 상대방을 대하는 행위를 심리학에서는 비인간화라고 부른다. 외집단에 대한 고정관념, 편견, 차별이 비인간화 단계를 밟는 예는 어렵지 않게 찾아볼 수 있다. 제2차 세계대전 당시 독일군이 집단 수용소에서 유대인을 학살하기 전, 인간의 몰골을 갖추지 못할 정도로 굶겨 죄책감을 줄이고자 했다는 보고가 있다.[11] 동물을 죽이는 것이 사람을 죽이는 것보다 덜 죄책감을 느끼기 때문이다. 1994년 르완다에서 다수 종족인 후투족이 소수 종족인 투치족을 학살할 때 투치족을 "바퀴벌레"라고 지칭했던 사실도 잘 알려져 있다.[12] 한국의 일부 온라인 커뮤니티에서 한때 널리 사용된 혐오 표현인 "~충(벌레)" 역시 비인간화 맥락에서 이해해 볼 수 있다.

위와 같은 논의에 근거해 보면 코로나19라는 감염병의 확산으로 인해 집단 간 차이가 편견이나 차별을 넘어 배제와 비인간화 단계로 진행되었다는 주장도 가능하다. 예를 들어 2020년 초반 대구에서 신천지 교인들을 중심으로 감염병이 확산될 때, 신천지라는 특정 종교집단이 배제의 대상으로 여겨진 적이 있다. 2020년 여름 광화문에서 보수 단체의 정치 집회 직후 코로나19가 확산되었을 때에는 특정 정치 이념을 지닌 사람들이 배제 대상이 되었다. 싱가포르에서 외국인 노동자 밀집 거주 지역을 중심으로 확진자 수가 늘었을 때도 잠재되어 있었던 이주민에 대한 편견이 활성화되는 현상을 확

---

11 자세한 내용은 다음의 저작에서 확인할 수 있다. Robert Jay Lifton, *The Nazi Doctors: Medical Killing and the Psychology of Genocide*(New York: Basic Books, 1986).

12 1994년 르완다 대학살의 전개 과정에 대해서는 다음 저작을 참조하라. Scott Straus, *The Order of Genocide: Race, Power, and War in Rwanda*(New York: Cornell University Press, 2013).

인할 수 있었다. 아마도 전 세계적 차원에서 코로나19로 인해 가장 큰 차별과 배제의 대상이 되었던 집단은 동아시아인, 그중에서도 중국인일 것이다. 중국 우한시가 코로나19의 발원지로 알려졌기 때문이다. 이후 감염병이 확산되면서 어느 곳이 발원지인지에 대한 관심은 상대적으로 줄었으나, 여전히 정치적으로 이용하는 사람들이 있었다. 2020년 12월 중순 영국에서 변이 바이러스가 보고되던 시점에 극우 정치인 패라지(Nigel Farage)가 "크리스마스가 취소되었다. 고맙다, 중국(Christmas cancelled. Thank you, China)"이라는 내용의 트윗을 올린 것이 좋은 예다. 코로나19 시기에 차별과 배제에 노출된 집단은 법을 어겼거나 도덕률을 깼기 때문에 공격의 대상이 된 것이 아니다. 박쥐를 먹는 식습관이 정체불명의 바이러스를 낳았고, 그것을 세계 방방곡곡에 퍼뜨리는 역겨운 행위를 했다고 믿는 사람들에 의해 절멸의 대상이 된 것이다. 그렇다면 편견과 차별이 혐오와 비인간화를 만나 절멸의 논리로 진행되는 것을 어떻게 막을 수 있을까?

4. 나가며: 무엇을 해야 하는가

집단 정체성이 고정관념, 편견, 차별로 심화되는 현상은 일상생활에서 쉽게 확인할 수 있다. 편견과 차별이 심해지면 사회 갈등이 야기되기 때문에 편견을 줄이고 차별을 방지하기 위한 교육과 제도적 장치들이 마련되어 실행되고 있는 것도 사실이다. 문제는 편견과 차별의 대상인 외집단을 사회의 구성원을 받아들이느냐 배척하느냐에 있다. 외집단을 사회의 필수불가결한 요인으로 인식하되, 낮은 지위를 부여하는 방식의 차별은 극복 가능하다. 국가 차원의 정책 변화를 통해 사회의 포용성을 증진시키고, 모든 구성원에 대한 평등한 대우를 보장하여 차별을 받는 집단에게 실질적인 도움을 주는 방법이 있기 때문이다. 그러나 외집단을 절멸하고자 하는 차별은 정책 변화로 개선되기 어렵다. 외집단의 절멸이라는 과감한 생각은 외집단에 대해 혐오감을 느끼고, 동시에 외집단을 비인간화하는 작업에서 시작되는데, 이것은 사람의 감정에 기반을 두고 있기 때문이다. 사람의 생각과 감정에 국가가 정책이나 프로그램을 통해 개입하는 일은 거의 불가능하다.

코로나19를 겪으면서 외집단 절멸을 목적으로 한 차별 행위가 확산될 가능성이 상존하고 있음을 확인했다. 바이러스 보균자는 기본적으로 회피의 대상이다. 그런데 특정 집단에 확진자가 집중되어 있거나, 특정 집단이 바이러스 확산을 이끈다는 믿음이 사회 내에 팽배하게 되면, 그 집단은 사회에서 추방해야 할 차별의 대상이 된다. 만약 이러한 행위가 정치인들에 의해 이용된다면 그 부작용은 더욱 크다. 문제는 코로나19로 인해 증폭된 차별과 배제의 논리가 감염병이 확산하기 이전부터 존재하고 있었던 갈등의 축을 따라 확산되고 있다는 점이다. 많은 자유민주주의 국가에서는 이미 보수 진영과 진보 진영 간의 이념 양극화(ideological polarization)를 넘어 서로가 서로를 감정적으로 배척하는 정서 양극화(affective polarization) 현상까지 목도하고 있다. 정서 양극화가 심화된 사회에서는 서로 다른 의견을 가진 사람들 간의 생산적인 대화가 불가능하다. 자신의 입장을 옹호하는 정보를 쉽게 얻고 나눌 수 있는 미디어 환경의 변화 때문이다. 경제 불평등의 심화로 인해 일자리가 줄어드는 와중에 시행된 외국인 노동자 포용 정책은 이민자에 대한 차별과 배제의 논리를 강화시켰다. 사회 가치관의 변화로 인해 성소수자를 포용하는 정책이 시행됨에 따라 이들에 대한 차별과 배제의 논리 역시 강화되고 있는 실정이다. 반면 표현의 자유를 광범위하게 보호하기 위해 정치적으로 극단적인 주장을 펴는 집단에 대해 관용을 베푸는 관행 역시 부작용을 낳고 있다. 불평등, 가치관의 충돌, 세계관의 차이 때문에 비롯된 사회 균열에 코로나19가 가져다주는 균열이 중첩되는 경우, 혐오와 비인간화의 활성화가 쉽게 이루어질 것이다.

사회심리학자들은 편견을 줄이기 위한 방법으로 외집단 구성원과의 물리적 접촉(contact)의 중요성을 강조해 왔다.[13] 편견과 차별이 심화되는 이유가 바로 외집단 구성원에 대해 잘 모르기 때문이라는 것이다. 예멘 난민들에 대해 막연히 가지고 있었던 편향된 생각이 직접 그들을 만나 이야기하고 식사를 같이하고 며칠 이웃으로 살다 보면 같은 인간이라는 동질감을 느끼게 되면서 사라질 수 있다는 말이다. 하지만 혐오와 비인간화가 활성화되는 코로나19 시대에는 낙인찍힌 외집단과의 접촉 자체가 불가능했다. 일부 사람들은 사회적 거리두기의 순기능에 주목한다. 거리두기가 지속되면 코로나19 확산의 주범으로 오인되는 외집단 구성원을 일상생활에서 보지 못하게 된다. 직접적인 대면 접촉이 없기 때문에, 물리적 충돌의 가능성이 줄어들어 혐오와 비인간화가 활성화되는 것을 어느 정도 막을 수 있을 것이라는 생각이다. 하지만 대면 접촉이 필요 없는 가상공간에서의 상호작용이 일상화된 지금, 그러한 긍정적 효과를 기대하기란 어렵다. 과거와 달리 현재 사람들은 사회 현안에 대한 정보를 온라인 공간에서 얻고 교환한다. 여기서는 정보의 양이 많고 그 확산 속도도 매우 빠르지만, 역설적으로 확증 편향이 작동하여 다양한 의견에 노출될 기회가 별로 없다. 따라서 한번 차별과 배제의 대상으로 낙인찍힌 집단에 대한 혐오와 비인간화를 자극하여 절멸의 대상으로 몰아가는 움직임이 매우 강하게 나타날 우려가 있다.

그렇다면 무엇을 해야 하는가? 상식에 의거하여 전문가들의 견해를 객관적으로 받아들이는 노력이 요구된다. 신종 감염병 연구자들은 지속적인 환경 파괴로 인해 인간과 동물 간 거리가 가까워진 것이 코로나19와 같은 감염병이 확산되는 이유라고 말한다. 인간이 직접적으로 접촉할 기회가 거의

---

13 소위 "접촉 가설"을 잘 정리한 글들로는 다음이 있다. Elizabeth Levy Paluck, Seth A. Green and Donald P. Green, "The Contact Hypothesis Re-evaluated," *Behavioral Public Policy*, Vol.3(2019), pp.129~158; Thomas F. Pettigrew, "Intergroup Contact Theory," *Annual Review of Psychology*, Vol.49(1998), pp.65~85.

없었던 동물들이 품고 있던 바이러스가 삶의 공간이 서로 겹치게 되면서 면역력이 채 갖추어지지 않은 인간의 몸으로 들어온다는 이야기다. 이러한 전문가의 주장을 합리적으로 이해한다면 신종 감염병은 지구 그 어느 곳에서나 생겨날 수 있다고 생각할 수 있다. 사스가 중동 지방에서 처음 보고되었고, 코로나19가 중국에서 처음 보고된 것은 사실이지만, 그것이 곧 신종 감염병의 발원지가 그 지역임을 의미하는 것은 아니다. 그러나 이념 양극화와 정서 양극화가 심화된 이 시기에 전문 과학 지식까지도 정치화되는 현상이 보인다.[14] 진영 논리가 코로나19의 방역 정책 및 백신의 개발과 공급에 관련된 정책 인식에까지 깊숙이 침입한 흔적을 어렵지 않게 발견할 수 있다. 예를 들어 미국에서 감염병 전문가 파우치(Anthony Fauci) 박사의 견해와 배치되는 트럼프 대통령의 비과학적 입장을 맹목적으로 옹호하는 사람들이 봉쇄 정책에 저항하기 위해 시위를 하는 장면을 이미 목도한 바 있다. 백신 개발 과정에서 제약회사와 정부의 결탁이 있다고 믿는 일부 사람들의 견해도 온라인 공간에서 쉽게 확인할 수 있다. 전문가의 권위가 더 이상 인정받지 못하고 왜곡된 정보와 허위 사실에 근거한 의견들이 광범위하게 공유되는 상황이 지속된다면 혐오와 비인간화에 근거한 특정 집단 배제의 논리에 힘이 실릴 가능성이 높다.

하지만 전문가들의 과학적이고 객관적인 견해를 국민들에게 효과적으로 제공할 수 있는 방법을 고안하기가 쉽지 않다. 우선 전문가들이 일반인들과 소통하려는 노력이 상대적으로 부족한 것이 문제가 된다. 일반 사람들이 전

---

14 전문가에 대한 불신이 가져오는 문제점에 대해서는 다음의 저작을 참조하라. Tom Nichols, *The Death of Expertise: The Campaign Against Established Knowledge and Why It Matters*(New York: Oxford University Press, 2017); Michiko Kakutani, *The Death of Truth: Notes on Falsehood in the Age of Trump*(New York: Tim Duggan Books, 2019).

문가들의 말과 글에 담긴 내용을 이해하지 못하면 쉽게 전문가를 불신할 수 있다. 특히 상당한 양의 사전 지식이 요구되는 과학 분야에서 핵심적인 내용을 일반인들에게 알기 쉽게 전달해 주는 작업이 요구된다. 이 맥락에서 일반인들에게 새롭게 축적되는 과학 지식을 전달해 줄 수 있는 평생 교육 프로그램을 만드는 노력도 필요하다. 코로나19 사태가 3년 넘게 지속되고 있지만 아직도 바이러스와 박테리아의 차이점을 구분하지 못하는 사람들이 많다. 이런 기본적인 지식조차도 공유되지 못하는 상황은 왜곡된 정보와 가짜 뉴스의 확산을 원활하게 만든다. 그렇다면 가짜 뉴스의 생산과 유포를 적극적으로 막아야 하는가? 이 부분은 표현의 자유 보장이라는 자유민주주의 원리와 배치될 수 있는 위험이 있기 때문에 사회적 합의 없이 국가 차원에서 일방적으로 결정할 수 있는 문제가 아니다. 하지만 지속적으로 왜곡된 정보를 공급하는 미디어에 대해서는 어느 정도 제한을 가할 필요가 있다. 동시에 유포되고 있는 왜곡된 정보를 교정하고 부패한 전문가의 사견을 솎아주는 사실 적시(fact-checking) 작업을 활발히 할 필요도 있다. 가장 중요한 일은 코로나19와 같은 과학 영역의 주제를 정치화해서는 안 된다는 것이다. 코로나19의 원인, 방역 정책, 백신 수급 정책, 지원금 지급 정책 등과 같이 냉정한 판단을 요구하는 사안에 이념 프레임이 씌워진다면, 특정 사회집단을 차별하는 데에 그치지 않고 절멸시키고자 하는 움직임이 야기될 수 있다.

10장

미디어 혐오 표현에 대한 인식과 규제의 필요성에 대한 이론적 고찰*

심재웅

1. 들어가며

혐오 표현은 성, 나이, 인종, 지역, 소수자, 이념 등 영역을 막론하고 한국 사회의 분열과 갈등을 일으키는 핵심 요인이다. 혐오는 개인의 삶을 파괴하며 사회를 갈라치고 공동체의 평화와 조화를 깨뜨리는 사회악으로 작용한다(박해순, 2018). 이러한 문제를 해결하고 조정해야 할 정치인과 미디어는 오히려 혐오를 조장하고 있다(국가인권위원회, 2019a). 2020년 제21대 국회의원 선거운동 과정에서 후보자들은 당선을 위해 장애, 여성, 성적 지향, 노동조합, 지역, 종교와 특정 시설 등에 대한 혐오 발언을 가리지 않았다(장애

---

* 이 글은 심재웅, 「혐오표현 규제의 필요성에 영향을 미치는 요인에 관한 연구」, ≪횡단인문학≫, 제10호(2022)에 게재된 논문을 수정·보완한 것이다.

인차별금지추진연대, 2020). 미디어는 후보자들의 추태, 막말, 기행을 그대로 전달했고, 정책보다는 주로 감정적인 논쟁이나 갈등과 대립을 부각하면서 국민의 정치 혐오를 키웠다(민주언론시민연합, 2020.3.20).

익명의 온라인 커뮤니티와 온라인 뉴스 댓글에는 그야말로 혐오 표현이 난무하고 있다. 스마트폰과 소셜네트워크서비스(SNS)는 이러한 혐오 표현을 빠른 속도로 그리고 광범위하게 확산하는 창구다(방극렬, 2019.8.29).[1] 그러다 보니 출처와 근거도 확실하지 않은 정보가 갑자기 첨예한 혐오 이슈로 등장하는 상황도 자주 일어난다(조화순·강신재, 2021). 일례로 2021년 5월 초에는 GS25의 이벤트 홍보 포스터를 둘러싸고 온라인에서 남성 혐오 논란이 크게 벌어진 일이 있었다. 하지만 이 논란이 어디에서 어떻게 왜 시작되었는지는 구체적으로 알지 못한다. 한 온라인 커뮤니티 이용자가 해당 포스터를 보고 남성을 비하하려는 의도가 담긴 그림과 유사하다고 평가하면서 시작되었을 것이라는 추측이 알려진 것의 전부다(김주완, 2021.5.5). 방송과 신문 등 주요 미디어는 이러한 상황을 그대로 보도하면서 논란을 더욱 증폭시켰다. 대부분의 혐오 관련 이슈는 이렇게 만들어지고 소비되며, 해결되지 않은 채 우리 사회에 큰 상처를 남긴다.

최근에는 대중매체와 온라인 미디어가 상업적인 목적을 위해 혐오 표현을 일부러 이용하는 경우가 잦아지고 있다. 혐오 비즈니스라는 표현은 이러한 상황을 지칭한다(김아사, 2019.1.19; 김종일, 2019.8.19). 미국의 폭스뉴스(FOX news)가 자사의 이익을 위해 노골적으로 정치색을 드러내는 혐오 마케팅을 통해 미국 우파의 지지를 얻으려 하는 것이 혐오 비즈니스에 해당한다고 볼 수 있다(강준만, 2013). 유튜브나 아프리카TV로 대표되는 1인 미디

---

1 한국갤럽조사연구소(2021)에서 2021년 6월에 실시한 조사에 따르면, 18세 이상 성인의 95%가 스마트폰을 보유하고 있다. 한국의 SNS 이용률은 89%로 세계에서 두 번째로 높다(박소정, 2021.6.16).

어 개인 방송에는 사회적 약자를 대상으로 한 노골적인 혐오 콘텐츠가 넘쳐난다. 수익을 위해서라면 수단과 방법을 가리지 않는 혐오 비즈니스가 극단적으로 나타나는 곳이 바로 여기다. 안타까운 것은 실제로 혐오 발언과 그 발언의 공격성이 강할수록 개인 방송 운영자의 수익이 커질 가능성이 크다는 점이다(김지수·윤석민, 2019). 조회수가 곧 수익으로 연결되는 유튜브의 경우 만만한 집단이나 개인을 대상으로 하는 혐오 콘텐츠는 가장 장사가 잘되는 아이템으로 인식되고 있다(박재현·박상준, 2017.9.16).

혐오 표현은 사람들에게 감정적, 정신적, 행동적 차원에서 큰 피해를 미친다는 점에서 위험하다. 혐오 표현에 자주 노출되면 불안, 공포심, 우울증, 과도한 스트레스, 걱정, 분노 등의 심리적 고통을 겪는다(Saha, Chandrasekharan and De Choudhury, 2019). 혐오 표현을 겪어본 사람들은 혐오에 저항하기보다는 혐오를 내면화하여 차별과 폭력적 행위에 대한 불안감 그리고 피해를 보게 될지 모른다는 두려움을 갖는다(박미숙·추지현, 2017). 혐오 표현을 경험해 본 청소년들은 정신적 충격과 함께 등교나 취업에 대한 두려움을 가지고 있으며, 추가적인 피해가 두려워 적절한 대응을 취하지 못한다(김영한 외, 2020). 무수한 콘텐츠와 세상의 모든 소통이 서로 연결되는 가운데 미디어의 역할과 영향력이 커지는 한편, 파괴적인 혐오 콘텐츠가 미디어를 통해 전달·공유되면서 다양한 측면에서 부정적인 결과가 발생하고 있다.

혐오 표현이 미치는 부정적인 영향은 이에 대한 규제가 필요하다는 논의의 토대가 된다. 적절한 규제가 제때 이루어지지 않는다면 혐오 표현으로 인한 부정적 피해가 걷잡을 수 없이 확산할 것이라는 판단 때문이다. 실제로 혐오 표현을 법이나 제도로 규제할 수 있는 방안 및 그 가능성을 정책적으로 모색하는 등의 거시적 차원의 연구가 많이 진행되어 왔다(유의선, 2019; 윤성옥, 2019; 조규범, 2017). 반면 미시적 차원에서 혐오 표현을 규제할 필요성에 영향을 미치는 요인을 모색하는 연구는 많지 않다. 사람들은 왜 혐오 표현이 규제되어야 한다고 생각하는 것일까? 이 과정에 내재한 인지적 메커니즘은 어떠할까? 이러한 문제의식을 토대로 이 글에서는 먼저 혐오의 속성을 토대로 혐오 표현의 특징에 대해 알아보고 혐오 표현의 현실을 진단하고자 한다. 이어 혐오 표현에 얼마나 노출되었는지, 혐오 표현을 얼마나 알고 있는지를 중심으로 혐오 표현에 대한 인식(우려)에 영향을 미치는 요인을 검토할 것이다. 종합적으로 미디어 혐오 표현 규제의 필요성에 작용하는 심리적 요인들을 커뮤니케이션학 및 심리학의 관점에서 분석하고 그 결과를 법적·제도적 규제 논의와 연결해 살펴볼 것이다.

2. 혐오의 속성

혐오는 여러 유사 개념과 함께 포괄적인 의미로 사용되고 있다. 각 개념의 차이를 실증적으로 분석하고 이를 토대로 개념의 차이를 도출해 내는 연구가 아직 충분하게 진행되지 못했기 때문이다. 선호도, 고정관념, 차별, 집단 간 공격 등 혐오와 관련한 현상들은 심리학 및 인접 학문 분야에서 오랫동안 연구되어 왔지만, 혐오 개념 자체는 큰 주목을 받지 못했다(Harrington, 2004). 그 이유는 혐오는 표준적인 심리학 연구 방법으로는 연구하기 어려운 복잡한 현상이며, 혐오에 대한 사회적 부적절성과 그러한 파괴적 정서를 인정하지 않으려는 사람들의 일반적인 경향이 연구의 엄밀성에 영향을 미칠 수 있기 때문이다(Fisher et al., 2018).

혐오의 속성에 관한 기존 연구에 따르면 혐오는 두 관점으로 구분할 수 있다. 먼저 혐오를 부정적 정서의 극단적인 표현으로 보는 관점이다. 다른 하나는 혐오가 아주 강력한 부정적인 현상이긴 하지만 단순히 정서적인 측면으로만 볼 수 없는 부분이 있어서 부정적 정서와 질적으로 다른 구조를 가진 개념으로 이해하는 경우다(Fischer and Giner-Sorolla, 2016; Fisher et al., 2018; Harrington, 2004; Kolnai, 1998; Pretus et al., 2018). 최근에는 후자의 관점에 더 많은 관심이 집중되고 있다. 예를 들면, 스타우브(Staub, 2005)는 혐오(hate)가 감성(sentiment)에 관련된 것이지만 도덕성(moral concerns)과 더 관련된다는 면에서 서로 다르다고 주장한다. 또한 혐오는 평가 패턴(appraisal pattern)과 정서·동기 목적(emotivational goals)이라는 두 가지 측면에서 유사한 부정적 정서들과 다른 특징을 보인다(Fisher et al., 2018). 평가 패턴은 각각의 정서가 대상을 어떻게 평가하는지에 관한 것이며, 정서·동기 목적은 정서의 동기적 측면, 즉 특정한 목적에 따라 행동하려는 정서적 충동을 반영하는 개념이다.

예를 들어 혐오는 분노(anger)와 정서적으로는 같지만, 평가 패턴에서는 서로 다르다. 분노는 그 대상의 부도덕하고 정의롭지 못한 어떤 행위 때문에 야기되지만, 만약 그 대상이 해당 행위를 고치거나 바꾼다면 그 수준이 감소하고 분노의 대상은 용서받을 수 있다. 하지만 혐오 대상은 악의적 의도를 가진 비도덕적 존재로 지각되고 혐오자 자신의 통제 부족 및 무력감과 함께 발생한다는 특징이 있다. 해당 대상이 행위를 고치거나 바꾼다고 하더라도 그 대상에 대한 혐오는 지속된다는 면에서 다르다. 이러한 평가는 혐오 대상이 가진 일부 특정 행위 때문이 아니라 그 혐오 대상은 변하지 않을 것이라는 믿음에 기반한다. 또한, 혐오의 정서·동기 목적은 혐오 대상에 대해 단순하게 해를 가하는 것이 아니라 궁극적으로 그 대상을 제거하거나 파괴하는 것이란 면에서 분노와 다르다. 그 방식에는 심리적 측면의 모욕이나 복수심, 사회적 측면의 배제와 무시, 물리적 측면의 살인과 고문 등이 포함된다(Fisher et al., 2018). 만약 어떤 정치인을 혐오한다면 혐오는 그 사람에 대한 무시, 조롱, 비난의 형태로 나타날 수 있다.

드물긴 하지만 실험연구를 통해 이러한 혐오의 속성에 접근한 사례가 있다(Pretus et al., 2018). 프레투스와 동료들(Pretus et al., 2018)은 혐오와 반감(dislike)을 비교하면서 혐오가 부정성 정도에 있어 차이를 보이는 것인지(difference in degree) 아니면 전혀 다른 종류로 인한 차이(difference in kind)

인지를 탐색했다. 전자는 혐오를 부정적인 태도나 정서의 극단적인 형태로 보면서 감성의 연장선에서 정의하는 부정성 가설(negativity hypothesis)이라고 명명했다. 만약 혐오와 반감이 정도의 차이로 인한 것이라면 혐오는 부정성의 유인가(valence)를 중심으로 하는 연속선상에서 반감보다 더 극단적인 부분에 위치할 것이라는 가정이 가능하다. 반면 후자는 혐오를 부정성과는 구조적으로 다른 개념으로 규정하고 혐오만의 독특한 동기나 정서적 요소가 있다고 보는 것으로 도덕성 가설(morality hypothesis)로 명명했다. 연구자들은 3가지 실험을 통해 혐오(hate)의 대상은 반감의 대상에 비해 훨씬 부정적이지만 도덕적 신념 및 정서와 더욱더 연관된다는 점을 발견했다. 부정성의 영향력을 통계적으로 통제한 이후에도 도덕적 신념과 정서의 효과가 유지되었다. 이 연구는 스타우브(Staub, 2005)의 주장처럼 혐오가 혐오 대상자에 대한 도덕적 문제(moral concerns)와 더 관련이 크다는 사실을 엄밀한 실험연구를 통해 보여주었다는 점에서 주목된다. 최근 연구에 따르면, 온오프라인 미디어를 통해 혐오 표현을 많이 경험한 사람일수록 혐오 대상을 도덕적 신념이라는 속성 차원에서 규정하고 평가하는 경향이 높았다(심재웅, 2022). 그러나 메릭(Merrick, 2019)의 연구에서는 혐오와 반감 두 개념에 있어 부정성 가설과 도덕성 가설 모두가 수락되었다. 이 연구에서는 프레투스와 동료들(Pretus et al., 2018)의 연구와는 달리 도덕적 측면이 다소 약하게 나타났다.

개인의 혐오 수준을 측정하기 위한 일련의 척도 개발 연구를 통해서도 연구자들이 전제하는 혐오의 속성을 파악해 볼 수 있다. 기존 연구에서 혐오를 구성하는 공통적인 하부 요소들에는 미각 혐오(나쁜 맛에 대한 혐오), 핵심 혐오(동물이나 신체 분비물 혐오), 동물-자연 혐오(사체, 위생, 성 등에 대한 혐오), 대인 혐오(낯설거나 병든 사람에 대한 직간접적 접촉에 대한 혐오), 사회-도덕 혐오(도덕적 위반 혐오) 등이 있다(이신애·김지혜·현명호, 2009). 한편, 혐오의 하부 속성을 핵심 혐오(core disgust, 음식, 동물, 신체 분비물 등), 동물-상기 혐오

(animal-reminder disgust, 죽음이나 신체 손상), 오염 혐오(contamination disgust, 대인 관계를 통한 전염)의 3가지로 보거나(Olatunji et al., 2007), 병원체 혐오(pathogen disgust, 전염성 있는 병균에 대한 혐오), 성적 혐오(sexual disgust, 생식을 위협하는 성적인 상황에 대한 혐오), 도덕적 혐오(moral disgust, 사회적 규범에 대한 일탈 혐오)의 3가지로 보는 연구도 있다(Tybur, Lieberman and Griskevicius, 2009).

혐오를 구성하는 속성 측면과 함께 혐오가 확산하고 작용하는 기능적 측면에서의 속성도 살펴볼 필요가 있다. 예를 들어 희생자 의식(victimhood)은 개인 차원의 혐오를 집단 차원의 혐오로 확산하도록 할 뿐 아니라 혐오가 오래도록 지속하게 하는 동인의 하나다(Fisher et al., 2018). 우선 희생자 의식은 나와 유사한 상황에 있는 집단 내 다른 구성원들과 함께 혐오 대상에 관한 부정적 감정을 공유하도록 자극한다. 같은 사건에 대해 다른 사람들도 나와 비슷한 방식으로 경험하고 있다는 사실을 알게 되면서 그 경험에 대한 개인의 혐오는 정당한 믿음이라는 확신으로 이어진다. 희생자 의식이 강해질수록 혐오에 대한 원초적인 정서는 계속해서 지속되는 것이다(Canetti et al., 2017). 이렇게 집단 구성원 간 희생자 의식이 형성되면 그 기반이 되는 혐오에 대한 기억은 세대를 거치면서 오래도록 작동한다. 아직 발생하지 않은 사건들을 판단하는 데에도 직접적인 영향을 미친다. 즉, 특정 집단에 누적되어 전달되는 희생자 의식은 다른 개인이나 집단의 도덕적 범주나 행동에 대해 부정적 선입견을 형성시킴으로써 과거와 같은 해악적인 존재라는 믿음을 확신시킨다. 이와 함께 혐오는 빠르게 확산해 집단 감정으로 전환하면서 혐오 집단과 그 구성원 사이에 어떤 개인적인 상호작용이 없어도 증가할 수 있다(Fisher et al., 2018).

온오프라인 미디어가 의도적 혹은 비의도적으로 전달하는 혐오 표현은 바로 이러한 혐오의 속성을 담고 있다. 대중매체와 온라인 미디어 채널을 통해 생산되고 공유되는 뉴스, 드라마, 엔터테인먼트 등 모든 미디어 콘텐츠에 내재한 혐오 표현은 사회적으로 확산하고 재강화하면서 부정적 영향을 미치고 과도한 일반화 과정을 통해 혐오 대상을 집단화한다(조화순·임정재, 2021). 예를 들어 성소수자를 더러운 집단으로 낙인찍은 혐오 표현은 이들에 대한 배타적인 선입견과 도덕적 평가에 근거한 것이다(조화순·강신재, 2021). 누스바움은 이러한 혐오 표현이 특히 특정 집단과 사람들을 배척하기 위한 사회적 수단으로 사용되기 때문에 더 경계해야 한다고 주장한다(누스바움, 2015).

3. 미디어 혐오 표현의 현황

스마트폰의 급속한 확산과 SNS의 활용이 보편화되면서 온라인은 대표적인 혐오 표현 공간으로 대두했다. 여러 여론 조사 결과가 이를 말해준다. 19~34세 서울시민 1000명을 대상으로 혐오 표현을 경험한 미디어를 조사한 결과, 유튜브가 79.3%로 가장 많았고, 페이스북(46.1%), 포털 및 뉴스 댓글(37.8%), 온라인 카페나 커뮤니티(28.1%), 온라인 게임(27.2%)의 순으로 나타났다(박진우 외, 2020). 남에게 혐오 표현이나 혐오 발언을 함으로써 가해한 경험이 있는 사람은 15.9%로 나타났다. 15세 이상 1200명을 대상으로 한 조사에 따르면 83.3%가 온라인이나 오프라인에서 성별, 소수자, 세대, 인종·민족, 지역, 정치·이념에 대한 혐오 표현을 접한 경험이 있는 것으로 나타났다(문화체육관광부, 2018). 온라인에서 혐오 표현을 접한 경험은 77.9%, 오프라인에서 혐오 표현을 접한 경험은 71.1%로 나타났다. 또한 초등학교 4학년~고등학교 3학년 학생 5914명을 대상으로 한 설문조사에서는 온라인 커뮤니티나 SNS를 통해 혐오 표현을 경험한 비율이 79.1%로 나타난 가운데 신문이나 방송 등 대중매체가 8.6%, 가정이나 지역사회가 2%, 학교나 학원이 4.7%, 기타 공간이 5.6%로 나타났다(김영한 외, 2020). 대전광역시에 거주하는 20대 여성 1236명을 대상으로 한 연구에서는 응답자의 98%가 온라인을 통해 여성 혐오를 경험한 적이 있다고 응답했다(주혜진·김성곤, 2019). 온라인 카페나 커뮤니티가 44.6%로 가장 높았고 이어 SNS 38.8%, 유튜브 등 개인 방송 6.7%로 나타났다. 이러한 결과들은 온라인은 물론 오프라인 대중매체를 중심으로 혐오 표현이 광범위하게 유통되고 있음을 보여준다.

온오프라인 미디어를 통한 혐오 표현 경험에는 이용자의 성별에 따른 차이보다는 연령대에 따른 차이가 주로 나타난다(심재웅, 2022). 온라인 미디어의 경우, 10대를 제외한 20대 이상 전 연령대가 온라인 뉴스와 댓글에서 혐오 표현을 가장 자주 접하고 있었다. 이어 익명 공간인 온라인 카페나 커뮤니티가 그 뒤를 이었다. 한편 50대와 60대 이상 연령대는 다른 연령대에 비해 유튜브 등 개인 방송에서 혐오 표현을 경험하는 비율이 높았다는 점이 특징적이다. 10대 후반 청소년들은 SNS를 통한 혐오 표현 경험이 압도적이었다. 이어 온라인 카페나 커뮤니티가 주된 채널로 나타났다. 오프라인 미디어의 경우, 30대 이상 모든 연령대에서 50% 이상이 대중매체를 통해 혐오 표현을 경험하고 있었다. 10대 후반 청소년들은 학교와 직장에서 혐오 표현을 가장 자주 경험했고 이어 대중문화로 나타났다. 사실 텔레비전과 신문을 중심으로 하는 대중매체가 혐오를 확산하는 대표적인 채널로 작용하고 있다는 비판은 오래전부터 제기되었다. 대다수 언론은 취재원의 혐오 발언이나 표현을 직접 인용하는 방식으로 혐오를 전달하는 역할을 하고 있다(박진우 외, 2019). 배우들이 TV 막장 드라마에서 표출하는 혐오는 약자에 대한 차별과 배제를 강화하면서, 실제 현실에서 그러한 혐오가 인정받고 넘쳐나게 만드는 공적 기제로 작동한다(최상민, 2018).

2020년 현재 문화체육관광부에 정기간행물로 등록된 전체 매체 수 2만 2776개 중 9896개(43.4%)가 인터넷신문[2]이다. 이처럼 많은 언론사가 생존을 위해 속보 전쟁과 트래픽 창출을 당면 과제로 하다 보니 혐오 발언이나 혐오 사건을 제대로 검증하기 어렵다(문용필, 2019.4.16). 특히 인터넷신문에는 혐오를 걸러낼 수 있는 구조적 시스템이 제대로 갖추어져 있지 않은 경우가 많아서 혐오 표현이 그대로 보도되는 심각한 저널리즘의 문제로 이어지고 있다. 악의적인 댓글은 명예 훼손과 모욕 문제가 심각해 당사자가 극단적인 선택을 하게끔 내모는 경우도 많다(안희정, 2019.12.8). 양혜승(2018)은 네이버 포털의 범죄 뉴스에서 지역 혐오 댓글을 분석함으로써 해당 지역이나 지역민에 대한 부정적 고정관념 언급, 지역에 대한 부정적 뉘앙스 전달, 사투리 등을 통한 해당 지역 조롱, 해당 지역을 무엇인가 다른 곳으로 취급, 해당 지역이나 지역민에게 고유한 이름 붙이기 등 다양한 형태의 혐오가 나타나고 있음을 밝혔다. 익명성을 전제로 한 온라인 커뮤니티에서 나타나는 혐오 표현도 심각한 문제다(JTBC, 2016.1.27). 조제성·조윤오(2019)는 온라인상의 혐오가 오프라인의 혐오 행동과 관련성이 있다는 연구 결과를 토대로 증오 범죄로 이어질 수 있는 혐오에 대한 적극적인 대응이 필요하다고 주장한다. 온라인과 오프라인은 서로 떨어져 있는 것이 아니라 서로 영향을 주고받는 연결된 공간으로 혐오는 "단순히 대상을 모욕하는 데 그치지 않고 혐오를 확산시키고 양극화한다"(조화순·임정재, 2021: 32).

4. 미디어 혐오 표현에 대한 인식

초·중·고등학교 학생들은 SNS나 유튜브 등의 소셜미디어를 자주 이용하고 있으며 그 과정에서 혐오 표현을 자연스럽게 접하게 되고 이를 재미, 놀

---

2 문화체육관광부 정기간행물등록 현황에서는 인터넷신문을 "컴퓨터 및 정보처리능력을 가진 장치와 통신망을 이용하여 간행하는 전자간행물"로 정의하고 있다. https://www.index.go.kr/potal/main/EachDtlPageDetail.do?idx_cd=1645(검색일: 2021.10.15)

이, 장난, 유행어 정도로 인식한다(홍성수, 2018). 대학생만의 SNS라 할 수 있는 '에브리타임'에는 여성, 성소수자, 장애, 인종, 노인, 학력 등 다양한 혐오 표현이 만연해 있어 자칫 그 안에서 혐오에 대한 갈등 및 대립과 인식이 형성될 우려가 크다(최유숙, 2019). 대전광역시에 거주하는 20대 여성을 대상으로 한 조사에서는 응답자의 76.6%가 여성 혐오를 가장 심각한 사회문제로 인식하고 있었다(주혜진·김성곤, 2019). 혐오 표현에 대한 인식이란 이처럼 사람들이 혐오 표현을 어떻게 이해하고 있는가의 문제다. 이상에서 나타난 것처럼 혐오 표현에 대한 인식은 연령이나 어떤 내용을 접하는가에 따라 다르며, 주로 혐오 표현의 기능적 측면이나 혐오 표현 대상 또는 영역을 중심으로 인식한다.

혐오 표현에 대한 인식은 주로 대국민 의식조사에 사용되는 질문들을 통해 파악하는데, 조사와 연구의 성격에 따라 조사에 사용되는 질문이 다르다. 먼저 혐오 대상별로 혐오 표현에 대한 동의 정도를 묻는 조사가 있다. 예를 들면 여성, 신체장애인, 정신장애인, 노인, 이주민 등이 각각 얼마나 차별받고 있다고 생각하는지에 대한 응답자의 동의 정도를 묻는 방식을 말한다(국가인권위원회, 2019b). 이와 같은 질문은 혐오대상별 인식의 수준이나 강도를 확인할 수 있다는 장점이 있지만, 그 인식에 내재한 혐오 표현에 대한 본질적 측면까지 파악하기는 어렵다. 한편, 특정 진술이 혐오 표현에 해당하는가에 대한 동의 정도를 질문하는 방식이 사용될 때도 있다(박진우 외, 2020). "표현 내용과 무관한 상대를 향한 표현은 혐오 표현이 아니다, 상대가 권력을 갖고 있더라도 불쾌하게 느끼면 혐오 표현이다, 혐오는 사회구조적인 문제다, 혐오 표현은 사회적 갈등을 일으킬 것이다"와 같은 항목들이 여기에 해당한다. 이와 같은 방식은 여성, 성소수자, 장애 등 다양한 영역에서 발생하고 있는 혐오 현상을 전체적으로 관통하는 이슈들을 토대로 혐오에 대한 인식을 살펴볼 수 있다. 또한 혐오대상별 질문에 비해 혐오 표현에 공통으로 내재한 본질적 측면을 파악할 수 있다는 면에서 장점이 있다.

혐오 표현에 대한 사람들의 인식은 주로 미디어를 통한 혐오 표현 노출과 혐오 표현을 얼마나 잘 알고 있는가에 영향을 받는다. 즉, 혐오 표현에 자주 노출되는 사람이나 혐오 표현을 잘 알고 있는 사람일수록 혐오 표현에 대한 긍정적 인식보다는 부정적 인식이 형성될 가능성이 크다. 먼저, 혐오 표현에 대한 노출 정도와 관련해서는 문화계발이론(cultivation theory)과 사회인지이론(social cognitive theory)에 근거해 생각해 볼 수 있다.

문화계발이론은 커뮤니케이션학의 주요 이론의 하나로 수용자가 미디어 콘텐츠에 장기적으로 노출되면 현실(real world)에 대한 지각이 미디어가 구성한 현실(mediated reality)과 유사해진다고 본다. 이 이론은 1960년대 후반 미국에서 폭력이 심각한 국가적 문제로 등장하면서 당시 가정의 가장 지배적인 문화적 도구였던 텔레비전에서 묘사되는 폭력과 사회적 폭력 행위와의 관련성을 연구하면서 등장했다. 그동안 문화계발이론은 폭력, 성, 인종 등 다양한 영역에 적용되었다(Behm-Morawitz and Ta, 2014; Giaccardi et al., 2016). 벰-모라비츠와 타(Behm-Morawitz and Ta, 2014)는 백인 대학생의 비디오게임 이용량과 이들의 흑인과 아시아인에 대한 고정관념 간의 관계를 분석했다. 연구 결과, 비디오게임 이용량이 많은 백인 대학생일수록 흑인에 대한 고정관념이 강화되어 흑인에게 덜 우호적이며 덜 평등주의적인 관점을 갖는다는 점을 발견했다. 자카르디 외(Giaccardi et al., 2016)는 남자 대학생들의 미디어 이용량은 전통적인 남성의 역할에 대한 믿음을 더 강화한다는 사실을 발견했다. 특히 리얼리티TV와 영화 시청이 이러한 믿음을 강화하는 데 통계적으로 유의미한 관계를 보였다. 또한 스포츠 프로그램 시청, 리얼리티TV 시청, 남성 잡지 읽기 등 남성 중심의 미디어 이용량은 이들의 남성 중심 이데올로기(masculinity)를 더 강화하는 것으로 나타났다. 문화계발이론에 근거한 이러한 연구 결과는 사람들이 미디어 콘텐츠에 노출되는 정도와 노출되는 내용에 따라 그들의 인식에 변화가 일어난다는 사실을 말해준다. 사회인지이론에 따르면 미디어 노출은 관찰과 모방의 학습 과정을 통해 사람들의 인식과 행동에 영향을 미친다. 예를 들어, 미디어에 등장하는 폭력의 빈도와 폭력을 어떻게 묘사하는지는 폭력에 대한 인식에 영향을 미친다(Bernatzky, Costello and Hawdon, 2021). 또한 가상현실이나 디지털 게임 속 폭력적인 내용은 사람들의 실제 세상에 대한 공격적 인지, 감정, 행위에 영향을 미친다(Krahé, 2018). 특히 사회문화적으로 특정 가치가 보편화되었을 때 그 가치를 담고 있는 콘텐츠에 노출될 때 그 효과가 더 크게 나타난다.

혐오 표현을 얼마나 알고 있는지도 같은 맥락에서 생각해 볼 수 있다. 성, 소수자, 연령·세대, 인종·민족, 지역, 정치·이념의 영역 등에서 사용되고 있는 여러 혐오 표현은 혐오 대상의 행위를 왜곡해 부정적 이미지를 부여하고 열등한 집단으로 만드는 표현이 많으며 이들에 대한 이해 부족과 가짜 정보에 근거한 경우가 대부분이다(국가인권위원회, 2019c). 여성 혐오와 관련해서는 한국 여성들을 이기적인 존재로 규정하거나 그들의 주장을 피해의식이 반영되었다고 평가하는 내용이 많다(국가인권위원회, 2019b). 박미숙과 추지현(2017)은 2016년 1년간 온라인에서 여성, 인종, 장애, 성소수자에 대한 혐오 표현 게시물 8만 1890건을 분석한 결과 여성 혐오 게시물이 5만여 건으로 가장 많았고, 이어 성소수자, 장애, 인종 혐오 표현물의 순서로 나타나고 있음을 발견했다. 전반적으로 디시인사이드에서 생산된 것이 많았지만 인종과 관련한 혐오 표현은 일베저장소에서 가장 많이 나타난다는 특징도 있었다. 이러한 한국 사회의 혐오 현상은 피아(彼我)를 확실하게 구별함으로써 극단적인 타자화를 초래할 위험이 크다(강희숙, 2018).

심재웅(2022)은 문화계발이론과 사회인지이론에 근거해 온오프라인 미디어를 통한 혐오 표현 경험 정도와 혐오 표현을 얼마나 알고 있는지, 이 두 가지 요인이 혐오 표현에 대한 인식에 어떠한 영향을 미치는지를 분석했다. 이 연구에서 혐오 표현에 대한 인식은 ① 혐오 표현은 한국 사회에서 오랫동안 잠재되어 온 차별 의식이 드러난 것이라는 질문에 대한 동의, ② 자극적이며 선정적인 언론 보도나 온라인 가짜 뉴스를 통해 과도하게 혐오 표현이 유통되고 있다는 질문에 대한 동의, ③ 혐오 표현은 결국 범죄로 이어질 가능성이 크다는 질문에 대한 동의 정도를 말한다. 연구 결과 온오프라인을 통해 혐오 표현을 많이 경험하고 한남충, 메갈, 김치녀·똥꼬충·틀딱충, 급식충·외노자, 난민충, 똥남아·홍어, 과메기 등의 혐오 표현을 많이 알고 있을수록 3가지 혐오 표현에 대한 동의 정도가 강하게 나타났다. 이것은 혐오 표현 경험이 많을수록, 혐오 표현을 많이 알고 있을수록 혐오 표현은 한국 사회에 누적되어 온 차별 의식의 발로이며, 혐오 표현이 과도하게 유통되고 있고, 혐오 표현은 결국 범죄로 이어지게 된다는 인식이 크다는 의미다. 결국 여러 미디어 채널을 통해 혐오 표현을 자주 경험한 사람과 혐오 표현을 상대적으로 잘 알고 있는 사람들일수록 혐오 표현이 미칠 영향에 대한 부정적 인식이 강하다. 한편, 나이가 적은 사람보다는 많은 사람이, 남성보다는 여성의 인식이 더 부정적인 것으로 나타났다.

이러한 문제는 자연스럽게 혐오 표현에 대한 정부의 규제 논의로 이어진다. 현재 온라인 혐오 표현 규제기관인 방송통신심의위원회는 '정보통신에 관한 심의규정'을 포함한 심의규정에 혐오 표현에 대한 구체적인 정의를 제시하지 않고 있다. 전찬영 외(2018)는 방송통신심의위원회의 혐오 표현 통신심의 내용을 분석함으로써 제5조 1호(인종차별·집단 학살·테러 등 국제 평화 및 국제질서를 현저히 해할 우려가 있는 정보), 제8조 2호 가목(장애인, 노인, 임산부, 아동 등 사회적인 약자 또는 부모, 스승 등에 대한 살상, 폭행, 협박, 학대 행위 등을 구체적으로 묘사하는 내용), 제8조 3호 다목(특정 종교, 종파 또는 종교의식을 비방, 왜곡하거나 조롱하는 내용), 제8조 3호 라목(장애인, 노약자 등 사회적인 소외계층을 비하하는 내용), 제8조 3호 바목(합리적 이유 없이 성별, 종교, 장애, 나이, 사회적 신분, 출신, 인종, 지역, 직업 등을 차별하거나 이에 대한 편견을 조장하는 내용)이 혐오 표현 심의에 적용될 수 있다고 보았다. 이들은 "규제의 대상이 되어야 할 혐오 표현, 즉 소수자 집단을 표적 집단으로 하여 그들에 대한 차별, 증오, 폭력을 선동하는 유형의 혐오 표현을 규제할 수 있도록 개정하여 적용할 필요가 있어 보인다"라고 주장한다(전찬영 외, 2018: 97).

5. 혐오 표현 규제의 필요성

혐오 표현으로 인한 갈등과 대립이 나날이 심해지고 피해자가 많이 생기면서 혐오 표현에 대한 규제가 시급하다는 목소리가 높아지고 있다(리얼미터, 2020; 한국갤럽조사연구소, 2020). 혐오 차별 규제를 위해 차별시정기구의 규제 강화 역할을 더욱 강화해야 한다는 여론이나(리얼미터, 2020) 혐오 표현에 대한 법적 규제가 시급하다는 여론 조사 결과(한국갤럽조사연구소, 2020)가 이를 뒷받침한다. 2020년 한 조사 결과에 따르면 국민의 80.8%가 혐오 표현 규제에 찬성하는 것으로 나타났다(김영한 외, 2020). 규제 강화에 동의하는 청소년의 비율이 61.3%로 나타난 것이 주목된다. 성별로는 여자 청소년이 남자 청소년보다 규제 강화 필요성에 더 적극적이었고, 학년별로는 중학생이 초등학생이나 고등학생보다 규제 강화 필요성에 더 적극적으로 동의하는 것으로 나타났다.

그렇다면 혐오 표현 규제의 필요성이 형성되는 과정에는 어떤 요인들이 관련되어 있을까? 사람들은 왜 혐오 표현을 규제해야 한다고 생각하는 것일까? 지금까지 커뮤니케이션학에서는 제3자 효과(The third-person effect) 이론을 중심으로 혐오 규제에 관한 인식 연구가 진행된 바 있다(정가은, 2019). 제3자 효과는 사람들은 부정적인 미디어 메시지에 대해서 나보다는 타인이 영향을 더 많이 받을 것이라는 지각적 편향을 의미한다. 이러한 지각적 편향이 클수록 부정적 메시지를 규제하는 것에 더 적극적으로 동의한다고 설명한다(Davison, 1983). 정가은(2019)은 온라인에서 혐오 표현을 접한 경험이 있는 성인 175명을 대상으로 한 연구를 통해 혐오 표현이 자신보다는 일반 성인에게, 일반 성인보다는 어린이나 청소년에게 더 부정적인 영향을 미칠 것이라는 지각적 편향이 나타나고 있음을 발견했다. 또한 혐오 표현이 본인에게 부정적인 영향을 미치며 어린이나 청소년에게 부정적인 영향을 미친다고 생각할수록 혐오 표현에 대한 법적 규제에 동의하는 정도가 강한 것으로 나타났다. 이와 함께 온라인에서 혐오 표현을 찾아보지 않을수록, 자기 효능감이 높을수록 혐오 표현에 대한 법적 규제에 동의하는 정도가 강했다.

정가은(2019)의 연구에서 주목되는 점은 자신이 부정적 영향을 더 받는다고 생각할수록 법적 규제에 동의하는 경향이 강한 제1자 효과가 발생했다는 것이다. 제1자 효과는 제3자 효과와는 달리 일반적으로 긍정적 메시지에 대해서 자신이 더 영향을 많이 받는다는 편향을 말한다. 구오와 존슨(Guo and Johnson, 2020) 역시 제1자 효과를 발견했다. 미국 대학생 368명을 대상으로 한 연구에서 대학생들은 다른 사람들이 자신보다 혐오 표현에 대해 더 많이 영향을 받을 것이라고 지각하고 있었다. 그리고 자신이 영향을 많이 받는다고 생각할수록 혐오 표현 규제에 대한 동의와 혐오 표현에 대한 경고에 적극적으로 동참하겠다는 인식이 강하게 나타났다. 첸(Chen, 2021)은 중국 대학생 658명을 대상으로 한 연구에서 혐오 표현으로 인해 본인이 타인보다 더 영향을 받는다는 제1자 효과를 발견했고 이러한 결과는 혐오 표현 규제에 대한 동의로 이어진다는 점을 발견했다. 즉, 혐오 표현으로 인해 나에게 미치는 부정적 영향을 크게 느끼는 사람일수록 혐오 표현 규제가 필요하다는 생각이 강하다는 의미다. 한편, 온라인 포털뉴스의 혐오성 댓글의 제3자 효과를 분석한 조윤용·임영호·허윤철(2017)의 연구에서는 뉴스 이용자의 정치적 성향에 따라 제3자 효과가 다르게 나타나고 있음을 밝혔다. 즉, 정치적 성향에 따라 혐오성 댓글이 타인에게 미칠 효과에 대한 지각적 편향이 나타난다는 것이다. 예를 들면, 정치적으로 보수적인 이용자들은 혐오성 댓글에서만 제3자 효과가 높게 나타났지만, 진보적 이용자들은 혐오 표현의 여부와 관계없이 제3자 효과가 전반적으로 높게 나타났다.

혐오 표현에 대한 규제의 필요성에 영향을 미치는 요인들을 포괄적으로 분석한 연구에 따르면(심재웅, 2022), 응답자의 성별, 교육 수준, 혐오 표현에 대한 부정적 인식이 유의미한 영향을 미치는 요인들이었다. 그러나 미디어의 혐오 표현에 얼마나 노출되었는지 그리고 혐오 표현을 얼마나 알고 있는지는 규제의 필요성에 영향을 미치지 않는 것으로 나타났다. 이 연구 결과에서는 무엇보다 혐오 표현이 범죄로 이어질 가능성이 크다는 우려가 규제의 필요성에 가장 큰 영향을 미친다는 점이 주목된다. 이어 혐오 표현을 한국 사회에 잠재된 차별 의식이 본격적으로 드러나고 있는 것으로 생각할수록 혐오 표현 규제 필요성이 강했다. 한편, 여성보다는 남성이 그리고 학력이 낮을수록 혐오 표현에 대한 규제 필요성을 강하게 느끼고 있었다. 흥미로운 점은 온오프라인 미디어를 통한 혐오 표현 경험 정도와 혐오 표현을 얼마나 알고 있는지가 혐오 표현 규제의 필요성에 통계적으로 유의미한 영향을 미치지 않았다는 점이다. 이러한 결과는 혐오 표현을 많이 경험하고 많이 안다는 것은 혐오 표현에 대한 우려와 걱정에는 영향을 미치지만, 규제의 필요성에는 영향을 미치지 않음을 의미한다. 그러나 한편으로는 혐오 표현에 대한 부정적 인식이 혐오 표현 경험, 지식, 규제 필요성의 관계를 매개하는 역할을 할 가능성도 있다. 즉, 혐오 표현에 대한 경험과 지식이 혐오에 대한 부정적 인식을 강화하고 그 강화된 인식이 혐오에 대한 규제의 필요성에 영향을 미치는 구조가 작동하고 있을 수 있다는 것이다. 이와 함께, 남성이 여성보다 혐오 표현 규제에 더 동의한다는 결과도 흥미롭다. 혐오 발언에 대해 남성은 표현의 자유 측면에서 평가하고, 여성은 혐오 발언으로 인한 피해나 부정적 영향 측면에서 평가하는 경향이 강하다는 기존의 연구 결과를 고려한다면(Downs and Cowan, 2012) 여성이 남성보다 규제에 더 동의할 것으로 예상되기 때문이다. 실제로 김영한 외(2020)의 연구에서는 여자 청소년들이 남자 청소년보다 혐오 표현에 대한 규제 강화에 더 적극적으로 동의한 것으로 나타났다.

6. 나가며

현재 한국 사회는 혐오 표현으로 인한 심각한 문제에 직면해 있다. 동시에 혐오 표현 규제에 대한 논의도 본격적으로 진행되고 있다. 이 글에서는 미시적 관점에서 사람들이 혐오 표현을 규제할 필요가 있다고 느끼게 되는 과정에 관련한 요인들을 분석했다. 혐오 표현 규제 필요성과 관련해서는 결국 혐오 표현이 미치는 부정적 측면에 대한 우려가 크게 작용하고 있었다. 특히 혐오 표현이 범죄로 이어질 가능성이 크며, 혐오 표현이 우리 사회에 오래도록 잠재되어 있던 차별이 수면 밖으로 본격적으로 드러나고 있는 현상이라는 인식이 강할수록 규제할 필요가 있다고 강하게 느끼고 있었다. 혐오 표현을 규제하는 법·제도적 측면은 바로 이러한 국민적인 우려를 해결해 줄 수 있는 방향으로 추진되어야 한다. 하지만 법과 제도를 통한 강제적 측면만으로는 혐오 표현의 문제를 해결할 수 없다. 법·제도적인 규제와 함께 각자가 혐오 표현을 스스로 걸러내고 방어할 수 있는 역량 강화에 힘써야 한다. 이른바 혐오 리터러시(hate literacy)는 혐오 표현에 대한 비판적 역량, 혐오 표현을 사용하지 않고 콘텐츠를 제작하는 역량, 혐오 표현을 공유하지 않는 사회적 소통 역량 등을 의미한다. 혐오 표현 규제에 작동하고 있는 심리적 측면을 토대로 혐오 표현에 관한 규제 방안이 마련되고 혐오 리터러시가 함께 이뤄질 때 혐오 표현에 대한 사회적 피해와 문제들이 해결될 수 있을 것이다.

참고문헌

강준만. 2013. 『증오상업주의: 정치적 소통의 문화정치학』. 서울: 인물과 사상사.

강희숙. 2018. 「혐오 표현의 특징 및 변주 양상」. ≪호남학≫, 64권, 33~64쪽.

국가인권위원회. 2019a. 『2019년 혐오차별 국민인식 조사』. 국가인권위원회.

_____. 2019b. 『혐오차별 경험 조사 보고서』. 국가인권위원회.

_____. 2019c. 『혐오표현에 대한 청소년 인식조사』. 국가인권위원회.

김아사. 2019.1.19. "조회 수가 곧 돈이라서… 혐오를 팝니다". ≪조선일보≫. https://www.
        chosun.com/site/data/html_dir/2019/01/18/2019011801311.html(검색일: 2022.9.10)

김영한·이유진·조아미·임성택. 2020. 『청소년의 혐오표현 노출실태 및 대응방안 연구』. 한
        국청소년정책연구원.

김종일. 2019.8.19. "혐오를 팝니다… '혐오비즈니스'에 빠진 대한민국". ≪시사저널≫. https://
        www.sisajournal.com/news/articleView.html?idxno=189320(검색일: 2022.9.1)

김주완. 2021.5.5. "1시간 만에 퍼진 GS25 '남성 혐오' 논란… 진원지는 어디?" ≪한국경제신
        문≫. https://www.hankyung.com/it/article/202105048540i(검색일: 2022.8.25)

김지수·윤석민. 2019. 「인터넷 개인방송에서 혐오 발언은 어떻게 비즈니스가 되는가?: 유튜브
        및 아프리카TV 토크/캠방 방송에서의 여성혐오발언을 중심으로」. ≪한국방송학보≫,
        33권 3호, 45~79쪽.

누스바움, 마사(너스바움, 마사(Martha C. Nussbaum)]. 2015. 『혐오와 수치심: 인간다움을
        파괴하는 감정들』. 조계원 옮김. 서울: 민음사.

리얼미터. 2020. 『2020년 차별에 대한 국민인식조사』. 국가인권위원회.

문용필. 2019.4.16. "혐오 표현의 안전지대가 없다". ≪Th PR Times≫. http://www.the-pr.
        co.kr/news/articleView.html?idxno=42363(검색일: 2022.9.5)

문화체육관광부. 2018. 『혐오 표현 대응 관련 대국민 인식조사 결과보고서』. 문화체육관광부.

민주언론시민연합. 2020.3.20. "정치 혐오 조장 보도 '빨간불'…극성 지지층 평계·진영 싸움
        판 펼쳐". http://www.ccdm.or.kr/xe/watch/292947(검색일: 2022.8.5)

박미숙·추지현. 2017. 『혐오 표현 실태와 대응방안』. 서울: 한국형사법무정책연구원.

박소정. 2021.6.16. "한국, 세계에서 두 번째로 SNS 많이 한다". ≪조선일보≫. https://biz.
        chosun.com/international/international_general/2021/06/16/Z3VO6I2GENFENG5
        77CH7EZWUJE/(검색일: 2022.8.25)

박재현·박상준. 2017.9.16. "혐오 쏟아내며 돈 버는 유튜브". ≪한국일보≫. https://www.
　　hankookilbo.com/News/Read/201709160473957139(검색일: 2022.8.30)

박진우·박남수·강보라·표광민. 2019. 『혐오 보도의 문제점과 개선방안 연구』. 서울: 한국언
　　론진흥재단.

박진우·윤여진·이선민·이종임·한보희. 2020. 『2020년도 서울시 청년 인권의식 및 혐오표현
　　실태조사』. 서울특별시.

박해순. 2018. 「혐오를 넘어 환대로」. ≪인문학연구≫, 30집, 287~320쪽.

방극렬. 2019.8.28. "혐오 표현에 물든 대한민국… 유튜브 소셜미디어가 확산 통로". ≪국민
　　일보≫. http://news.kmib.co.kr/article/view.asp?arcid=0924095177&code=111311
　　00&sid1=i(검색일: 2022.9.2)

심재웅. 2022. 「혐오표현 규제의 필요성에 영향을 미치는 요인에 관한 연구」. ≪횡단인문학≫,
　　10호, 1~37쪽.

안희정. 2019.12.8. "혐오표현·악플 대응, 이대로 괜찮은가". ≪ZD NET≫. https://zdnet.
　　co.kr/view/?no=20191208013353(검색일: 2022.9.12)

양혜승. 2018. 「포털과 지역혐오: 네이버 범죄뉴스의 지역혐오댓글에 대한 내용분석」. ≪한
　　국언론학보≫, 62권 6호, 7~36쪽.

유의선. 2019. 「혐오 표현의 법적 규제에 대한 일 고찰-규제옹호론과 규제제한론의 비교분석
　　을 중심으로」. ≪언론과 법≫, 18권 2호, 193~224쪽.

윤성옥. 2019. 「혐오 표현 규제와 법적 쟁점에 관한 연구」. ≪미디어와 인격권≫, 5권 1호,
　　56~94쪽.

이신애·김지혜·현명호. 2009. 「한국판 단축형 혐오민감성 척도 타당화 연구」. ≪한국심리학
　　회지: 건강≫, 14권 3호, 549~561쪽.

장애인차별금지추진연대. 2020. 『제21대 국회의원 선거운동 혐오 표현 모니터링 보고서』.
　　국가인권위원회.

전찬영·나은희·최철호·김민정. 2018. 「방송통신심의위원회의 혐오 표현 통신심의에 대한
　　탐색적 고찰: 온라인 혐오 표현의 실태 및 규제 현황」. ≪방송통신연구≫, 통권 104호,
　　70~102쪽,

정가은. 2019. 「온라인 혐오 표현 게시글의 제3자 효과지각이 혐오표현 규제에 대한 태도에
　　미치는 영향」. ≪충남대학교 사회과학연구≫, 30권 1호, 271~286쪽.

조규범. 2017. 「혐오 표현 규제의 국제적 동향과 입법과제」. ≪국회입법조사처 현안보고서≫,

306호.

조윤용·임영호·허윤철. 2017. 「혐오성 댓글의 제3자 효과: 댓글의 속성과 이용자의 성향을 중심으로」. ≪한국언론정보학보≫, 79호, 165~195쪽.

조제성·조윤오. 2019. 「온라인상의 혐오 표현과 오프라인상의 혐오표현 관계 연구」. ≪한국범죄심리연구≫, 15권 2호, 23~36쪽.

조화순·강신재. 2021. 「성소수자와 혐오담론」. 조화순 엮음. 『네트워크와 혐오사회』. 파주: 한울아카데미.

조화순·임정재. 2021. 「혐오의 원인과 메커니즘을 찾아서」. 조화순 엮음. 『네트워크와 혐오사회』. 파주: 한울아카데미.

주혜진·김성곤. 2019. 『대전광역시 20대 여성의 안전의식 및 실태조사』. 대전여성가족정책센터.

최상민. 2018. 「TV막장 드라마 속에 나타난 혐오 언어와 부정적 해악」. ≪드라마연구≫, 54호, 165~193쪽.

최유숙. 2019. 「대학생 커뮤니티의 혐오 표현 양상: C대학 에브리타임 핫게시물을 중심으로」. ≪교양학연구≫, 10권, 33~53쪽.

한국갤럽조사연구소. 2020. 『혐오 표현 대응 관련 대국민 인식조사』. 문화체육관광부.

_____. 2021. 『2021 스마트폰 사용률 & 브랜드, 스마트워치, 무선이어폰에 대한 조사』. 한국갤럽조사연구소.

홍성수. 2018. 『혐오 표현 예방·대응 가이드라인 마련 실태조사』. 국가인권위원회.

JTBC. 2016.1.27. "인터넷 익명성 가면 뒤 막말… '혐오공화국'". ≪JTBC≫. https://mnews.jtbc.co.kr/News/Article.aspx?news_id=NB11162375(검색일: 2022.9.12)

Behm-Morawitz, E. and D. Ta. 2014. "Cultivating Virtual Stereotypes?: The Impact of Video Game Play on Racial/Ethnic Stereotypes." *Howard Journal of Communications*, Vol.25, No.1, pp.1~15.

Bernatzky, C., M. Costello and J. Hawdon. 2021. "Who Produces Online Hate?: An Examination of the Effects of Self-Control, Social Structure, & Social Learning." *American Journal of Criminal Justice*, Vol.47, No.3, pp.421~440.

Canetti, D., J. Elad-Strenger, I. Lavi, D. Guy and D. Bar-Tal. 2017. "Exposure to Violence, Ethos of Conflict, and Support for Compromise: Surveys in Israel, East Jerusalem, West Bank, and Gaza." *Journal of Conflict Resolution*, Vol.61, No.1, pp.84~113.

Chen, Tengyue. 2021. "The Influence of Hate Speech on TikTok on Chinese College Students." Master Thesis, Zimmerman School of Advertising and Mass Communications, University of South Florida.

Davison, P. 1983. "The Third-Person Effect in Communication." *Public Opinion Quarterly*, Vol.47, No.1, pp.1~15.

Downs, D. M. and G. Cowan. 2012. "Predicting the Importance of Freedom of Speech and the Perceived Harm of Hate Speech." *Journal of Applied Social Psychology*, Vol.42, No.6, pp.1353~1375.

Fischer, A. and R. Giner-Sorolla. 2016. "Contempt: Derogating Others While Keeping Calm." *Emotion Review*, Vol.8, No.4, pp.346~357.

Fisher, A., E. Halperin, D. Canetti and A. Jasini. 2018. "Why We Hate." *Emotion Review*, Vol.10, No.4, pp.309~320.

Giaccardi, S., L. M. Ward, R. C. Seabrook, A. Manago and J. Lippman. 2016. "Media and Modern Manhood: Testing Associations between Media Consumption and Young Men's Acceptance of Traditional Gender Ideologies." *Sex Roles*, Vol.75, No.3, pp.151~163.

Guo, L. and B. G. Johnson. 2020. "Third-Person Effect and Hate Speech Censorship on Facebook." *Social Media+ Society*, Vol.6, No.2, pp.1~12

Harrington, E. 2004. "The Social Psychology of Hatred." *Journal of Hate Studies*, Vol.3, No.1, pp.49~82.

Kolnai, A. 1998. "The Standard Modes of Aversion: Fear, Disgust and Hatred." *Mind*, Vol.107, No.427, pp.581~595.

Krahé, B. 2018. "The Impact of Violent Media on Aggression." in J. Ireland, P. Birch and C. A. Ireland(eds.). *The Routledge International Handbook of Human Aggression*. London and New York: Routledge.

Merrick, C. 2019. "Hating Evil: Understanding the Role of Evil in Interpersonal Hate." Doctoral Dissertation, Department of Psychology, University of Arkansas at Fayetteville.

Olatunji, B. O., N. L. Williams, D. F. Tolin, C. N. Sawchuk, S. S. Abramowitz, J. M.

Lohr and L. Elwood. 2007. "The Disgust Scale: Item Analysis, Factor Structure, and Suggestions for Refinement." *Psychological Assessment*, Vol.19, pp.281~297.

Pretus, C., K. L. Ray, Y. Granot, W. A. Cunningham and J. J. Van Bavel. 2018. "The psychology of hate: Moral concerns differentiate hate from dislike." https://doi.org/10.31234/osf.io/x9y2p(검색일: 2022.8.12)

Saha, K., E. Chandrasekharan and M. De Choudhury. 2019. "Prevalence and Psychological Effects of Hateful Speech in Online College Communities." in Proceedings of the 10th ACM Conference on Web Science(2019, June).

Staub, E. 2005. *The Origins and Evolution of Hate, with Notes on Prevention*. Washington, DC: American Psychological Association.

Tybur, J. M., D. L. Lieberman and V. Griskevicius. 2009. "Microbes, Mating, and Morality: Individual Differences in Three Functional Domains of Disgust." *Journal of Personality and Social Psychology*, Vol.97, pp.103~122.

지은이

강미영

숙명여자대학교 인문학연구소 HK교수. 영문학 전공으로 성, 인종, 연령, 장애로 인한 소수자성에 관심을 가지고 연구하고 있다. 대표 업적으로는 「노인 혐오의 인문학적 분석과 대응」(2022), 「질병서사에 나타난 혐오의 변증법」(2022), 「장애혐오와 미디어」(2022)가 있다.

권오용

충남대학교 사회학과 강사. 사회이론, 역사사회학, 정치사회학, 사회심리학 등을 전공했으며 비판이론의 이데올로기 비판에 기초하여 현대 사회 파편화된 개인을 집단화시키는 정신적 구조물을 연구하고 있다. 대표 업적으로 「이데올로기의 일상종교(Alltagsreligion)로의 전환: 종족민족주의의 유연성을 중심으로」(2018), 「증오의 생산, 대상, 정당화-프롬, 짐멜, 아도르노를 중심으로」(2020), 「인간 존엄 실현의 구체적 기반으로서 비판이론적 노동 개념」(2022) 등이 있다.

김형주

중앙대학교 인문콘텐츠연구소 HK교수. 칸트철학을 전공했다. 2017년 HK+인공지능인문학단에 합류한 이후, 칸트의 사상을 토대로 인공지능 철학과 윤리 문제에 관심을 가지고 연구하고 있다. 대표 업적으로는 *Kant and Artificial Intelligence*(2022, 편저), 『인공지능 시대, 행복해질 용기』(2020, 편저), 「인공이성비판의 가능성 물음」(2022)등이 있다.

박승억

숙명여자대학교 기초교양학부 교수. 현상학 및 학문 이론 전공. 현상학적 방법론과 사회적 갈등 양상에 대해 연구하고 있다. 대표 업적으로는 「혐오의 이중성에 대한 현상학적 분석」(2021), 「다양성 사회의 갈등 양상에 관한 현상학적 성찰」(2019), 『가치 전쟁』(2020) 등이 있다.

박인찬

숙명여자대학교 영문학부 교수(현대영미소설, SF, 미국 문학과 문화 전공). 현 숙명여자대학교 인문학연구소장 및 HK+사업단장. 주요 저서로 『포스트휴머니즘의 쟁점들』(2021, 공저), 『소설의 죽음 이후: 최근 미국 소설론』(2008)이 있으며, 주요 역서로 『바인랜드』(2016), 『느리게 배우는 사람』(2014), 『미국 민주주의의 문화사』(2011, 공역)가 있다.

심재웅

숙명여자대학교 미디어학부 교수. 커뮤니케이션학 전공으로 미디어 리터러시, 청소년의 미디어 이용, 그리고 미디어와 혐오에 관한 연구를 하고 있다. 주요 업적으로는 「디지털 미디어 리터러시」(2018, 공저), 『디지털 사회와 커뮤니케이션』(2014, 공저), 『디지털 디바이드』(2022, 번역) 등이 있다.

양선이

한국외국어대학교 미네르바교양대학 교수. 흄의 철학, 도덕 감정론, 감정철학이 주된 연구 분야이며 최근에는 인공지능 및 노년 철학에 대해서도 관심을 가지고 연구하고 있다. 대표 업적으로는 「자아 동일성에 관한 흄의 설명: 1인칭 관점의 설명과 3인칭 관점의 설명」(2022), 「흄의 철학을 통해서 본 노년과 지혜 그리고 행복한 노화」(2021), "How is vicarious feeling possible?"(2020), "Hume's Second Thought on Personal Identity"(2018),

『인공지능, 영화가 묻고 철학이 답하다』(2021), 『서양근대교육철학』(2021, 공저)이 있다.

이재준

숙명여자대학교 인문학연구소 HK조교수. 철학과 미학 전공으로 포스트휴머니즘과 신유물론의 시각에서 인간과 비인간의 존재론적 관계성, 다양한 몸들에서 정신-물질적 혼종, 과학기술적 대상들의 미학-정치적 배치 등에 관해 연구해 왔다. 인간으로부터 비인간에 이르는 혐오의 양상, 혐오 정동의 물질적-기계적 표출을 설명하는 데 관심을 기울이고 있다. 대표 업적으로는 「혐오의 정동」(2021), 「단단한 생명 혹은 흐르는 물질」(2021), 「과학기술 시각주의에서 비인간의 재현」(2019)이 있다.

최준식

고려대학교 심리학과 교수. 행동신경과학 전공으로 학습과 기억, 정서 신경과학, 로봇심리학 영역에서 연구하고 있다. 다수의 논문과 함께 주요 저서로는 『신경과학자를 위한 뇌질환 동물 행동 검사』(2006, 공저), 『신경과학자를 위한 뇌기능 동물 행동 검사』(2006, 공저) 등이 있으며, 주요 역서로는 『느끼는 뇌』(2006), 『학습과 기억』(2019, 공역), 『브루스 맥쿠엔의 스트레스의 종말』(2010, 공역) 등이 있다.

하상응

서강대학교 정치외교학과 교수. 서울대학교 외교학과를 졸업하고 미국 시카고 대학교(University of Chicago)에서 정치학 박사학위를 받았다. 이후 예일 대학교(Yale University) 사회정책 연구소 연구원 및 뉴욕 시립대학교 브루클린 칼리지(Brooklyn College of the City University of New York) 정치학과 조교수를 역임했다. 주요 연구 관심 분야는 정치심리학, 여론과 선거, 그리고 미국의 인종 문제다. 주요 논문으로 「정서 양극화와 집단 정체성 인식」, 「미국 민주주의의 위기: 트럼프의 등장과 반동의 정치」, 「한국 유권자들의 포퓰리즘 성향이 정치행태에 미치는 영향」 등이 있다.

하홍규

숙명여자대학교 인문학연구소 HK연구교수. 사회이론과 종교사회학이 주 전공 분야이며, 현재 문화사회학, 감정사회학을 바탕으로 혐오 연구에 전념 하고 있다. 주요 저서로 『피터 버거』(2019), 『감정의 세계, 정치』(2018, 공저), 『공간에 대한 사회인문학적 이해』(2017, 공저), 『현대사회학 이론: 패러 다임적 구도와 전환』(2013, 공저) 등이 있으며, 주요 논문으로 「냄새와 혐오」 (2021), 「탈사회적 사회의 종교: 자기만의 신, 신으로서의 개인」(2021), 「종교 갈등과 감정 정치」(2021) 등이 있다. 주요 역서로 『혐오의 해부』(2022), 『사회과학의 방법론: 사회적 설명의 다양성』(2021), 『종교와 테러리즘』 (2020), 『모바일 장의 발자취』(2019), 『실재의 사회적 구성』(2014)이 있다.

한울아카데미 2419
숙명여자대학교 인문학연구소 HK+사업단 학술연구총서 06

혐오이론 II
학제적 접근

ⓒ 박인찬·하홍규, 2023

기획 ㅣ 박인찬·하홍규
지은이 ㅣ 강미영·권오용·김형주·박승억·박인찬·
          심재웅·양선이·이재준·최준식·하상응
펴낸이 ㅣ 김종수
펴낸곳 ㅣ 한울엠플러스(주)
편집책임 ㅣ 배소영

초판 1쇄 인쇄 ㅣ 2023년 3월 15일
초판 1쇄 발행 ㅣ 2023년 3월 22일

주소 ㅣ 10881 경기도 파주시 광인사길 153 한울시소빌딩 3층
전화 ㅣ 031-955-0655
팩스 ㅣ 031-955-0656
홈페이지 ㅣ www.hanulmplus.kr
등록 ㅣ 제406-2015-000143호

Printed in Korea.
ISBN 978-89-460-7420-0 93330

* 책값은 겉표지에 표시되어 있습니다.

이 저서는 2020년 대한민국 교육부와 한국연구재단의 지원을 받아 수행된 연구임
(NRF-2020S1A6A3A03063902)

혐오의 현상학

• 배리 스미스·캐롤린 코스마이어 엮음 ㅣ 아우렐 콜나이 지음 ㅣ 하홍규 옮김
• 2022년 12월 15일 발행 ㅣ 신국판 ㅣ 168면

혐오는 두려움, 경멸 또는 증오와 어떻게 다른가?
아우렐 콜나이, 철학적 관점에서 혐오를 분석하다

이 책은 2020년 5월 '혐오시대, 인문학의 대응'을 목표로 출범한 숙명여자대학교 인문학연구소 HK+사업단의 총서 시리즈 중 제4권으로, 배리 스미스(Barry Smith)와 캐롤린 코스마이어(Carolyn Korsmeyer)가 아우렐 콜나이(Aurel Kolnai)의 두 작품을 담아 펴낸 *On Disgust* (2004)를 우리말로 옮긴 것이다.

사후에 철학적 명성을 얻게 된 콜나이의 전체적인 지적 작업을 현상학 안에만 가둘 수 없겠으나, 그의 혐오에 대한 접근은 프란츠 브렌타노(Franz Brentano), 에드문트 후설(Edmund Husserl), 그리고 뮌헨학파의 대표적인 인물 막스 셸러(Max Scheler)를 지적 배경으로 하지 않고서는 읽을 수 없기에 우리말 번역본의 제목을 '혐오의 현상학'으로 정했다.

독자들은 이 책을 통해 철학의 지평에서 아주 오랫동안 무시되어 왔던 '혐오' 주제에 대한 가장 고전적인 철학적 논의, 보다 구체적으로는 현상학적인 논의를 만나게 될 것이다.

혐오의 해부

- 윌리엄 이언 밀러 지음 | 하홍규 옮김
- 2022년 6월 30일 발행 | 신국판 | 480면

온갖 불쾌하고 역겨운 것에 대한 인문학적 고찰
천 년의 역사를 아우르며 혐오의 세계를 미시적으로 해부하다

이 책은 2020년 5월 '혐오시대, 인문학의 대응'을 목표로 출범한 숙명여자대학교 인문학연구소 HK+사업단의 총서 시리즈 중 제3권으로, 혐오가 우리를 불쾌하게 하고 우리에게 역겨움을 주면서도 어떻게 우리의 삶에 질서를 부여하는지를 보여준다.

이 책의 저자 밀러는 그동안 한국에 잘 알려지지 않았다. 하지만 '혐오 사회'라는 표현이 더이상 낯설지 않게 되고 여성 혐오, 동성애 혐오, 노인 혐오, 인종 혐오 등 각종 혐오가 우리 사회를 가리키는 핵심어로 떠오름에 따라 밀러의 책『혐오의 해부(The Anatomy of Disgust)』는 혐오 연구자들 사이에서 자주 인용되는 기본서가 되었다.

밀러는 이 책에서 인간이 삶에서 부딪치는 온갖 불쾌하고 역겨운 것에 대해 섬세하게 논의한다. 밀러는 특히 혐오가 우리 삶에서 가지는 양가적 의미, 즉 아름다움은 더럽고 더러움은 아름답다는 것에 주목한다.

혐오이론 I
학제적 접근

- 박인찬·하홍규 기획 ㅣ 박인찬·박준성·염운옥·윤조원·이재준·임소연·
  조계원·하홍규·한의정·홍성수 지음
- 2022년 6월 8일 발행 ㅣ 신국판 ㅣ 256면

**혐오에 관한 다양한 이론과 관점을 제공함으로써
혐오시대에 심층적·다각적으로 대응한다**

이 책은 2020년 5월 '혐오시대, 인문학의 대응'을 목표로 출범한 숙명여자대학교 인문학연구소 HK+사업단의 총서 시리즈 중 제1권이다. 이 책을 구성하는 10편의 글과 필자들의 전공 분야가 말해 주듯이, 혐오이론 총서의 기본 목적은 혐오에 관한 다양한 이론과 관점을 제공함으로써 혐오시대에 심층적이면서 다각적으로 대응하려는 데 있다.

혐오는 현실로부터 던져진 문제이다. 혐오시대로 불릴 만큼 사회의 다방면에 불거지고 있는 혐오는 그에 상응하는 관심과 대처를 요구한다. 혐오의 심각성은 혐오 자체에 있다기보다는 그것이 우리 사회의 감추어진 문제를 드러내고 경고하는 징후이자 증상이라는 데 있다. 최근으로 올수록 혐오와 관련된 사건들이 계속해서 늘어난다는 것은 그만큼 우리 사회가 위험해지고 있다는 뜻이다.

그렇다면 혐오시대에 어떻게 대응해야 할까. 혐오 문제는 학술적으로도 접근하기가 간단치 않다. 그 이유는 혐오의 정의와 개념이 생각보다 복잡할 뿐 아니라 그것을 바라보는 시각이 세부적인 학문 분야에 따라 서로 다를 수 있기 때문이다. 따라서 혐오시대에 적절히 대응하려면 기본적인 정의부터 다양한 접근법에 이르기까지 체계적으로 살펴볼 필요가 있다.